HISTOIRE
DE LISIEUX.

II.

Lisieux. — Imprimerie Durand, éditeur.

HISTOIRE
DE LISIEUX

(VILLE, DIOCÈSE ET ARRONDISSEMENT)

PAR M. LOUIS DU BOIS.

ANCIEN BIBLIOTHÉCAIRE; MEMBRE DE PLUSIEURS
ACADÉMIES DE PARIS, DES DÉPARTEMENS, ET DE L'ÉTRANGER;
CORRESPONDANT DU MINISTÈRE DE L'INSTRUCTION
PUBLIQUE POUR LES TRAVAUX HISTORIQUES;
CHEVALIER DE LA LÉGION D'HONNEUR.

Quem patrio feci perductus amore libellum,
Hunc, lector, patrio ductus amore, legas.

TOME DEUX.

LISIEUX

CHEZ DURAND, IMPRIMEUR — ÉDITEUR.

1845.

1847

LIVRE IV.

MONASTÈRES.

Nous ne parlerons dans ce Livre que des monastères qui subsistaient dans le siècle dernier.

Il serait impossible de réunir assez de matériaux authentiques et de renseignemens certains pour écrire l'histoire de ceux qui furent fondés, lorsque cette première ferveur du christianisme, qui suivit son introduction dans les Gaules, multiplia les établissemens religieux à tel point que leur extrême accroissement détermina les papes eux-mêmes à défendre d'en élever de nouveaux.

Au surplus une foule de couvens ne fit, pour ainsi dire, que paraître et disparaître, bientôt abandonnés, soit par leurs fondateurs, soit par les moines dont le nombre venait à diminuer, soit parceque les incursions des Hommes du Nord les livraient au pillage.

Les savans Bénédictins auteurs du *Gallia Christiana*, quoique puissamment secondés par d'habiles collaborateurs et par des collections de titres qui n'existent plus, n'osèrent pas entreprendre l'histoire de ces monastères, en quelque sorte éphémères et dès long-tems oubliés; nous ferons donc comme eux : nous nous bornerons aux établissemens importans dont ils se sont occupés; nous profiterons des excellentes notices que ces religieux érudits nous ont données, et nous les rectifirons avec soin au moyen des matériaux que nous avons rassemblés et des renseignemens dont nous avons fait l'acquisition.

Le diocèse de Lisieux renfermait huit abbayes dont six d'hommes et deux de femmes, toutes appartenant à l'ordre de saint Benoît, excepté Mont-Dée qui était de l'ordre de Prémontré.

ABBAYES D'HOMMES.

1. Saint-Évroul, *(Sanctus Ebrulfus Uticensis)* fondé vers 567.

2. Bernai (*Bernaïcus*), vers 1027.
3. Préaux (*Pratellum*), vers 1035.
4. Grêtain (*Grestanum*), vers 1050.
5. Cormeilles (*Cormiliœ*), vers 1060.
6. Mont-Dée (*Mons-Dei*), 1216.

ABBAYES DE FEMMES.

1. Saint-Désir de Lisieux (*Sanctus Desiderius*), vers 1050.

2. Saint-Léger-de-Préaux (*Sanctus Leodegarius*), vers 1060.

Nous ajouterons les prieurés les plus remarquables du diocèse, ce sont :

1°. Beaumont-en-Auge, de l'ordre de saint Benoît, fondé vers 1060;

2°. Sainte-Barbe-en-Auge, de l'ordre de saint Augustin, vers 1128.

Nous ne ferons qu'en indiquer d'autres, tels que:

1°. Saint-Imer, prieuré peu important, dépendant de l'abbaye du Bec et qui autrefois avait été une abbaye dont un Abbé (*Rodulfus*) vivait au milieu du XIe siècle, du tems de Maurile, archevêque de Rouen, et de Hugues, évêque de Lisieux (*Annal. Benedict.* T. VI, page 696);

2°. Pentale, abbaye entre Honfleur et Pont-Audemer, qui, fondée vers 665, avait eu pour premier Abbé saint Germer, et fut détruite dans le Xe siècle par les Normands, entrés dans la Seine dont ce monastère était voisin. Les auteurs du *Gallia Christiana* placent Pentale dans la commune de Saint-Samson, vers le confluent de la Seine et de la Rile; par conséquent à peu de distance de l'abbaye de Grêtain qui peut-être réunit les débris de Pentale;

3°. Saint-Gilles-de-Beaulieu, à Pont-Audemer, prieuré pour le soulagement des malades indigens, fondé en 1135 par Galeran, comte de Meulan, et par Robert, son fils;

4°. L'Hôtel-Dieu de Lisieux, fondé en 1165 par le chanoine Ainé qui acheta pour cet établissement quelques terreins dans l'île de Putangle, l'un des îlots formés vers l'embouchure de l'Orbiquet dans la Touque (probablement l'île Saint-Dominique, ainsi appelée depuis la construction qui y fut faite d'un couvent de dominicains ou jacobins);

5°. La Congrégation des religieuses de Saint-Joseph établies en 1632 tant à Orbec qu'à Cerqueux, à Coquainvilliers et à Meules;

6°. Les Augustines hospitalières d'Orbec, dont la fondation fut faite par acte notarié du 5 janvier 1631;

7°. Le Prieuré de Saint-Cyr-de-Friardel (ordre de saint Augustin) près d'Orbec et qui remonte à la fin du XIe siècle, etc.

I. SAINT-ÉVROUL D'OUCHE.

L'abbaye de Saint-Pierre, qui prit ensuite le nom de Saint-Évroul (*Sanctus Ebrulfus*), son principal fondateur, a passé du diocèse de Lisieux au diocèse de Seès par l'effet de la révolution de 1789. Le territoire où elle était bâtie s'appelait autrefois le Pays d'Ouche *(Uticum* ou *Pagus Uticensis).*

Ce monastère avait été construit entre deux collines sur une légère pente inclinée à l'ouest et sur la rive gauche de la Carentone qui, coulant du sud au nord, coupe en deux la vallée humide où plusieurs étangs voisins entretiennent une température mal saine. Toutefois ce lieu pittoresque, où l'œil peut se fixer à la fois sur les eaux, les pâturages et les bois, convenait beaucoup à l'objet que se proposait le fondateur. Une telle solitude, dit Rostaing (1), était tout-à-fait propre aux larmes et à la pénitence.

Les villes de L'Aigle et de Verneuil étaient à l'est du couvent qui avait au sud Mortagne et Moulins-la-Marche, à l'ouest Exmes et Seès, et au nord Lisieux et Bernai.

(1) Dom Charles-François de Rostaing, prieur de Saint-Évroul en 1684, historien de cette abbaye. Son ouvrage, resté manuscrit, a pour titre : « *Historiæ regulis Saint-Ebrulfi Uticensis compendium.* In-4 de 124 p.

Saint-Ébrulfe ou, comme nous disons Saint-Évroul, originaire de Baïeux, né en 516, était l'un des courtisans de ce Childebert I qui, digne fils de Clovis, fit couler le sang de ses propres neveux, et enveloppa dans un même massacre Sigismond, roi de Bourgogne, sa femme et ses enfans.

Le spectacle d'une telle cour et la fréquentation d'un tel prince étaient bien propres à dégoûter du monde le simple et pieux Évroul. A peu près comme Rancé, il fut déterminé à la retraite par la perte qu'il avait faite d'une épouse chérie. Ainsi que depuis on vit le réformateur de La Trappe se précipiter des délices du monde dans les tortures de la pénitence, le courtisan de Childebert chercha dans les forêts d'Ouche, au sein des austérités cénobitiques, un soulagement à ses douleurs, un asile contre les cours : il y trouva, au sein même des macérations, les douceurs de la solitude et du repos.

Saint Évroul jeta les fondemens de sa pieuse retraite, en 560 suivant Mabillon (2), et seulement en 567, s'il faut en croire Rostaing qui

---

(2) *Sæculo I Bened. Notæ ad Vitam Sancti Ebrulfi.* Ce fut vers la fin du VIIe siècle qu'un anonyme, moine de l'abbaye de Saint-Evroul, écrivit la biographie du fondateur. Vossius la croyait du VIe siècle, et Baillet du VIIIe. Orderic Vital l'a insérée dans le VIe livre de son Histoire. Mabillon joignit des notes et des additions à ce travail.

paraît être mieux informé. En effet il paraît certain par plusieurs chroniques de l'abbaye de Saint-Évroul que le fondateur était âgé de 50 ans lorsqu'il se retira du monde. Or il n'est pas contesté qu'il naquit en 516. Il ne put donc fonder son monastère avant l'époque fixée par Rostaing, c'est-à-dire en 567. Suivant Guillaume de Jumiège, Liv. VII, chapitre 25, l'abbaye de Saint-Évroul fut fondée sous le règne de Childeric I et de Sigebert qui ne montèrent sur le trône qu'en 561, à la mort de Clotaire I. D'abord saint Évroul avait eu le projet de se fixer à Mont-Fort (Saint-Évroul-de-Mont-Fort); mais le voisinage, tumultueux alors, des seigneurs d'Exmes et de Gacé, lui fit préférer la solitude des forêts d'Ouche.

Le monastère qu'Évroul construisit ressemblait beaucoup aux humbles chaumières des solitaires de la Thébaïde Egyptienne. Il s'établit avec ses compagnons sous des huttes de buissons et de roseaux : il n'en devint pas moins en peu d'années le chef de quinze autres monastères et d'une colonie de quinze cents religieux : tant était grande alors la tendance des hommes dévots à se soustraire aux devoirs et aux charges de la société pour aller prier dans les déserts et vivre dans l'oisive solitude des cloîtres!

Le fondateur plaça son couvent sous l'invocation de saint Pierre et peu après sous la règle de saint Benoît. Il paraît que ce n'est qu'après sa mort que la nouvelle dénomination prévalut.

Ce fut vers 591 que l'église fut construite sous l'invocation de saint Pierre le 25 octobre. La dédicace fut honorée du don de pieuses reliques envoyées par le pape Grégoire I, qu'on a surnommé le Grand et mis au rang des saints. Le bon Orderic Vital rapporte (Livre VI, page 624, de l'édition de Du Chesne), d'après le vieux Ascelin, que la principale de ces reliques était un poil de la barbe de l'apôtre saint Pierre lui-même (2).

Suivant la chronique de Saint-Évroul, ce monastère et quinze autres qui en dépendaient furent dévastés d'abord en 841 par Hasting, et ensuite par Rollon en 898. La désolation fut portée si loin qu'en 946 il ne resta à Saint-Évroul que trente moines, faible reste d'une nombreuse réunion qui ne parvint à se soustraire à la mort et à la dispersion qu'en se cachant au fond de la forêt d'Ouche (Ord. Vital. Livre VI, pages 622 et 623). Saint-Évroul fut pillé au milieu du Xe siècle par les troupes françaises qui venaient de lever le

---

(2) *Miserante deo, pilum de barbâ Sancti Petri apostoli adhuc habemus, quem beato Ebrulfo ad dedicationem hujus ecclesiæ destinavit papa romanus.*

siége d'Exmes ; le chartrier, la bibliothèque et les livres d'offices furent transférés à Orléans, d'où on en retira par la suite une partie mutilée. La plupart des moines mêmes avaient suivi à Orléans les débris de leur mobilier pour ne pas se séparer du corps de saint Évroul et de quelques autres reliques auxquelles ils attachaient un grand prix. Le seul Ascelin ne voulut pas quitter le monastère et parvint à y réunir quelques religieux. Vers 1030, la maison commença à se rétablir ; et, grâce aux bienfaits de Guillaume Giroie, seigneur puissant d'Échaufour, à l'époque où d'ailleurs, dans toute la chrétienneté, on substitua de nouvelles églises à celles qui, pour la plupart, avaient été des temples païens et qui étaient tombées en ruines, celle de l'Abbaye de Saint-Évroul fut reconstruite vers 1050. La dédicace en eut lieu le 13 novembre 1099, suivant Orderic Vital (Livre X, page 777) qui fut témoin de la cérémonie : Gislebert, évêque de Lisieux, Gislebert évêque d'Évreux, et Serlon d'Orgères, évêque de Seès, consacrèrent l'église à la Vierge Marie, à l'apôtre saint Pierre, et au confesseur saint Évroul. Les prélats dédièrent plusieurs autels à tous les apôtres, à tous les martyrs, à tous les saints, à saint Giles, à saint Sauveur, et même peu après à toutes les Vierges. Cette solennité se fit en présence d'un grand nombre d'évêques, d'Abbés et de seigneurs.

Les reliques nombreuses que possédait l'abbaye de Saint-Évroul, et entre autres celles de son fondateur même, ayant été volées à une époque où de tels enlévemens étaient aussi communs que lucratifs, une partie en fut recouvrée successivement et pièce à pièce par les divers supérieurs du monastère, vers le commencement du XIIIe siècle.

A la fin du XVIIIe siècle on conservait encore un bras du bienheureux Évroul, qui attirait au couvent un grand concours de dévots, lorsque les chaleurs prolongées de l'été fesaient désirer des pluies favorables à la végétation. Alors, dit le prieur Rostaing (Hist. mss. *Compendium*, etc.), on se rend avec une pompe tout-à-fait solennelle à la chapelle dédiée à saint Évroul au sein de la forêt d'Ouche : on plonge, dans les eaux d'une fontaine qui porte le nom du saint, le précieux bras qui lui avait appartenu. Il est souvent arrivé, continue Rostaing, que tout à coup le ciel voilé de nuages se résolvait en vastes flots de pluie. Au surplus ce n'était pas là le seul avantage de ces saintes eaux ; car le bon prieur que nous citons assure qu'elles guérissaient beaucoup de maladies, telles que les prostrations de forces, la fureur, et même les maléfices. Aussi chaque année voyait-on accourir un grand nombre d'individus des deux sexes qui venaient demander à saint Évroul la guérison du corps et la santé de l'âme. Au bout d'une neuvaine, l'un des religieux imposait sur la tête de l'impétrant les reliques du saint, récitait un évangile, et lui fesait boire du vin qu'il avait béni.

En 1818, un desservant de la commune de de Saint-Évroul, croyant l'époque favorable pour ramener les exorcismes, les possessions et les faux miracles, essaya de remettre en crédit la vertu de sa Fontaine. Par une lettre qu'il écrivit le 28 février 1819 à un habitant d'Auvillars, il dit qu'il est nécessaire qu'il lui ramène sa fille, à laquelle on a *fait du mal* et que les premières immersions n'ont pu guérir. Or cette fille âgée de vingt-huit ans était attaquée de vapeurs hystériques, et n'était pas fâchée de se donner en spectacle comme principale figurante pour l'acte solennel de l'immersion dans la fontaine de Saint-Évroul. Heureusement des ecclésiastiques véritablement pieux détournèrent le père de cette fille d'un nouveau voyage. Ce n'était pas le compte du desservant qui veut réfuter leurs motifs et prouver que sa fontaine a opéré des merveilles dans tous les tems et même récemment dans la personne de plusieurs filles. Le bon desservant les nomme en toutes lettres et donne même l'indication de leur domicile par commune et cantons : tous à la vérité assez éloignés. Ces possessions prétendues de jeunes femmes rappèlent les Ursulines de Loudun et celles de Louviers. Nous avons sur ces dernières publié des détails très curieux dans nos Recherches sur la Normandie en 1843, p. 1 à 54. Comme ces dernières, les filles que le desservant de Saint-Évroul prétendait avoir guéries étaient si véritablement possédées par le diable que « leurs cris, leurs hurlemens, leurs imprécations et leurs blasphèmes se fesaient entendre de toutes parts ». Au surplus cet Abbé manquait beaucoup moins de zèle que de grammaire et d'orthographe. Malheureusement pour lui, malgré la fameuse croix de Migné et un autre miracle supposé aux environs de Domfront à cette époque, le tems des jongleries superstitieuses était passé : elles trouvaient peu de compères et peu de crédit ; tant il est vrai que tout dégénère.

L'église de Saint-Évroul possédait beaucoup de reliques, telles que du lait et une partie de la ceinture de la Sainte Vierge ; un fragment de la tête de saint Étienne, premier martyr ; deux fragmens du tombeau de Jésus-Christ ; un morceau du pain de la cène; un poil de la barbe de saint Martin; un fragment de la pierre sur laquelle s'opéra la transfiguration; un morceau de la chemise de saint Edmond; un morceau du drap sur lequel saint Siméon reçut au Temple l'enfant Jésus; un fragment du bois et des clous de la vraie croix, dont Pétronille de Grenteménil, comtesse de Leycester, avait fait don vers 1215. Les autres reliques provenaient de plusieurs saints, parmi lesquels on remarquait saint Jean-Baptiste, saint Matthieu, saint Quintin ou Quentin, saint Célerin ou Céneri, le pape saint Innocent, saint Laurent, saint Sébastien, saint Pacifique, saint Philipican, sainte Dominande, et quelques vierges anonymes.

Indépendamment de ces restes sacrés, on conservait le corps de saint Vivien, dont le pape Innocent XI, par décret de 1691, défendit de faire l'office, sans doute parce que le Martyrologe romain ne fait pas mention de ce martyr, dont on avait pourtant transmis les reliques, de Rome même, au cardinal Barberini.

L'épreuve célèbre du fer rouge se fesait assez fréquemment à l'abbaye de Saint-Évroul. Ce fut d'après un manuscrit de cette abbaye que dom Bouquet publia le Cérémonial le plus circonstancié et le plus exact de ces épreuves plus illusoires que véritablement dangereuses. On sait que, dans certaines accusations pour lesquelles les preuves manquaient, on avait recours aux jugemens de Dieu ; ainsi on déférait le duel (nous en ferons connaître un très célèbre à l'article de Ménil-Mauger, dans notre nomenclature des communes). On soumettait aux épreuves soit de l'eau, soit du fer rouge. Voici sur cette dernière ce que nous dit Du Clos dans le T. XV, p. 624 des Mémoires de l'Académie des inscriptions : « L'accusé, après avoir jeûné trois jours au pain et à l'eau, entendait la messe, il y communiait, et fesait, avant que de recevoir l'eucharistie, serment de son innocence. Il était conduit à l'endroit de l'église destiné à faire l'épreuve ; on lui jetait de l'eau bénite ; il en buvait même ; ensuite il prenait le fer qu'on avait fait rougir plus ou moins selon les présomptions et la gravité du crime ; il le soulevait deux ou trois fois, ou le portait plus ou moins loin suivant la sentence. Pendant cette opération les prêtres récitaient les prières qui étaient d'usage. On lui mettait ensuite la main dans un sac que l'on fermait exactement, et sur lequel le juge et la partie adverse apposaient leurs sceaux pour les lever trois jours après. Alors, s'il ne paraissait point de marque de brûlure, ou, ce qu'il est important de remarquer, suivant la nature et l'inspection de la plaie, l'accusé était absous ou déclaré coupable ». Le fer dont il s'agit était conservé dans quelques églises privilégiées, et celle de Saint-Évroul était du nombre. Dans le Dict. Hist. des mœurs et usages des Français La Chesnaye des Bois rapporte que, dans le XIIIe siècle, un accusé s'avisa de dire au juge qui voulait le soumettre à cette épreuve : « je prendrai volontiers le fer ardent, pourvu que je le reçoive de votre main ». Comme le juge n'osait en faire l'essai, il décida qu'il ne fallait pas « tenter Dieu ». Pourtant dès la fin du IXe siècle, le pape Étienne V avait eu la sagesse de condamner ces épreuves comme fausses et superstitieuses.

L'historien Rostaing ne cite qu'un miracle opéré à Saint-Évroul. Roger de Haute-Rive, qui s'y était retiré, avait construit une chapelle de broussailles dans la forêt. Il arriva souvent que, durant les nuits, pendant qu'il chantait matines, un certain loup se tenait en dehors et répondait par d'honnêtes hurlemens à la voix du bon Roger qui psalmodiait. C'est, comme on voit, à peu près le pendant de l'histoire du Chien Dévot de l'abbaye de Corbie en Vestphalie, histoire qui a été insérée dans les *Miscellanea Curiosa*, etc. L'anecdote fut écrite sérieusement par des moines de l'abbaye de Corbie, qui placent l'époque de l'événement tout juste en 897. Plusieurs anecdotes, tout aussi authentiques et du même genre, sont racontées par le jésuite Angelin Gazée dans ses « Pieuses Récréations, œuvre rempli, dit-il, de saintes joyeusetés et divertissemens pour les âmes dévotes ». Rouen 1648. in-12.

L'histoire des reliques de l'abbaye de Saint-Évroul nous a un peu écartés de celle du monastère lui-même.

Nous avons parlé des bienfaits de Guillaume Giroie. C'est ce même seigneur que Guillaume II de Bélême, comte d'Alençon, surnommé Talvas, fit horriblement mutiler dans cette ville où, par un infâme guet-apens, il l'avait attiré pour assister à des fêtes; l'infortuné Giroie eut les yeux crevés, le nez et les oreilles coupés. On lui enleva même les attributs de l'homme; et il eût péri misérablement sans le secours de son frère, Raoul Male-Couronne, qui avait rapporté de la célèbre école de Salerne quelques connaissances, alors fort remarquables, dans l'art de guérir. Giroie se retira à l'abbaye du Bec, où il fut reçu moine. Il confia à Herluin, Abbé de ce monastère célèbre, la direction de Saint-Évroul, qui alors devint prieuré. Herluin y envoya pour prieur le célèbre Lanfranc, avec trois religieux qui se réunirent à Restould et à Ingranne, restés seuls depuis long-tems dans la maison.

Alors les dons se multiplièrent de la part des Giroie, des Grenteménil, et de quelques autres seigneurs opulens.

En 1063, de grandes calamités affligèrent Saint-Évroul ; le bourg même fut livré aux flammes par Ernauld d'Échaufour.

Vers 1094, Robert de Bélême, comte d'Alençon, rançonna le monastère de Saint-Évroul qui, en 1119, fut ravagé par Richard Frênel, seigneur de La Ferté-Frênel, et en 1136 par Richer, seigneur de L'Aigle, qui incendia le couvent et quatre-vingt-quatre maisons du bourg.

En 1332, la grande tour de l'église, qui s'était écroulée, fut reconstruite par les soins de Richard de Tiescelin, vingt-sixième Abbé. Suivant une vieille chronique de Saint-Évroul, la tour dont il s'agit avait été renversée par le vent en 1224, peu de tems après sa construction. On lisait à ce sujet, dans un vieux manuscrit, les vers suivans que nous croyons devoir rapporter à cause de leur singularité :

Anno M ; C, ter : X, ter ; bis, I ; quisquis noscere verbis
Et bene percurris tempus, quo plumbea turris
Ebrulfi facta sancti fuit alta redacta :
Fratre regente chorum Richardo, luce bonorum,
  Cujus Spiritui det Deus arce frui !
  Templis exilium dant C bis alilium.

Ce derniers vers paraît faire allusion à l'incendie occasionné en 1136 par Richer de L'Aigle. La rime et la mesure semblent avoir fait mettre *exilium* pour *excidium*, et *Alilium* pour *restauratiónem*. Ce mot *Alilium* n'est pas latin ; on ne le trouve pas même dans le Glossaire de Du Cange. Il y a lieu de croire que l'auteur a voulu dire que dans le cours de deux siècles (*C bis*) on vit la destruction et la réparation de la tour de Saint-Évroul.

Cette abbaye eut beaucoup à souffrir vers la fin du XIIe siècle des malversations de ses Abbés Bernard et le cardinal de Vergi. Le siècle suivant lui fut plus funeste encore, à cause des ravages que les Anglais, maîtres de la province, commettaient sur toute la surface de son territoire (de 1388 à 1450).

En 1484, comme dit très sagement le prieur Rostaing, la création des Abbés commendataires ayant dépouillé les monastères de l'un de leurs priviléges les plus importans, toute louable émulation, tout zèle pour l'étude, toute bonne discipline, reçurent un coup funeste ; et les biens, qui avaient échappé à la dépradation de quelques seigneurs et des Anglais, devinrent la proie des Abbés commendataires étrangers aux couvens comme à leur règle, et qui ne s'occupèrent que d'accroître à leur profit les dépouilles opimes qui fesaient l'objet de leurs vœux.

En 1532, Henri VIII, roi d'Angleterre, ayant abjuré le catholicisme, et soustrait son royaume à la puissance des papes, l'abbaye de Saint-Évroul fut privée des biens qu'elle possédait dans les états de ce monarque.

Pendant les troubles civils de 1588, l'église de Saint-Évroul fut brûlée par le seigneur d'Échaufour, qui voulait se venger des ligueurs.

La réforme de saint Maur y fut introduite le 14 décembre 1628. Soumis à la règle de saint Benoît, les religieux avaient adopté quelques-unes des pratiques de Cluni.

Le domaine de l'abbaye de Saint-Évroul portait le titre de baronnie; l'Abbé et les religieux avaient le droit de chasse dans la forêt d'Ouche. L'abbaye jouissait en outre du privilége d'y établir une forge et une fenderie. Elle était exempte du droit de Tiers-et-Danger que la Normandie devait au roi.

L'abbaye de Saint-Évroul avait, dans tous les tems, malgré les malheurs qui l'avaient accablée, cultivé les lettres, et surtout la théologie, avec un zèle remarquable. On peut revoquer en doute la littérature du fondateur, mais on ne saurait refuser, sous ce rapport, beaucoup d'estime, 1° à Lanfranc, l'un des hommes les plus savans de son siècle, et qui devint archevêque de Cantorbéry; 2° à Théodoric ou Thierri, qui amena de Jumiège à Saint-Évroul plusieurs religieux fort instruits, mais qui ne l'étaient pas plus que lui-même; 3° à Raoul *(Rodulfus)* Male-Couronne, frère de Guillaume Giroie, savant en dialectique, en physique, en musique, en astronomie, en médecine, et qui avait étudié à l'école de Salerne; 4° à Serlon d'Orgères, littérateur distingué pour son tems, et qui devint évêque de Seès; 5° à Goisbert, médecin instruit; 6° à Jean de Reims, poëte et prosateur, qui, admis vers 1077, forma durant quarante-huit années de très-bons élèves, et, entre autres, l'historien Orderic Vital : il avait composé plusieurs poëmes latins sur des sujets chrétiens, et une chronique qui, commençant avec l'ère vulgaire, finissait à l'année 1112 : il mourut de la pierre le 23 mars 1125; 7° à Orderic Vital, auteur de la célèbre Histoire Universelle, qu'il appèle Ecclésiastique (3), et que Du Chesne a insérée dans sa Collection des Historiens de Normandie (4); 8° à Gautier, poëte et calli-

(3) *Orderici Vitalis Angligenæ, Cœnobii Uticensis monachi, Historiæ Ecclesiasticæ libri XIII. ex Bibl. Joannis Bigot.*

(4) *Historiæ Normannorum scriptores antequi ab enno 838 ad 1220. Edidit Andreas* Du Chesne. Paris, 1619. in-f. Orderic Vital y occupe les pages 319 à 925. Il existait à l'Abbaye de Saint-Evroul une partie très-importante de son manuscrit autographe. Je l'ai recouvrée heureusement et conservée; je l'ai déposée à la bibliothèque d'Alençon qui fut confiée à mes soins de 1799 à 1812. On peut voir, sur Orderic

graphe (5) ; 9° à Guillaume du Merle , etc.

La Bibliothèque de Saint-Évroul possédait un grand nombre de manuscrits sur vélin, avec de belles miniatures, exécutés par ses Religieux, qui avaient beaucoup contribué à augmenter les collections de copies fidèles de la Bible et des Pères de l'Église, ainsi que de quelques ouvrages de littérature. Plusieurs de ces manuscrits ont servi aux savans Bénédictins qui publièrent, dans les XVII° et XVIII° siècles, ces belles et correctes éditions des Pères de l'Église, qui sont des monumens fort remarquables de critique littéraire et de correction typographique.

L'abbaye de Saint-Évroul comptait, au nombre de ses bienfaiteurs les plus illustres, Childebert I, qui avait donné au fondateur quatre-vingt-dix-neuf fermes, Charles-le-Simple, Charles-le-Gros, Philippe-de-Valois, Charles V, Charles VI, Charles VII, Louis XI, Guillaume-le-Conquérant, Mathilde, sa femme, Guillaume-le-Roux, et Robert II, surnommé Courte-Heuse, Henri I, Henri II, etc.

Vital et son manuscrit, les articles que j'ai donnés dans le Magasin Encyclopédique de prairial an VIII (1800), dans le Journal de l'Orne du 28 prairial an XI (juin 1803), et dans le tome 52 de la Biographie Universelle.

(5) Parmi les Calligraphes de Saint-Evroul, il faut citer Guérin, qui fut Abbé du monastère, un autre Guérin, simple moine, et les deux prieurs Jean et Rainauld.

Ce n'était pas seulement à la munificence des rois que l'abbaye de Saint-Évroul devait les biens qu'elle possédait : elle en avait reçu de plus ou moins considérables des Giroie, des Grentemémil, des seigneurs de L'Aigle, des Mont-Gomeri, des seigneurs de La Ferté-Frênel, de Raoul de Conches, de Guillaume, comte de Bréteuil, etc.

Plusieurs personnages visitèrent ce monastère, et même y passèrent quelques jours, tels que Childebert II et sa mère Brunehaut ; Mathilde, épouse de Guillaume-le-Conquérant, qui fit de riches présens ; Henri I, roi d'Angleterre et duc de Normandie, qui vint en 1113, dit Orderic Vital, pour célébrer très joyeusement la fête de la Purification de la Vierge, avec plusieurs personnages illustres, tels que Thibaut, comte de Champagne, Étienne, comte de Blois, ses neveux, Conan, duc de Bretagne, et quelques prélats et seigneurs de marque.

Usurpateur du trône d'Angleterre et du duché de Normandie sur son malheureux frère, qu'il jeta et laissa mourir dans les fers (6), Henri ne

---

(6) C'est pourtant sur ce prince que l'historien de Saint-Evroul (dom Rostaing) s'exprime en ces termes : « *Curavit etiam pius rex, detruso in carcerem Roberto Belesmensi qui pacem ecclesiarum turbabat, Uticensibus restitui decimas aliosque reditus, quos vir ferox et impius usurpaverat* ». Le plus grand crime du comte de Bélême était d'avoir combattu loyalement pour son prince légitime (Robert II duc de Normandie).

négligeait aucune occasion de conquérir les bonnes grâces du clergé. Les caresses et les dons qu'il prodigua aux moines de Saint-Évroul, prouvent qu'il regardait leur influence comme très puissante et propre à lui concilier l'esprit des peuples.

Il y a lieu de croire que l'historien de Saint-Évroul se trompe, lorsqu'il assure que plusieurs rois et pontifes y avaient été inhumés. Quoi qu'il en soit, on y voyait les tombeaux de plusieurs seigneurs de distinction dont nous allons rappeler les noms : Robert Giroie, frère de l'infortuné Guillaume, et qui mourut empoisonné au château de Saint-Céneri près d'Alençon ; Ernauld, fils de Guillaume Giroie et d'Hiltrude, fille de Fulbert de L'Aigle ; Guillaume de Moulins-la-Marche, fils de Gautier de Falaise ; Radulfe ou Raoul de Mont-Pinson et ses deux fils Hugues et Raoul ; Richard de Coulonges, frère de Roger de Varenne, moine de Saint-Évroul, mort le 15 septembre 1125 ; Radulfe, fils d'Albert de Crévent, mort en 1170 ; Umfred, fils d'Anfred, d'origine Danoise ; Robert, prince de Rutland, mort sur le champ de bataille ; Hugues de Grenteménil, mort en Angleterre le 22 février 1098 ; Adelise, femme du précédent : Robert et Hugues, ses fils ; et plusieurs seigneurs de La Ferté-Frênel.

Voici la nomenclature des Abbés depuis la fondation :

I. Évroul, mis au nombre des saints, était né à Baïeux, ou dans les environs de cette ville. Fondateur de l'abbaye d'Ouche, il en fut le premier Abbé. On fixe l'époque de sa mort au 29 décembre 595 ou 596, à l'âge de 80 ans. Orderic Vital (Livre VI) a consacré à ce fondateur des pages où l'on remarque plus de piété que de discernement. Il fut inhumé dans l'église Saint-Pierre, qu'il avait bâtie pour sa communauté.

Orderic lui-même avoue qu'il est difficile de retrouver les noms des successeurs de saint Évroul. Ainsi, nous n'osons donner comme exacte la liste suivante, quoiqu'elle ait été faite avec beaucoup de soin, et d'après de longues recherches.

II. Saint Évremond.

III. Ragingaire : en 765.

IV. Ascelin I. Le couvent ayant été détruit par les Normands, des chanoines remplacèrent pendant quelque tems les religieux de Saint-Évroul. Ascelin se trouva placé soit comme prieur, soit à tout autre titre, à la tête de la communauté, en 946.

V. Ascelin II. Il était neveu du précédent. Il resta quelque tems chargé du soin du monastère qui, l'ayant perdu, ne tarda pas à tomber en ruine.

Restould et Ingranne habitèrent vers 1030 Saint-Évroul, devenu un simple hermitage.

Lanfranc, envoyé avec trois moines par Herluin, Abbé du Bec, tira l'abbaye de ses ruines, fit pendant quelques tems les fonctions de prieur, et se retira au Bec.

VI. Saint THIERRI ou Théodoric de MATOUVILLE fut institué Abbé de Saint-Évroul le 5 octobre 1050, par Hugues, évêque de Lisieux. Il eut quelques démêlés à soutenir; il paraît qu'ils étaient graves, car l'évêque Hugues, Ansfred, Abbé de Préaux, Lanfranc, prieur du Bec, et quelques autres ecclésiastiques de distinction, se réunirent à Saint-Évroul, y célébrèrent la Toussaint, et tinrent conseil pour examiner la cause des dissensions qui troublaient la maison d'une manière scandaleuse. Ils parvinrent sinon à réconcilier, du moins à rapprocher l'Abbé et son prieur, qui tous deux, à ce qu'il paraît, étaient fort acariâtres et rancuneux. Thierri remit d'abord sa place, la reprit ensuite, et, étant retourné de Seès à Saint-Évroul en 1057, résolut de faire le voyage de la Palestine. Sa résolution ne fut qu'incomplètement réalisée : il mourut dans l'île de Chypre le 1er auguste 1058, avant d'être parvenu au terme de son voyage.

VII. Rodbert I, ou Robert de Grenteménil. Il quitta les armes pour l'église, et fut en 1059 élu Abbé de Saint-Évroul, qui lui dut l'augmentation de ses revenus, suffisans alors à l'entretien même splendide de quarante religieux. L'abbaye étant devenue fort importante, le 6 octobre 1059, Hugues, évêque de Lisieux, y dédia une chapelle en l'honneur des quatre saints, Évroul, Benoît, Maur et Leufroi. S'étant brouillé avec Guillaume le Bâtard, duc de Normandie, Rodbert passa en Italie, revint en France, et, n'ayant pu, malgré l'intervention du pape, toucher son souverain, alla se fixer auprès de ces seigneurs Normands qui acquirent tant de gloire de puissances et de terres dans le royaume de Naples. Il n'y resta que quelques années, et vint mourir en France.

VIII. Osbern. De chanoine de Lisieux, ou même de simple prieur de Cormeilles, Osbern fut, par ordre du duc de Normandie, institué Abbé de Saint-Évroul en 1063, malgré le pape et les religieux de ce monastère. Il se réconcilia depuis avec le souverain pontife, et mourut le 27 mai 1066.

IX. Mainier, fils de Goscelin d'Échaufour, fut, en auguste 1066, élu Abbé de Saint-Évroul. Ce fut lui qui entreprit de bâtir une nouvelle église et un nouveau monastère, dans lequel il réunit jusqu'à quatre-vingt-douze moines. Il passa en Angleterre en 1081, et revint à Saint-Évroul, où il mourut en septembre 1089, après l'avoir dirigé plus de vingt-deux ans.

X. Serlon d'ORGÈRES. Il ne gouverna l'abbaye que deux ans et trois mois, et devint évêque de Seès.

XI. Roger I du SAP fut élu à l'unanimité par ses moines le 21 juillet 1091. Son élection fut presqu'aussitôt confirmée par le roi d'Angleterre, comme duc de Normandie. Il éprouva plus de difficultés de la part de l'évêque de Lisieux, qui fut enfin forcé d'obéir aux ordres de son souverain en 1099. Ce fut cette année, le 16 octobre, selon Rostaing, mais le 13 novembre suivant Orderic Vital, qu'eut lieu la dédicace de l'église de Saint-Évroul. La mort de Roger arriva le 13 janvier 1126.

XII. Guérin des ESSARTS. Il fut consacré le jour de l'Ascension en 1123, du vivant de Roger, que la vieillesse empêchait de s'acquitter de ses fonctions. Il assista en 1128 au concile de Rouen, et mourut le 21 juin 1137.

XIII. Richard I de LEYCESTER, originaire d'Angleterre, fut nommé Abbé le jour de la Saint-Jean, (24 juin) 1138. Il assista l'année suivante au concile de Latran, et, pendant un voyage qu'il fit en Angleterre, mourut le 9 mai 1140.

XIV. Ranulfe. Il fut béni le 11 novembre 1140, par Jean I, évêque de Lisieux, aux funérailles duquel il assista l'année suivante. Il mourut le 19 octobre vers 1159.

XV. Bernard fut forcé de quitter la place : il fut déposé en 1159. On ne le trouve pas dans le Catalogue des Sainte-Marthe, qui l'ont oublié. Arnulphe lui avait adressé deux de ses Lettres (la 12ᵉ et la 13ᵉ), pour l'engager à acquitter ses dettes et pour l'obliger à recevoir un religieux qu'il avait chassé.

XVI. Robert II de Blangis, ou peut-être de Blangi. Élu en 1159 : il eut quelques différens avec Robert, comte de Glocester, fils naturel de Henri I, à cause de l'église du Sap. Rotrou, évêque d'Évreux, qui exerçait alors la justice en Normandie, les mit d'accord au moyen de deux palefrois de la valeur de vingt livres, que l'Abbé fut obligé de donner au comte. Il est question de Robert de Blangis dans les chartes de La Trappe en 1175. Il mourut le 22 janvier 1177.

XVII. Radulfe I de Sainte-Colombe, fut élu en 1178. Il eut aussi quelques différens avec son évêque qui avait dépouillé l'abbaye de plusieurs bénéfices. Radulfe mourut le 19 janvier 1188 ou 1189.

XVIII. Richard II, mort le 12 mars 1189,

c'est-à-dire, 1190, suivant le nouveau calendrier.

XIX. Raginald fut déposé, et mourut le 12 octobre 1214.

XX. Herbert, mort le 28 mai 1217.

XXI. Galfrid ou Geoffroi I mourut en 1218.

XXII. Roger II de Salmonville, mort le 25 auguste 1233.

XXIII. Nicolas I, élu en 1233 : il quitta en 1247, pour se retirer à la Chartreuse du Val-Dieu, près de Mortagne, dont il devint prieur.

XXIV. Richard III. Il entoura de murs le monastère de Saint-Évroul, et mourut le 7 octobre 1269.

XXV. Nicolas II de Villers abdiqua en 1274, et reprit ensuite ses fonctions : il mourut le 27 septembre...

XXVI. Guillaume I de Montpinçon. Élu en 1274, il mourut le 5 novembre 128..., dans la même année où les moines de Saint-Évroul obtinrent du roi la faculté d'élire leurs Abbés.

XXVII. Geoffroi II de Girouard. Il abdiqua en 1303.

XXVIII. Thomas du Douet-Artus, mourut le 29 avril 1309.

XXIX. Nicolas III de Pont-Chardon. Il abdiqua en 1316, et mourut le 24 février.....

XXX. Radulfe II Grente, nommé en 1316. Il

fit don de gobelets d'argent à tous ses moines, sans doute pour les remercier de l'avoir nommé à l'unanimité par une inspiration divine. *(Divinâ inspiratione unanimi Fratrum consensu nominatus Abbas. Compendium mss. p. 64).*

XXXI. Richard IV de TIESTELIN (De Tiescelin, suivant le *Gallia Christiana*, Tom. XI, p. 825. Rostaing écrit Tiestelin). Il décora l'église, fit couvrir de plomb la tour principale, et mourut le 29 mai 1334.

XXXII. Nicolas IV Hébert de MORAINVILLE abdiqua le 14 mars 1347 et mourut le 4 mai 1352.

XXXIII. ÉLIE en 1353.

XXXIV. Jean I du BOIS GENSCELIN, mort le 16 septembre 1366.

XXXV. Philippe LE BRETON. Ce fut de son tems que Robert, évêque d'Évreux, permit le 6 octobre 1370 aux religieux de Saint-Évroul de se retirer au château de La Ferté-Frênel, à cause des événemens de la guerre, qui les forcèrent même d'aller habiter Falaise. Il mourut le 7 septembre 1392.

XXXVI. Guillaume II de VERGI, archevêque de Besançon et cardinal du titre de Sainte-Cécile, obtint la commende de Saint-Évroul depuis Pâques de 1392 (14 avril) jusqu'au 11 novembre 1395.

XXXVII. Robert III Le Tellier. Il fut nommé Abbé par le pape Benoît XIII, qui avait révoqué la commende. Il mourut le 29 mai 1408.

XXXVIII. Michel de Philippe. Il prit possession le 11 juillet 1408; il réclama vainement au concile de Constance contre Henri VI et Henri VII, rois d'Angleterre, ainsi que contre les chartreux, pour quelques bénéfices qui appartenaient à Saint-Évroul. Il prêta serment d'obéissance au roi le 24 juin 1433. Il fut incarcéré depuis, et mourut à Falaise le 23 mars 1439.

XXXIX. Robert IV l'Apostole. Abbé le 14 mai 1439, il prêta serment au roi le 25 juillet 1450. Il mourut le 30 avril 1459.

XL. Guillaume III Seyllet, et non pas Le Seilleys, comme dit le *Gallia Christiana*. Né à Saint-Évroul, il fut élu en 1459, prêta serment au roi le 18 auguste de la même année, ainsi que le 21 octobre 1461. Au retour d'un voyage qu'il avait fait à Rome, il mourut le 22 septembre 1466.

XLI. Jacques de l'Espinasse, moine de Cluni, fut confirmé Abbé de Saint-Évroul par les vicaires-généraux de l'évêque de Lisieux, le 2 décembre 1466, et prêta serment au roi le 9 février suivant. Il avait abdiqué depuis quelque tems, lorsqu'il mourut le 31 octobre 1484, le dernier des Abbés réguliers.

XLII. Auger de Brie, protonotaire apostolique, fut le premier Abbé commendataire de Saint-Évroul, puisque le cardinal de Vergi fut révoqué. Il prit possession le 21 avril 1477, prêta serment au roi le 24 avril 1478. Auger quitta son abbaye le 6 mai 1503, et mourut à Rome au commencement d'octobre 1503 ou 1504.

XLIII. Félix I de Brie, neveu du précédent, obtint de Jules II, le 11 décembre 1503, la commende vacante par la cession de Georges d'Amboise, archevêque de Rouen, auquel l'avait abandonnée Auger le 6 mai 1503. Il eut pour compétiteur Guillaume de Hellenvilliers, qui avait été élu par les religieux ; mais l'échiquier de Rouen prononça en faveur de Félix, le 4 janvier 1506. Cet Abbé batailla long-tems et vivement avec ses moines. Félix mourut le 23 septembre 1546.

XLIV. Jean II Le Veneur, cardinal, évêque de Lisieux, mort le 7 auguste 1543.

XLV. Gabriel Le Veneur, évêque d'Évreux. Il prit possession le 28 décembre 1546, et mourut le 16 mai 1574, et non pas le 24 janvier, comme le disent les auteurs du *Gallia Christiana* (T. XI, col. 829), qui ne se sont pas aperçus qu'ils tombaient en contradiction avec ce qu'ils avaient dit dans le même volume, col. 611. Le *Compendium* de Rostaing porte, comme le catalogue des évêques d'Évreux, n° 69, le 17 des calendes de juin 1574, ce qui répond au 16 mai de la même année. Gabriel était frère de Tannegui Le Veneur, premier comte de Tillières.

XLVI. Antoine I Ébrard de Saint-Sulpice. Il prit possession le 21 mars 1575, et devint ensuite évêque de Cahors.

XLVII. Louis I d'Est, cardinal, mort en 1586.

XLVIII. Antoine II de Roquelaure. Il jouit à titre d'éconôme des revenus de l'abbaye depuis 1588 jusqu'en 1595.

XLIX. François I de Sacquespée de Sélincourt, était déjà Abbé commendataire en 1596 : c'est ce qui est prouvé par deux actes du 21 juillet et de 11 décembre 1596. Il fit faire beaucoup de réparations utiles à l'abbaye. Mort le 25 février 1613.

L. Charles I Chaliveau de la Bretonnière, aumonier du roi. Il obtint la commende en 1615. Il mourut le 23 novembre 1625.

LI. Nicolas V d'Aligre : c'est à tort que le *Gallia Christiana* l'appèle Haligre. Les auteurs de ce savant ouvrage ont mal lu, en plusieurs endroits, l'histoire manuscrite de l'abbaye de Saint-Évroul (*Compendium mss.*) qui leur avait été communiquée, et qu'ils ont souvent copiée mot à mot et phrase à phrase, sans daigner la citer. Fils d'Étienne d'Aligre, chancelier de France, il n'avait que 16 ans lorsqu'il fut nommé Abbé commendataire de Saint-Évroul. Pourvu de bulles en date du 26 décembre 1625, il prit possession par procureur, le 21 mars suivant. Il soumit son abbaye à la règle des bénédictins de la congrégation de Saint-Maur (7). Il tomba entre les mains de l'ennemi, sur les frontières de l'Espagne, et mourut le 26 octobre 1636.

LII. Antoine III Barberini, neveu du pape Urbain VII, cardinal, archevêque de Reims, grand aumônier de France. Il fut nommé Abbé de Saint-Évroul le 31 mars 1639, obtint ses bulles le 12 novembre suivant, et prit possession par procureur le 14 mars 1640. Il mourut le 3 auguste 1671.

LIII. Guillaume IV Égon, cardinal de Furstemberg. Nommé le 24 octobre 1671, il prit possession le 6 février 1672 ; il abdiqua en faveur de son neveu et mourut à Paris le 10 avril 1704, âgé de soixante-quinze ans.

LIV. Félix II Égon, prince de Furstemberg, neveu du précédent, renonça le 2 février 1689 et mourut au mois d'auguste 1695.

LV. François II Gobert, comte d'Apremont et

---

(7) Saint-Evroul est la vingt-neuvième maison qui ait été unie à la congrégation de Saint-Maur.

de Reckeim, mourut de la goutte vers le 25 décembre 1704 (1702, suivant le *Gallia Christiana*, qui se trompe).

LVI. Charles I Philippe Gobert, frère du précédent, nommé en 1705, suivant les manuscrits de Saint-Évroul, et la veille de Pâques 1703, s'il faut en croire les auteurs du *Gallia Christiana* qui, ainsi que nous avons eu occasion de nous en convaincre souvent, ont commis beaucoup d'erreurs de dates. Il mourut le 17 septembre 1719.

LVII. Charles II de Saint-Albin, Abbé de Saint-Ouen de Rouen, fut nommé à l'abbaye de Saint-Évroul le 8 janvier 1721 ; il fut ensuite archevêque de Cambrai, et mourut le 7 mai 1764.

LVIII. Louis II Henri-René Des Nos, évêque de Rennes, mort le 25 auguste 1764.

LIX. François III Bareau de Girac, évêque de Rennes, nommé le 22 décembre 1769.

Les PRIEURS depuis la réforme de 1628 sont :

I. Dom Ambroise Louet : en 1628.

II. D. Philibert Cotelle : 1630.

III. D. Joseph Taillandeau : 1636. Il fit faire beaucoup de réparations à la maison en 1638.

IV. D. Maur Ragot : 1642. Il fit fondre en 1647 trois grosses cloches.

V. D. Victor Maréchal : 1648. Il fit plusieurs acquisitions importantes.

VI. D. Siméon de La Venne : 1653. Il fit reconstruire dans la forêt la chapelle de saint Évroul, qu'il bénit en 1658.

VII. D. Marc Rivard : 1661.

VIII. D. Pierre L'Huillier : 1664.

IX. D. Sébastien Chrestien : 1666. Il fit élever quatre autels dans la nef en 1668.

X. D. Pierre Viellechese : 1669.

XI. D. Joseph Aubrée : 1675. Il construisit la bibliothèque.

XII. D. Jean-Baptiste Houssaye : 1681. Il fit réparer le dortoir.

XIII. D. Charles-François de Rostaing : 1684. Il fit beaucoup de réparations et d'augmentations utiles, et composa l'histoire de l'Abbaye en latin. (*Historiæ regalis Sancti Ebrulfi Uticensis compendium*). 1 vol. in-4° de 124 pages.

XIV. D. Pierre Lengigneur : 1687.

XV. D. Guillaume Hue : 1693. Il mourut au bout d'un mois.

XVI. D. Jean-Baptiste Jouault : 1693. Il fit décorer le réfectoire.

XVII. D. Philippe Rousseau : 1699. Il fit fondre quatre petites cloches en 1700.

XVIII. D. Jean-Baptiste Jouault : 1702. Il décora le chapitre et fit poser dans le chœur un aigle d'airain en 1705.

XIX. D. Michel Briant : 1705.

XX. Pierre Chevillard : 1708. Il fit disposer une infirmerie.

XXI. D. Jacques Yrrebert : 1711. Il décora l'hospice.

XXII. François-Charles Du Jardin : 1717. Il enrichit l'église d'ornemens précieux et de livres d'office ; il ajouta quelques notes au *Compendium* de Dom Rostaing ; il avait commencé sur Orderic Vital un travail qui servit à Dom Bessin pour son édition projetée de cet historien. Le prieur Du Jardin avait, en 1722, corrigé avec une grande attention l'imprimé de Du Chesne sur ce qui restait, à Saint-Évroul, du manuscrit autographe d'Orderic Vital. A cette époque Behourt, libraire à Rouen, devait donner une nouvelle édition des Historiens latins de Normandie, et Dom Bessin s'était chargé de reviser les textes, de concert avec Dom Du Jardin, son ancien collègue à Fécan, où ils avaient donné un cours de théologie. Ce dernier avait aussi revu, sur les manuscrits de Saint-Évroul, qui étaient du XIIIe siècle, les textes de Dudon de Saint-Quentin, et de Guillaume de Jumiège. Ils y avaient joint quelques annotations. Du Jardin s'exprime ainsi dans une note du 3 mars 1723, que j'ai entre les mains : « C'est à quoi j'ai travaillé assidûment vers la fin de 1722 et au commencement de 1723, afin que le libraire pût donner une édition plus correcte de ces trois anciens historiens de notre Normandie, qui font presque tout le volume de Du Chesne ».

XXIII. D. Jacques de Proussac : 1723. Il fit couvrir d'ardoises deux des trois clochers de l'église.

XXIV D. René Rigault : 1726.

XXV. D. Charles Du Bosc : 1729. Il fit un grand nombre de réparations.

XXVI. D. Jacques Veytard : 1733. Il continua les travaux de son prédécesseur.

XXVII. D. Pierre Vallée ; 1736.

XXVIII. D. Timothée Vérel : 1738. Il ajouta beaucoup aux travaux de la maison.

XXIX. D. Étienne Le Picard : 1744.

XXX. D. Benoît Gouget : 1745.

XXXI. D. Augustin Le Gault : 1745.

XXXII. D. Gilbert de Sainte-Affrique : 1749. Il termina l'hospice.

XXXIII. D. Louis Barbe : 1750. Il fit refondre toutes les cloches.

XXXIV. D. Jacques Delaunay : 1755.

XXXV. D. Étienne Robbe : 1755. Il décora et meubla la sacristie, enrichit la bibliothèque d'un grand nombre de livres, et fit acheter pour l'hospice des couverts d'argent.

XXXVI. D. Jacques Casaux : 1760.

XXXVII. D. François Follin : 1762.

XXXVIII. D. Thomas Pardessus : 1764.

XXXIX. D. Jean-Baptiste Morène : 1765.

XL. D. Placide de Leyris. Il fit faire un jardin devant le grand dortoir, en 1776.

XLI. D. Pierre-Aubin-Joseph Henneton : 1778. Il augmenta le mobilier de la sacristie, fit imprimer le nouvel Office de Saint-Évroul, enrichit la bibliothèque de plusieurs livres, et fit orner de sculptures le cloître qu'il avait fait réparer.

XLII. D. Ferdinand L'Évêque, dernier prieur : 1789.

L'église de Saint-Évroul avait 278 pieds de longueur, 72 pieds de largeur, sans comprendre le tour des chapelles. La voûte du chœur était élevée de 70 pieds, et le lambris de la nef, ainsi que de la croisée, de 76. La grosse tour qui était au milieu de la croisée avait 100 pieds de hauteur.

Le réfectoire sans piliers était long de 130 pieds et large de 38 ; sa hauteur était de 56 pieds.

Le cloître avait 442 pieds sur chacune de ses quatre faces.

La longueur du chapitre était de 50 pieds ; la largeur de 28.

Le grand dortoir avait 196 pieds de longueur sur une largeur de 30. Le petit dortoir, qui avait deux étages, avait 90 pieds de longueur, et 18 de largeur.

Ceux des manuscrits de la bibliothèque de Saint-Évroul qui échappèrent au partage que se firent quelques religieux et au vandalisme de 1793, sont déposés à la bibliothèque d'Alençon. Même avant la révolution de 1789, plusieurs manuscrits importans avaient disparu ou avaient péri par défaut de soins. Tel fut, entre cent autres, le manuscrit autographe d'Orderic Vital. dont il ne restait à l'abbaye qu'une partie du VIIe livre, le IXe et les quatre suivans, quand on songea à les faire relier. M. Auguste Le Prévost, qui donne en ce moment une excellente édition annotée par lui de cet important historien, a retrouvé à la Bibliothèque Royale le surplus du manuscrit autographe, qui y est parvenu de l'abbaye de Saint-Évroul, on ne sait quand ni comment.

II. ABBAYE DE BERNAI.

L'abbaye de Sainte-Marie de Bernai était située dans cette ville sur la rive gauche de la Carentonne : elle doit sa première fondation à Judith, fille de Conan-le-Fort, duc de Bretagne, laquelle fut la première femme de Richard II, duc de

Normandie. A l'aide des grands biens que lui accorda son mari, et secondée par Guillaume I, Abbé de Fécan, Judith fit commencer les constructions de ce monastère dans un lieu, sans autre désignation, qui depuis long-tems s'appelait *Bernaïcus*, d'où nous avons fait Bernai, et que probablement le séjour des moines, très nombreux à cette époque, contribua à élever par degrés à l'importance d'une ville. Cette princesse étant morte le 17 juin 1024 ou 1025, n'eut pas la satisfaction de voir terminer sa pieuse entreprise : elle la recommanda à son époux qui en confia l'achèvement ainsi que l'institution du personnel monacal, à ce Guillaume qui avait secondé Judith. C'était en auguste 1025, trois ans avant l'abdication de cet Abbé. Nous adoptons cette date, quoique plusieurs auteurs aient employé celle de 1027 : l'indiction VIII spécifiée dans la charte, ainsi que la 38e année du règne de Robert, confirme notre assertion. Robert avait été couronné le 1er janvier 988. Par une charte de 1025, Richard régla ce qui concernait les frais de construction et la dotation de cette abbaye naissante. On trouve cette charte importante dans le *Neustria Pia*, d'Arthur Du Monstier, p. 398. Ce fut aussi en 1025 que Herbert, alors évêque de Lisieux, et Robert qui l'avait été avant de le devenir de Coutances, signèrent la confirmation de ce monastère.

Les moines de Bernai eurent beaucoup à souffrir dans leurs intérêts pendant les guerres qui s'élevèrent entre les Français et les Anglais. Les Calvinistes ne les épargnèrent pas non plus, d'abord en mars 1563 où ils se bornèrent à piller, puis en 1590 à la suite d'un siége acharné, où ils mirent le feu au couvent ainsi qu'à une partie de la ville. La guerre civile ayant cessé, à la fin du XVIe siècle, Hennequin de Villenoxe ne négligea rien pour rétablir les affaires, la discipline et les édifices du couvent dont il fut le trente-deuxième Abbé. On lui dut aussi l'introduction de la réforme de Saint-Maur en 1628.

Il paraît que l'abbaye de Bernai n'eut pas d'abord un Abbé spécial, et qu'elle resta quelque tems sous la direction de Guillaume que Judith et ensuite Richard II avaient chargé du soin de sa construction et de son institution. En effet, on ne considère que comme des conservateurs ou économes ou procureurs de ce couvent, les Radulfe et les Théodoric dont parle Robert du Mont. Quoi qu'il en soit, ces deux moines, au lieu de prendre la défense des intérêts de la maison, en laissèrent envahir les biens : Radulfe donna Beaumontel à Hunfrid ou Honfroi de Vieilles et devint

Abbé du Mont-Saint-Michel ; Théodoric céda la moitié des revenus *(medietas)* du bourg de Bernai au père de Roger de Mont-Gomeri. Cet avantage obtenu par les comtes d'Alençon fit donner momentanément à Bernai le titre de comté, et fut la cause d'un procès élevé entre l'Abbé de ce monastère et le comte Pierre I, discussion que termina en 1280 Philippe-le-Hardi.

Enfin l'autorité des Abbés prévalut sur celle des économes. Voici la liste de ces prélats dont quelques-uns furent donnés par l'abbaye de Fécan, considérée comme la mère spirituelle de l'abbaye de Bernai.

I. Vital, moine de Fécan, indiqué par Robert du Mont comme le premier Abbé de Bernai. Il se rendit en 1066 à l'abbaye de Saint-Évroul pour les funérailles d'Osbern, son ami, huitième Abbé, mort le 27 mai de la même année. On trouve sa signature au bas de la charte de fondation du prieuré du Plessis-Grimoud. Suivant les *Analecta* de Mabillon, Vital, qui avait tiré du néant, en quelque sorte, le monastère de Bernai, parut à Guillaume-le-Conquérant digne d'être placé à la tête de l'abbaye de Westminster, où il voulait, comme dans tous les emplois de son nouveau royaume, placer des hommes sûrs et capables.

II. Osbern, frère de Vital, et moine de Troarn,

fut, avec la permission de Jean, Abbé de Fécan, choisi par Guillaume-le-Conquérant pour gouverner l'abbaye de Bernai, à condition que, autorisé par l'Abbé de Troarn, il deviendrait moine de Fécan. En septembre 1708, il assista aux funérailles du roi Guillaume qui eurent lieu à Caen dans l'abbaye de Saint-Étienne que ce monarque avait fondée.

III. Robert Noé paraît avoir été omis par Robert du Mont, s'il faut croire à l'exactitude d'une épitaphe rapportée dans le *Neustria Pia*, qui fait mourir Robert le 1er novembre 1128 : épitaphe curieuse que nous avons rapportée dans nos Archives Normandes, Tom. I, p. 235 et que nous donnerons avec plusieurs autres.

IV. Nicolas, moine de Fécan, duquel on ne connaît que le nom.

V. Richard I, comme le précédent, moine du couvent de Fécan avec l'Abbé duquel il eut une discussion, parcequ'il ne voulait pas dépendre de cette maison. Notre évêque Arnulphe les mit d'accord en décidant que dorénavant les Abbés de Bernai pourraient être choisis soit dans l'un, soit dans l'autre de ces monastères. Cette décision fut rendue en présence de Hugon ou Hugues, archevêque de Rouen, de Fraterne, Abbé de Saint-Ouen, de Walter, Abbé de la Sainte-Trinité-du-

Mont, de Gislebert de Blangi, et de Fulcon, doyen de Lisieux. Richard échangea les terres que Bernai possédait à La Chapelle-Saint-Marcel, avec Galeran, comte de Meulan, pour la fondation de l'abbaye du Vœu. Suivant Robert du Mont, l'abbé Richard mourut en 1169.

VI. Goscelin, de moine du Bec, devint Abbé de Bernai. Le Nécrologe de l'abbaye du Bec fait mention de Goscelin à la date du 15 auguste.

VII. Guillaume I, élève aussi du Bec, termina un procès avec Guillaume, Abbé du Vœu, et mourut le 14 des Calendes de novembre (17 octobre). On ignore si c'est après la mort de cet Abbé ou de son prédécesseur, que l'évêque Arnulphe écrivit aux moines de Bernai pour se plaindre de ce qu'ils lui avaient envoyé, pour fixer le jour de la bénédiction d'un nouvel Abbé, un jeune délégué sans instruction et sans gravité qui n'avait pas craint d'offenser le prélat par des discours arrogans. Arnulphe eut la bonté de promettre qu'il arrangerait l'affaire sans rigueur.

VIII. Second mit fin en 1192 à une contestation qui s'était élevée entre les religieux de Bernai et ceux de Vaux-de-Cernai, sur quelques droits réclamés par les Abbés d'Ourcamp, de La Val-Sainte, et de Froid-Mont. Il cessa de vivre en 1203.

IX. Richard II de Moyaux (de Moiaz) transigea en 1204 avec Vincent, Abbé du Valasse, en présence de Robert, comte de Meulan. Il est encore question de lui en 1220 dans les chartes de l'abbaye de Mortemer.

X. Galter eut une difficulté litigieuse, pour les dîmes de Toéni, avec les moines de Conches auxquels elles furent en 1226 adjugées par Richard de Bellevue, évêque d'Évreux.

XI. Guillaume II mourut en 1227.

XII. Laurent I Le Trécalier décéda le 24 mai 1264, suivant son épitaphe rapportée par Du Monstier.

XIII. Gislebert Chouquet, aumonier du couvent de Bernai dont il était élève, fut élu par les moines et confirmé par l'évêque de Lisieux (Gui du Merle) qui, par des lettres datées de Tiberville le mercredi après la quasimodo de 1277 (31 mars) sollicita du roi la remise du droit de régale.

XIV. Guillaume III assista à la dédicace de l'église du Bec en 1342.

XV. Étienne mourut le 11 janvier 1367.

XVI. Guillaume IV Viard, élu dans le cours de cette année, était encore Abbé le 11 septembre 1375, suivant les Chartes Authentiques de De Gaignières.

XVII. Guidon ou Gui de Roffinhac était en

1389 à la tête de l'abbaye de Bernai qu'il quitta pour devenir Abbé de La Crête.

XVIII. Bégon de Murat, gentilhomme de l'Auvergne, devint recteur du collége d'Avignon le 10 mars 1384 et conserva cette place jusqu'en 1395. Procureur-général et vicaire de Jean, Abbé de Cluni, il fut, par lui, délégué avec Fulcon de Blandes, prieur de Saint-Martin-des-Champs, pour la visite et la réforme des monastères de l'ordre de Cluni.

XIX. Bertrand de Saint-Bausille figure comme Abbé de Bernai le 4 septembre 1406, suivant les registres de la Chambre des Comptes de Paris.

XX. Ponce Pignon mourut le 1er décembre 1422.

XXI. Simon I. de Gonnelle, né vers 1384, déjà dignitaire dans la maison, fut élu Abbé le 23 juin 1422. Il n'était pas encore confirmé dans sa place à Pâques (23 avril) 1424. Il obtint un délai pour prêter serment de fidélité au roi en 1432 et en 1434 : il n'en fit la prestation qu'en 1449. Il assista aux séances de l'échiquier en 1453 ; prêta en 1461 serment à Louis XI qui venait de monter sur le trône, et dans la même année s'unit aux religieux de Cormeilles. Le Nécrologe de l'abbaye fixe l'époque de sa mort au 31 décembre sans date plus complète.

XXII. Guillaume V de Floques, évêque d'Évreux, mourut Abbé de Bernai le 23 ou le 25 novembre 1464.

XXIII. Richard III Boschage prêta serment au roi le 4 mai 1465. En 1469 il assista à l'échiquier de Rouen, où il triompha des procureurs du cardinal de Constance qui réclamaient pour ce prélat l'administration de l'abbaye. Il se trouva encore à l'échiquier en 1474. Deux ans auparavant, en 1472, il signa en son nom et celui de ses moines un traité avec les fabricans de lainage de la ville de Bernai. Mort en 1476, Richard fut inhumé à la droite de l'autel Saint-Étienne.

XXIV. Jean de La Chapelle est inscrit comme Abbé dans des lettres de 1481. Ce fut le 8 mai 1484 qu'il prêta serment au roi Charles VIII. Il devint Abbé commendataire de Nogent en 1486, et mourut le 13 juin 1488, suivant le Nécrologe de Cormeilles.

XXV. Simon II de Sallois figure le 29 novembre 1492 dans les chartes du prieuré du Val-aux-Malades. En 1497, de l'aveu du couvent, Simon permit aux habitans de Bernai d'ouvrir un chemin pour accéder au moulin de la ville, et concéda une place pour l'accroissement de l'église Sainte-Croix. Dans le Nécrologe de Cormeilles, il est inscrit comme décédé le 11 avril sans date d'année (problablement en 1498 ou 1499).

XXVI. Louis des HAULLES, nommé Abbé en 1499, s'attacha à embellir l'église du couvent par des peintures, des statues et autres ornemens. Après avoir assisté aux séances de l'échiquier en 1502, 1503, et 1505, il mourut en 1524.

XXVII. François I BOHIER, doyen de l'église de Tours et prévôt de Normandie dans l'église de Chartres, fut le premier Abbé commendataire de l'abbaye de Bernai en 1524. Député par la duchesse d'Angoulême, régente du royaume pendant la captivité de François I, Bohier se trouva en 1525 et 1526 aux états de Normandie pour aviser aux moyens de payer la rançon du roi. Le 5 janvier 1534, il prêta serment de fidélité à ce monarque comme évêque de Saint-Malo. C'est à tort qu'on lui a donné pour successeur Jean Le Hennuyer, que le *Gallia Christiana* n'a pas inscrit parmi les Abbés de Bernai, et sur lequel on a avancé de plus graves erreurs.

XXVIII. Antoine VIALART était prieur de Saint-Martin-des-Champs et Abbé de Bernai, quand il fut nommé archevêque de Bourges en 1572.

XXIX. Thomas BOHIER, seigneur de Nazelles, doyen de Tours, frère de François Bohier, évêque de Saint-Malo, et de Giles, évêque d'Agde, était Abbé et baron de Bernai le 11 mars 1576, suivant les registres du parlement de Paris.

XXX. Aymar Hennequin, chanoine et conseiller-clerc au parlement de Paris, puis évêque de Rennes en 1575, retablit les affaires du couvent de Bernai qui avait beaucoup souffert pendant la guerre civile, et mourut en 1596.

XXXI. Jérôme Hennequin, évêque de Soissons, laissa sa chapelle à l'abbaye de Bernai en 1619.

XXXII. Drogon Hennequin de Villenoxe, né vers 1573, conseiller au parlement de Paris depuis le 12 auguste 1598, refusa l'évêché de Soissons, et s'en tint à son abbaye. En 1628 il y fit admettre la réforme de Saint-Maur, et mourut le 7 mars 1651 doyen des conseillers-clercs.

XXXIII. François II (ou Henri) Feydeau de Brou, fils d'une sœur de Drogon, son prédécesseur, conseiller au parlement de Paris, mourut en 1666.

XXXIV. Léon Potier de Gèvres, né vers 1656, cardinal-prêtre, commandeur de l'ordre du Saint-Esprit, ancien archevêque de Bourges; Abbé de Saint-Remi de Reims, de Saint-Amand, de Saint-Crêpin (diocèse de Soissons) en 1725, était Abbé de Bernai depuis 1666. Il mourut à Paris le 12 novembre 1744.

XXXV. Jean-Baptiste-Joseph Languet de Gergi, né à Dijon le 6 juin 1675, curé de Saint-Sulpice de Paris, fut nommé par le roi Abbé commendataire de Bernai, au mois de mai 1745. Il était frère du fameux auteur de Marie Alacoque, production bizarre de la plus inepte superstition. Mort le 11 octobre 1750, dans son abbaye où il était venu exercer quelques actes de charité, il fut transporté et inhumé à Paris dans son église, le 15 du même mois. Augustin de Saint-Aubin grava le portrait de ce prélat, en 1768 d'après un buste fait en 1748 par J.-J. Caffieri. C'est à J.-B.-J. Languet que l'on doit l'église Saint-Sulpice actuelle, et une foule d'actes de charité vraîment pieux.

XXXVI. De Poudens, aumonier de la dauphine, fut nommé Abbé de Bernai au mois de novembre 1754, et proposé à Rome le 17 février suivant. Il est le dernier Abbé de l'abbaye de Bernai : il vivait encore en 1789.

On voit fixés à la voûte de l'église de l'abbaye plusieurs écussons qui ont conservé les armoiries des derniers Abbés.

Les magnifiques bâtimens de l'abbaye, parfaitement conservés, ont été affectés aux principaux services publics, tels que la sous-préfecture, les tribunaux de première instance, et de commerce, la mairie, la gendarmerie et les prisons. L'église a seule souffert : on y a établi la halle à blé, etc.

III. ABBAYE DE PRÉAUX.

L'abbaye de Préaux (*Pratellum*) était placée à peu de distance de Pont-Audemer, dans une gorge de collines. Ce monastère existait déjà dès le commencement du IXe siècle, puisque, du tems de Louis le Débonnaire, Ansegise, Abbé de Fontenelle ou Saint-Vandrille, lui fit un legs de 15 sous (49 fr. 80 c.) Les Danois détruisirent cette maison, comme la plupart des autres établissemens religieux dont ils s'emparaient. Un seigneur distingué, nommé Hunfroi de Vieilles près de Beaumont-le-Roger (8), la rétablit, la dota, la mit sous la protection de saint Pierre, et en confia la direction à Gradulfe, Abbé de Fontenelle, qui était son ami et qui mourut en 1047. Cette reconstruction dut avoir lieu avant 1035 puisque Robert, duc de Normandie, qui l'approuva, n'était pas encore parti pour la Palestine. Le monastère commencé par Hunfroi de Vieilles, fut terminé par Roger de Beaumont, comte de Meulan, son fils aîné. D'après une pièce latine que le *Gallia Christiana* nous a conservée (T. XI; *instr.* p. 199), Robert I, duc de Nor-

---

(8) Hunfroi ou Humfrid était seigneur de la commune de Vieilles aux portes de la ville de Beaumont-le-Roger. Plusieurs historiens, même récemment Licquet, dans son Histoire de Normandie, l'appèle mal à propos *Honfroi des Vieux ou des Vaux.*

mandie, partant pour la croisade, avait donné à Préaux le domaine de Toutainville; Hunfroi de Vieilles fit don, outre plusieurs domaines, de douze livres d'or, de deux manteaux *(pallia)* et de chevaux de très grand prix.

Plusieurs seigneurs assistèrent aux donations faites par Hunfroi, entre autres ses trois fils Roger, Robert, et Guillaume qui reçut de son père un soufflet pour se souvenir de cette donation. Plusieurs soufflets furent encore distribués, entre autres à Richard de Lillebonne qui portait une botte de vin du comte Robert, et qui se plaignit de la force de son soufflet que Hunfroi justifia en lui disant : « Tu es plus jeune que moi, et sans doute tu me survivras long-tems, il est donc bon que tu t'en souviennes quand le cas l'exigera ». Hugues, fils de Waleran, eut aussi sa part des soufflets.

Plusieurs autres individus figurent dans cette charte et pour le salut de leurs âmes font tous des donations. Un militaire nommé Saffrid ou Saffroy (*Saffridus*) fait don de sept champs; Gislebert et Turstin, quatorze pièces de terre, etc. Les dons s'accumulèrent, les vases précieux d'or et d'argent, les mulets, les besans d'or (*Bizantia auri*), les successions à venir, etc.

Dans l'année (1047) où l'on commença à traiter de la paix à Caen *(apud Cadimum)*, Hugues III de

Baïeux, fils du comte d'Ivri, portant avec lui les reliques des saints, fit une invasion sur les terres de l'abbaye de Préaux, que les Abbés Gradulfe et Anfred ne purent soustraire à son usurpation (motivée sur une convention qu'il devait avoir faite avec Hunfroi), qu'en lui donnant cent livres de deniers, trois candelabres, dont deux d'argent pur, et le troisième de vermeil, et un calice doré. L'évêque ayant reçu ces objets confirma les biens de Préaux, et anathématisa même ceux qui voudraient troubler la possession des moines.

Une difficulté s'éleva ensuite entre ces moines et un clerc nommé Hugon, relativement à la partie des donations qui concernait Pont-Audemer. Chacun fit venir ses témoins. Les uns présentèrent Goncelin, l'autre amena Gaufrid ou Geoffroi, son frère. On allait en venir au combat, lorsque Gonfrid déclara qu'il était impotent, surtout des bras. On fut forcé de transiger : Hugon conserva, sa vie durant, l'église de Pont-Audemer, laquelle à sa mort devait être remise à Préaux, au préjudice de ses héritiers quels qu'ils fussent.

Cet extrait est fait littéralement sur la charte qui, comme la plupart de celles de ces tems, pourrait bien être apocryphe. Elle en a tous les caractères tant pour le stile, que pour la forme des clauses, et les additions qu'elle présente. Il est au surplus impossible qu'elle ait été faite à une même époque.

Ce couvent, comme les autres maisons religieuses de la Normandie, possédait beaucoup de biens en Angleterre. Orderic Vital regarde comme l'un des fondateurs de l'abbaye de Préaux Robert, frère de Roger et grand sénéchal de Normandie, sans doute parce qu'il fit quelques donations à l'abbaye. Toutefois je n'ai trouvé nulle part aucune trace de ces pieuses libéralités. Galeran, fils de Robert et comte de Meulan, comme son oncle, fit don à Préaux de la dîme des saumons et des autres poissons que l'on pêchait dans la Rîle; il ajouta, pour qu'une lampe fût sans cesse allumée devant la tombe de ses parens, inhumés à Préaux, une somme annuelle de vingt sous qui égalerait de nos jours celle de soixante-six francs environ. Henri I, duc de Normandie et roi d'Angleterre, concéda en outre beaucoup de priviléges et d'indemnités, qui furent confirmés par Henri II, et ensuite par Philippe-Auguste, roi de France. Louis IX accorda aux religieux en 1257 la faculté d'établir un marché et en 1269 l'exemption de tous droits pour les vins de leur provision qu'ils fesaient transporter par les eaux de la Seine. Plusieurs papes confirmèrent leur temporel à diverses époques, tels qu'Alexandre III en 1170, Innocent III en 1199 et Honorius III en 1221. On voyait à Préaux les tombeaux de plusieurs personnes illustres, de Hunfroi de Vieilles, de Roger de Beaumont et de Robert, ses fils, de Galeran, comte de Meulan, et de Balderic, archevêque de Dol.

Les religieux exerçaient sur le clergé de Pont-Audemer un privilége en vertu duquel aucun ecclésiastique ne pouvait s'établir ni dans la ville, ni dans sa banlieue, sans leur permission. Aussi leur autorisation fut-elle nécessaire aux frères mineurs qui y bâtirent leur couvent en 1499, et aux ursulines qui contruisirent le leur en 1667, 1665 suivant Masseville, et s'établirent en 1671.

Préaux souffrit beaucoup de la part des Anglais et des Calvinistes; mais la réforme de la congrégation de Saint-Maur qui y fut établie en 1650, rendit au monastère une nouvelle vie et un plus vif éclat.

Voici la nomenclature des Abbés de Préaux.

Emard ou Évrard ne fut point Abbé de Préaux : il en fut seulement l'économe à l'époque de la fondation. Il mourut le 30 décembre 1043 ou 1044.

I. Ansfred ou Ansfroi fut établi premier Abbé de Préaux par Gradulfe, Abbé de l'abbaye de

Fontenelle (Saint-Vandrille). Ce prélat avait d'abord accueilli et il finit par repousser durement Bérenger, cet écolâtre d'Angers qui fut dans onze conciles condamné pour ses opinions. Il avançait que dans l'eucharistie « le pain et le vin n'étaient pas le corps et le sang qui était né de la Vierge et qui avait été attaché à la croix. Il enseigna donc que le pain et le vin ne se changeaient point au corps et au sang de Jésus-Christ; mais il n'attaqua point la présence réelle ». On lui fit reconnaître en 1059, au concile de Rome, que « le pain et le vin, après la consécration étaient le vrai corps et le vrai sang de Jésus-Christ, touché par les mains des prêtres, rompu et moulu par les dents des fidèles ». Il se rétracta bientôt, et fut de nouveau poursuivi; car il recommençait à publier sa doctrine aussitôt qu'il n'était plus en présence des conciles. Ce fut par le conseil d'Ansfred qu'en 1063 le duc de Normandie mit à la tête de l'abbaye de Saint-Évroul Osbern, prieur de Cormeilles. Il mourut le 17 mars 1078.

II. Guillaume I. Cet Abbé qui obtint et conserva les bonnes grâces de Roger de Beaumont et de Robert son frère, a été omis par Robert Du Mont. Guillaume gouverna l'abbaye pendant dix-huit années au bout desquelles il mourut le 10 décembre 1096, et fut inhumé dans l'église de Préaux.

III. Gaufred ou Goisfred, ou même Geoffroi, élevé par Gilbert, 33ᵉ Abbé de Saint-Vandrille, fut, suivant Orderic Vital, un modèle de piété et de vertus chrétiennes. Ce fut lui qui, à l'aide de la munificence de quelques grands seigneurs, termina l'église de Préaux dont la dédicace eut lieu le 17 octobre. Mort en 1101 le 30 auguste, il fut inhumé dans le cloître.

IV Richard I de Fourneaux fut regardé comme étant de Baïeux, parcequ'il y avait fait profession dans l'abbaye de Saint-Vigor sous Robert de Tombelène, unique Abbé de cette maison, après le retour duquel au Mont-Saint-Michel, auquel il appartenait, les religieux de Saint-Vigor se dispersèrent. Richard, l'un d'eux, s'étant retiré à Préaux, en fut élu Abbé à la mort de Gaufred. En 1106 Robert de Vieilles fils de Hunfroi fit don à l'abbaye d'une terre qu'il possédait en Espagne. Ami de Balderic de Dol, Richard eut avec lui plusieurs conférences sur le vrai sens des livres ecclésiastiques qui s'altérait de plus en plus. Il eut aussi l'amitié d'Ivon ou Ives de Chartres ce savant prélat dont nous avons eu déjà occasion de parler plusieurs fois : il profita de cette liaison en obtenant des lettres pour Robert, comte de

Meulan, qui lui fit recouvrer plusieurs des propriétés de l'abbaye. Il assista à une assemblée de la noblesse à Rouen, tenue en 1118 sous Geoffroi, archevêque de cette ville ; il célébra les obsèques de Balderic de Dol, et consola à ses derniers momens Guillaume, Abbé du Bec, en 1124. Richard avait gouverné trente ans le troupeau qui avait été confié à ses soins, lorsqu'il mourut fort âgé le 30 janvier 1131. Il fut inhumé à Préaux. Orderic Vital assure que Richard était très versé dans les sciences divines, et qu'il eut soin de *briser benoîtement, dans la maison du seigneur, le pain énigmatique à la jeunesse affamée* (9) : ce qui signifie que ce savant Abbé se donnait la peine d'applanir les difficultés que les jeunes ecclésiastiques rencontraient dans les textes d'alors, qui, comme on sait, étaient très altérés dans beaucoup de manuscrits.

V. Richard II de Conteville gouverna Préaux pendant une quinzaine d'années. Il était fort riche : c'est tout ce que l'on sait de cet Abbé qui mourut à Préaux en 1146, et fut inhumé dans le cloître.

VI. Reginald ou Renaud. De simple moine de Saint-Vandrille, il devint Abbé de Préaux, mou-

---

(9) *Famelicis pueris œnigmaticum panem in domo domini benigniter frayit.* Liv. VIII p. 709.

rut, six ans après, le 6 mars 1151 (vieux style) c'est à dire en 1152 et fut enterré à Saint-Vandrille.

VII. Michel de Tourville, moine de cette Abbaye du Bec qui grâce à l'Italien Lanfranc, à Anselme son élève, et à Ives de Chartres, le restaurateur du droit canonique en France, eut une si grande réputation de savoir dans le XIe siècle, fut élu Abbé de Préaux à la Saint-Thomas (le 21 décembre) en 1152. Il revêtit en 1166 de l'habit monastique le pieux Galeran, comte de Meulan, qui en 1155 avait comblé de biens l'abbaye déjà fort riche. Michel mourut le 15 décembre 1168 et fut inhumé dans le cloître.

VIII. Henri I, moine du Bec, était déjà Abbé de Préaux en 1168. Ce ne fut toutefois qu'en 1179 qu'il reçut du pape Alexandre III la confirmation de ses biens et de ses priviléges. Il enrichit beaucoup la bibliothèque par les acquisitions, alors si coûteuses, qu'il fit pour elle. Il est cité parmi les Abbés qui promirent des secours d'argent pour la croisade. Sa mort eut lieu en 1182, le 29 avril s'il faut en croire le Nécrologe de Saint-Georges de Baucherville.

IX. Osberne ou Osbert, fut élu aussitôt après la mort de son prédécesseur. Il termina en présence de Radulfe de Varneville, évêque de Lisieux, un procès qu'il avait avec Guillaume, Abbé de Mortemer. Il vivait encore en 1196, car ce fut dans le cours de cette année qu'il souscrivit une convention qui eut lieu entre Richard-Cœur-de-Lion, roi d'Angleterre, et Gauthier, archidiacre de Rouen. Osberne avait obtenu plusieurs bulles des papes Célestin III et Innocent III, en 1195 et en 1199 ou à peu près, puisque ce fut dans la quatrième année du pontificat de Célestin et dans la seconde de celui d'Innocent. (Le premier fut élu pape en 1191, et le second en 1198.)

X. GUILLAUME II abdiqua vers 1205.

XI. THOMAS fit copier en 1208 un de ces Légendaires d'où les Voragine et les Ribadeneira tirèrent par la suite ces légendes appelées dorées, ces *lectures* (10) par excellence, qui ont tant prêté à rire aux indévots. Il gouverna jusqu'en 1216. Mort le 13 février, il fut enterré à Préaux.

XII. ADAM fut élu Abbé en 1216.

XIII. Bernard de COMBON et non pas de Courbon comme une mauvaise écriture la fait quelquefois nommer mal à propos ; moine du Bec. Il fit en 1224 avec Louis VIII un accord qui est rapporté dans le *Neustria Pia*, p. 512. En 1227 il fit recueillir et transcrire en un seul volume les di-

---

(10) *Legenda,* chose qu'il importe de lire, vient de *legere* comme *Lex,* la loi.

verses Chartes de l'abbaye. Il paraît que Bernard était passé en Angleterre, il en revint en 1227. L'année suivante il occupait encore le siége monacal. Il mourut le jour de la Saint-Marc (25 avril), on ne sait de quelle année.

XIV Aufred I ou Aufroi et non pas II du nom comme le dit le *Gallia Christiana* Tom XI p. 839, puisque l'abbé *Ansfred* ne porte pas le même nom que les deux Aufred dont nous allons nous occuper. Il n'est question de lui qu'en 1234 et en 1239. Il fut inhumé à Préaux.

XV. Barthélemi. Un cartulaire fait mention de cet Abbé en 1241 et en 1248. Sa mort eut lieu le 29 mai suivant un ancien bréviaire, ou le 30 du même mois d'après le Nécrologe de Saint-George de Baucherville.

XVI. Aufred II. Il était Abbé de Préaux au mois de mai 1251 : du moins c'est ce qu'assurent les titres de Saint-Sauveur. Ses funérailles eurent lieu le vendredi après l'Exaltation de la Croix, en 1266 (après le 14 septembre).

XVII. Guillaume III du Hamel, élu le même jour, se trouve cité en 1272, 1280, 1281 et 1282. Ce fut ce Guillaume qui, accusé de relâchement dans la discipline, alla trouver le pape qui lui pardonna. On croit que cette imputation concerne Guillaume II dont nous avons parlé plus haut. Il mourut le 24 juin 1284 suivant le *Neustria Pia*. Cette année même, les moines de Préaux sollicitèrent du roi la permission d'élire leurs Abbés. *(Regest. 16 Chart. Thesauri)*. Ils renouvelèrent cette demande en 1297.

XVIII. Robert I Houel. Les chartes le citent en 1297 en 1313 et en 1314.

XIX. Radulphe Morel. Il est question de lui en 1320.

XX. Robert II Lionel. Il fit construire de nouveaux édifices qui servirent à l'embellissement du monastère. Sa mort arriva après l'an 1331.

XXI. Henri II. On croit qu'il mourut en 1337.

XXII. Jean I de Carretot ou de Karetot. Il était Abbé en 1339. C'est ce que prouve le procès-verbal de visite que Guillaume de Chermont, évêque de Lisieux, fit à Préaux, pour reconnaître l'authenticité des reliques. Il céda au roi d'Angleterre tous les biens que l'abbaye de Préaux possédait outre-mer, moyennant un revenu égal dans la province de Normandie. Il paraît que cet échange ne tourna pas à l'avantage de la maison. Sa mort eut lieu en 1353 à Préaux où il fut enterré.

XXIII. Guidon. Cet Italien, devenu Abbé de Préaux, se plaint, dans des lettres qui portent la date de 1356, de ce que l'abbaye est tellement ruinée par les événemens de la guerre et surtout par les chicanes sans nombre comme sans terme (11) dont elle a eu à se défendre contre la cour de Rome, qu'il ne lui reste pas de quoi fournir la nourriture nécessaire aux religieux. Guidon mourut dans la dixième année du pontificat d'Innocent VI, c'est-à-dire vers 1362.

XXIV. Guillaume IV Binet. Quelques titres font mention de cet Abbé en 1366, en 1376, en 1380, et le 28 septembre 1385. Il mourut l'an VII du pontificat d'Urbain V, vers 1369.

XXV. Jean de Dormans, cardinal, évêque de Beauvais, nommé Abbé aussitôt après la mort de son prédécesseur, mourut le 7 novembre 1373 *(Comment. Henr. Suarès).*

XXVI. Vincent Le Lieur, de Rouen, moine du Bec, figure dans les titres authentiques de Gaignières depuis le 14 juillet 1390 jusqu'au 16 octobre 1416. Pendant les guerres qui ravagèrent la Normandie à cette époque, il se retira à Rouen où il mourut le 25 mai 1418, et fut enterré dans l'église Saint-Ouen.

XXVII. Guillaume V Le Roy. Cet Abbé (qui serait le vingt-huitième de Préaux, s'il fallait s'en rapporter à un manuscrit de 1402 qui n'a pas été

---

(11) *Sed maxime litibus in numeris a curiá Romaná intentatis etc.* Gall. Christ. Tom XI. p. 840

suivi par le *Gallia Christiana*), prêta serment de fidélité à Henri V, roi d'Angleterre, qui lui restitua son temporel le 16 février 1419. Ce prince rendit aussi aux religieux, le 30 janvier 1420, le droit d'élire, à la mort de Guillaume, un autre Abbé.

XXVIII. Roger Sorel prêta aussi son serment entre les mains du roi d'Angleterre dans la huitième année de son règne (en 1420). Le monarque continua le 22 auguste 1420 aux religieux de Préaux le droit qu'il leur avait précédemment accordé à la mort de Guillaume Le Roy.

XXIX. Jean II Moret, prêta, comme ses deux prédécesseurs, le serment de fidélité au roi d'Angleterre, Henri V, le 5 mars 1421. En 1427 il fit purifier par des expiations l'église de Préaux qui avait été ensanglantée. Il est encore question de lui le 20 décembre 1430 dans le recueil de De Gaignières.

XXX. Étienne Bertaut, jurisconsulte instruit dans le droit civil et le droit canonique, différa jusqu'au 27 octobre 1435 à prêter son serment. Sa mort arriva en 1438.

XXXI. Jean III Halluin. Il obtint aussi pour sa prestation de serment un délai qui s'étendit jusqu'au 13 février 1449. L'époque de sa mort n'est pas certaine : elle eut lieu en 1458 ou en 1459.

XXXII. Jean IV Agasse. Cet Abbé prêta son serment de fidélité à deux rois de France, le 16 juin 1459 à Charles VII, et le 12 janvier 1462 (1461 : vieux style) à Louis XI. Il paraît que ce fut en 1476 qu'il mourut.

XXXIII. Antoine Raguier, évêque de Lisieux, nommé par le roi, accepta sa nomination. Six ans après, il se repentit d'avoir touché les revenus de l'abbaye dont il croyait frustrer un Abbé qui, pour être légitime, lui semblait avec raison devoir être élu par les religieux. C'est pourquoi en mourant il les engagea à faire choix d'un Abbé régulier. Ils s'en occupèrent la veille même de la mort du prélat, laquelle arriva le 10 juin 1482, et ils élurent à l'unanimité Richard Houel, l'un d'entre eux : mais le roi refusa son consentement à cette élection qui ne fut pas non plus approuvée par l'archevêque de Rouen.

XXXIV. Olivier de Pont-Briant. Ce trésorier de la Sainte-Chapelle de Paris reçut l'ordre du roi de prendre la commende : mais, toujours plus ou moins attaché à l'idée que cette nomination appartenait aux religieux, et n'osant résister ouvertement au prince, Olivier par une sorte de transaction mentale se contenta d'une pension modique, et nomma en 1488 Richard Houel son vicaire pour le temporel et pour le spirituel. Il alla même jusqu'à se dire *(Chart. authent.* de De Gaignières), le 29 avril 1489, simple religieux et non Abbé de Préaux.

XXXV. Jean V Le Veneur, cardinal évêque de Lisieux, obtint la commende en 1506, et la céda en 1535 à son successeur.

XXXVI. Jacques d'Annebaut, cardinal aussi et, comme son prédécesseur, évêque de Lisieux, lui succéda en 1535 à la commende de l'abbaye de Préaux.

XXXVII. Guillaume VI de Vieux-Pont, chanoine de Lisieux, tint les rênes de l'abbaye depuis 1554 jusqu'en 1559.

XXXVIII. Charles I, cardinal de Lorraine, occupa la commende jusqu'en 1566.

XXXIX. Guillaume VII de L'Aubespine fut Abbé commendataire jusqu'en 1572.

XL. Nicolas Jacoppin est cité comme Abbé de Préaux dans les registres de la Chambre des Comptes de Paris. A sa mort qui arriva en 1584, Plancin fut établi économe au nom du roi.

XLI. Guillaume VIII. de L'Aubespine, fils de Guillaume VII, décoré des ordres du roi, obtint Préaux vers 1600.

XLII. Charles II de L'Aubespine, marquis de Châteauneuf-sur-Cher, vice-chancelier, succéda à son frère Guillaume en 1611. Pour remédier aux abus qui s'étaient enracinés dans l'abbaye, il y introduisit des religieux réformés de la congrégation de Saint-Maur, le 1ᵉʳ octobre 1650, et mourut le 27 septembre 1653.

XLIII. Jules cardinal MAZARIN obtint en 1656 la commende dont il ne put, faute de bulles, prendre possession qu'en 1659. Ce prélat illustre, dont le vrai nom est Mazarini, gouverna la France, comme premier ministre, avec beaucoup de douceur et d'habileté, et conserva Préaux jusqu'au 9 mars 1661, époque de sa mort.

XLIV. François-Marie cardinal MANCINI n'ayant pu obtenir de bulles d'Alexandre VII, prit possession le 21 mars 1663. Clément IX fut plus facile que son prédécesseur : il accorda les bulles et l'Abbé prit de nouveau possession le 18 avril 1668.

XLV. Melchior de Harod de SENEVAS, marquis de Saint-Romain, fut nommé en 1673. Il prit d'abord possession le 28 février de la même année, et ensuite en 1674 après avoir obtenu ses bulles. Il mourut subitement à Paris le 14 juillet 1694, à l'âge de 83 ans.

XLVI. Jean VI d'ESTRÉES. Ambassadeur en Portugal, il fut nommé Abbé de Préaux le 24 décembre 1694, et mourut le 3 mars 1718.

XLVII. Thomas-Jean-François de Strickland

de Sazerghe. Cet Anglais ou Irlandais avait été élévé à Paris au séminaire de Saint-Sulpice, et avait été envoyé à Rome pour y traiter quelques affaires secrètes. A son retour il fut nommé par le roi à l'abbaye de Préaux à la fin de 1718, et par l'empereur d'Allemagne à l'évêché de Namur en novembre 1725. Les faveurs pleuvaient sur cet ecclésiastique, car il avait obtenu le cardinalat en 1721. Il mourut le 12 février 1740, à Louvain, et fut transféré à Namur pour y être inhumé dans la cathédrale.

XLVIII. Henri-Constant de Lort de Serignan de Valras, évêque de Macon depuis 1732, fut nommé par le roi Abbé commendataire de Préaux au commencement de septembre 1743. Devenu Abbé de Saint-Mansui de Toul, il se démit aussitôt de l'abbaye de Préaux.

XLIX. De Saint-Aubin, comte de Lyon, et vicaire-général de l'archevêque de cette ville, fut nommé par le roi le 24 avril 1745.

L. Charles III Antoine-Gabriel D'Osmond de Médavi, comte de Lyon, né à Médavi, diocèse de Seès, en 1723, sacré le 1ᵉʳ avril 1764 évêque de Comminges dont il donna sa démission en 1785, fut à cette époque nommé Abbé commendataire de Préaux; il est mort pendant la révolution.

Il est question d'un MATTHIEU Abbé de Préaux, au 10 juillet, dans la Nécrologie de saint Georges Baucherville. J'ai fait d'infructueuses recherches pour déterminer l'époque à laquelle il a vécu et fixer le rang qu'il aurait dû occuper dans ce catalogue. Le nom de cet Abbé, qui ne figure ni dans le *Gallia Christiana* ni dans le *Neustria Pia*, prouve que ce n'est pas à tort que le manuscrit de 1402 dont nous avons parlé ci-dessus à l'article de Guillaume V Le Roy, fait de *Vincent Le Lieur* le vingt-septième et non le vingt-sixième Abbé de Préaux. Ainsi, au lieu de cinquante, cette abbaye aurait eu quarante-neuf Abbés tant réguliers que commendataires.

IV. ABBAYE DE GRÊTAIN.

Ce monastère, consacré à la Vierge Marie, et situé vers l'embouchure de la Seine à peu de distance de la ville de Honfleur, fut fondé par Herluin de Conteville, seigneur puissant qui avait épousé Herlève, mère de Guillaume-le-Conquérant, de laquelle il eut deux fils, Odon, qui devint évêque de Baïeux, et Robert, comte de Mortain. Guillaume favorisa cet établissement qui eut lieu peu après 1050 dans un lieu nommé Grêtain, (en latin *Grestanum*) près d'une fontaine sur les bords de laquelle existait déjà un oratoire consacré à la Vierge. Ce fut aussi en l'honneur de Marie, que Hugues, évêque de Lisieux, fit la dédicace du nouveau couvent. Herluin y réunit quelques moines de abbayes de Fontenelle (depuis Saint-Vandrille) et de Préaux, auxquels il donna les moyens de subsister convenablement. Robert, son fils, augmenta le nombre et la fortune des religieux à tel point que Guillaume de Jumiège le considéra comme le véritable fondateur; ce n'est pas avec plus de raison que le Nécrologe cite Odon, évêque de Baïeux, avec la même qualification: les deux frères furent simplement les bienfaiteurs du monastère. Un comte de Harcourt fit, à ses frais, bâtir le cloître et y attacha des revenus; Guillaume, fils de Robert, comte de Mortain, plaça (suivant le *Gallia Christiana*) dans ses domaines Grêtain et ses dépendances; mais il ne jouit pas long-tems de cet envahissement: battu et mis en fuite dans le cours de 1106, il fut dépouillé de ses biens, et Henri I, roi d'Angleterre, s'empara des terres de Grêtain. Les rois anglais Richard I et Édouard II accordèrent à ce monastère quelques chartes qui ont été imprimées dans le *Monasticum Anglicanum*, T. III, p. 982, etc. On y voyait les tombeaux du fondateur Herluin, de Robert, comte de Mortain, et de sa fille Mathilde, fille de

Roger, comte de Mont-Gomeri. L'église, détruite plusieurs fois, fut plusieurs fois rebâtie, et elle fut consacrée par Jean I, par Arnulphe, évêque de Lisieux, et par Rotrou, évêque d'Évreux. Incendiée vers 1100, elle fut reconstruite et dédiée en 1122, puis dédiée de nouveau le 23 auguste 1254.

Ce monastère dut beaucoup d'embellissemens et d'augmentations dans ses édifices à plusieurs de ses Abbés, notamment à Herbert vers 1150, à Guillaume IV Le Vavasseur de Beuseville au commencement du XIVe siècle.

Le 15 novembre 1364 les Bretons s'emparèrent de Grêtain d'où les moines furent contraints de se retirer le 10 auguste 1365. Le monastère fut alors détruit à peu près de fond en comble.

On comptait en 1474 vingt-trois moines à Grêtain.

Voici la liste des Abbés de cette abbaye.

I. Reginald ou Renaud I de La Roche, moine de Saint-Évroul fut nommé par le fondateur, premier Abbé de Grêtain.

II. Galfrid ou Geoffroi, gentilhomme, et moine de Saint-Serge d'Angers, succéda à Renaud, et mourut en 1114.

III. Fulchrius ou Fulcon, ou Fouques, ancien moine de Seès, mourut le 4 juillet 1139.

IV. Herbert, moine de Grêtain, en fut élu

Abbé au mois de septembre 1139. Ce fut de son tems que Jean, évêque de Seès, envoyé par l'évêque de Lisieux Jean I, bénit le cimetière de Grêtain le jour de la fête de saint Pierre, conféra le diaconat à plusieurs moines et consacra les autels de la Trinité, de Saint-Pierre et de Saint-Nicolas. Cet Abbé embellit beaucoup l'église de Grêtain, et était presque centenaire lorsqu'il mourut le 15 janvier 1179.

V. Guillaume I d'Oxfort, moine du Bec, originaire d'Angleterre, fut élu en avril 1179. C'est de cet Abbé qu'Arnulphe, évêque de Lisieux, se plaint dans ses lettres 32 et 53 au pape Alexandre III, parce que l'Abbé restait presque toujours en Angleterre occupé de ses propres affaires, et s'absentait sans la permission de l'évêque diocésain. Ce scandale détermina Arnulphe à le révoquer deux fois, et à demander (lettre 42) au pape Alexandre III, que les moines fussent remplacés par des chanoines réguliers qui, en Normandie, n'étaient ni riches, ni nombreux. Le pape n'approuva point cette proposition. Guillaume fut transféré à Saint-Martin de Pont-Oise la veille saint Pierre (28 juin) 1185, par Gautier, archevêque de Rouen, son compatriote et son ami.

VI. Rodulfe, moine de Tours et prieur de Périers, fut nommé d'après le désir du Roi le 14 mars 1186 (le 3 mai, suivant les titres de Fécan), et mourut le 28 juillet 1197.

VII. Robert, moine de Grêtain, fut élu le 8 septembre 1197, et remit en 1233 le jour de la conception aux mains de Guillaume de Pont-de-l'Arche, évêque de Lisieux, tout ce que ses moines possédaient dans l'église de Ménil-Mauger et dans celles de Honfleur (et non pas Bonnefleu comme le dit le *Gallia Christiana*, tome XI, colonne 844).

VIII. Guillaume II de Farnoville était Abbé de Grêtain lorsque Fulcon d'Astin, évêque de Lisieux, consacra son église le 23 Auguste 1254.

IX. Thomas termina les débats qui existaient entre Grêtain et Jumiège, en 1259 la veille Saint-Jacques et Saint-Philippe. En 1260 il fit un acte d'union avec Simon, Abbé de Cormeilles.

X. Guillaume III figure au nombre des Abbés de la Normandie qui s'engagèrent à fournir des fonds pour la croisade.

XI. Renaud II Caruel, devenu Abbé en 1291 sous le règne de Philippe-le-Bel, roi de France, mourut au commencement de 1297.

XII. Radulfe Secundus (12) était déjà moine de Grêtain lorsqu'il en fut nommé Abbé le 4 mai

---

(12) Quelques auteurs le surnomment Vincundus; il est probable qu'il faut lire *Secundus*, comme nous fesons ici.

1297. Il n'y resta pas long-tems : l'évêque de Lisieux (Jean de Samois), à la demande des moines, les en débarrassa en 1302.

XIII. Guillaume IV Le Vavasseur de Beuseville, fut élu le 30 avril 1308, confirmé et béni par Gui de Harcourt, évêque de Lisieux.

XIV. Jean I, élu le 24 avril 1346, mourut l'an I du pontificat d'Urbain V (en 1362 ou 1363).

XV. Jean II de Macre lui succéda la même année et mourut l'an VIII du même pontificat (en 1370).

XVI. Jean III de Rainfrai fut élu la même année.

XVII. Étienne.

XVIII. Jean IV Picot. 9 octobre 1377.

XIX. Martin de La Houssaie figure en qualité d'Abbé de Grêtain dans les registres de l'échiquier en 1388 et 1391.

XX. Jean V de Foussiac mourut à Paris le 6 janvier 1406 et y fut inhumé au collége de Cluni.

XXI. Richard I de Thieuville (peut-être Tiéville) était Abbé de Grêtain le 18 octobre 1411 et le 28 juin 1424; il est question de lui à ces deux époques, sur les registres de la Chambre des Comptes de Paris. En 1419 il avait prêté serment à Henri V, roi d'Angleterre, qui dans la même année lui rendit les biens de son abbaye. Richard mourut le 11 février 1435.

XXII. Guillaume V Poret, élu le 19 janvier 1443.

XXIII. Jean VI Le Lièvre assista à l'échiquier en 1448. Ce fut la même année que Thomas Basin, évêque de Lisieux, consacra le 1er auguste deux autels dans l'église de Grêtain. Il obtint le 14 février 1449 un délai pour prêter serment au roi. Sa mort eut lieu le 28 juillet 1458.

XXIV. Jean VII Baudouin, reçu le 29 septembre 1458, prêta serment au roi le 12 décembre suivant, et le 13 janvier 1461. Il fit un acte d'union le 13 décembre 1466 avec l'Abbé de Saint-Martin de Seès, et mourut le 13 avril 1468.

XXV. Richard II de Thieuville, neveu de Richard I, prêta serment au roi le 12 juillet et le 6 septembre 1469 pour la baronnie de Grêtain et quelques dépendances de l'abbaye. En 1478 il renonça à son abbaye en faveur de Descolles son successeur, et mourut le 1er octobre 1495.

XXVI. Guillaume VI Descolles, protonotaire apostolique, fut le premier Abbé commendataire depuis 1481 jusqu'à sa mort, qui fut subite, le 10 janvier 1502.

XXVII. Jean VIII de Surtoville (et non pas Furtoville), élu Abbé le 14 janvier 1502, abdiqua d'après le vœu du roi en faveur du suivant.

XXVIII. Jean IX Le Veneur, archidiacre de

Lisieux, prit par procureur possession de Grêtain le 29 mai 1503 et par lui-même le 26 mai 1504. Devenu évêque de Lisieux en 1505, il fit, le 17 décembre de la même année, son entrée à Grêtain et mourut, comme nous avons vu à l'article des évêques, le 7 auguste 1543.

XXIX. Jacques I Marlet céda l'abbaye à Le Breton.

XXX. Jean X Le Breton, ecclésiastique de Paris, aumonier du roi, Abbé de Nisors (diocèse de Comminges), nommé par le roi archevêque de Bordeaux le 1ᵉʳ janvier 1592, nomination qui lui causa beaucoup d'embarras, permuta en février 1598. Il avait été prieur de Saint-Loup-du-Gât (diocèse du Mans). Il obtint ses bulles pour l'abbaye de Grêtain le 26 juin 1600, et refusa le doyenné de Saint-Germain-l'Auxerrois à Paris en 1604 : mort en avril 1607.

XXXI. Le baron de Termes.

XXXII. François Petit nommé par le roi.

XXXIII. Jacques II Habert, chanoine de Paris et conseiller au parlement en 1600, fut nommé Abbé commendataire de Grêtain le 17 juin 1608. Ce fut à ce titre qu'il plaida avec les héritiers de son prédécesseur Le Breton pour obtenir d'eux les réparations du monastère : il transigea avec eux le 29 mars 1609.

XXXIV. Denis Sanguin de Saint-Pavin fut nommé Abbé commendataire en 1646, et conservait encore ce titre le 27 octobre 1679. Il mourut évêque de Senlis le 13 mars 1702.

XXXV. Chrysante de Lévis, fils d'Alexandre de Lévis, marquis de Gaudiez, nommé le 15 avril 1702.

XXXVI. Antoine-Léonor de Berceur de Fontenai, aumonier de la reine, mourut dans sa quarante-cinquième année le 25 février 1735.

XXXVII. Malherbe, vicaire-général de l'archevêque de Rouen, fut nommé Abbé commendataire au mois de mai 1735. Appelé par le roi à l'abbaye de Tiron, il renonça à Grêtain à la fin de juin 1743.

XXXVIII. De Renty fut à la fin de 1743 désigné par le roi.

XXXIX. Tilli de Blaru, vicaire-général de Langres, nommé en 1789, était Abbé à l'époque de la révolution pendant laquelle il mourut.

Pour quelques détails sur Grêtain et sur plusieurs donations qui furent faites à cette abbaye, on peut consulter l'extrait fait par nous du Mémoire Historique sur l'ancien comté de Mortain, dans les Recherches sur la Normandie que nous publiâmes en 1843. à Paris, chez notre compatriote M. Dumoulin.

V. ABBAYE DE CORMEILLES.

Entre Lisieux et Pont-Audemer, Cormeilles est situé sur la rivière de Calonne. C'est là, sur la rive gauche, que Guillaume de Breteuil, fils d'Osbern de Crespon, cousin et sénéchal de Guillaume-le-Bâtard, duc de Normandie, éleva ce monument pieux vers 1060 en l'honneur de la Vierge Marie, et y fut inhumé en 1072. Il jouissait d'une grande considération près du duc qui lui donna en Angleterre le comté de Herfort et le gouvernement de la Normandie. Le Nécrologe cite Emma comme fondatrice, et une charte de Henri II, roi d'Angleterre, attribue (*Monasticum Anglic.* Tom. III, p. 963) les honneurs de la fondation à un comte de Leicester. C'est une erreur qui provient de ce qu'Emma, fille du fondateur, contribua à l'agrandissement du monastère, et de ce que le comte de Leicester ayant épousé Itta, fille d'Emma, fut aussi bienfaiteur de cette abbaye. La construction fut dirigée par Osbern, moine de la Sainte-Trinité-du-Mont près de Rouen. Cet Osbern, appelé ensuite à Saint-Évroul où il fut nommé Abbé, fut remplacé à Cormeilles par Gislebert qui est assez généralement regardé comme le premier de ses Abbés. L'histoire dit peu de choses du couvent de Cormeilles. En 1707 le savant Mabillon s'exprimait ainsi à ce sujet (*Ann. Benedict.* TomIV) : « Quelle douleur de voir ce monastère qui n'est pas sans réputation pencher vers sa chûte, son église récemment dévorée par les feux de la foudre, ses édifices tombant en ruines, le petit nombre de ses religieux quoique les revenus du couvent soient assez considérables »! Cet état s'améliora un peu quelque tems après, Charles d'Orléans de Rothelin ayant été nommé Abbé commendataire de Cormeilles. L'église de l'abbaye de Cormeilles frappée de la foudre fut consumée le 30 novembre 1674. L'abbaye fut supprimée en 1779 sous l'épiscopat de Condorcet. La baronnie de Cormeilles composée de quatre paroisses en seigneurie et patronnage appartenait à l'abbaye qui avait une haute-justice.

Indépendamment des Abbés dont nous allons donner le catalogue, l'auteur du *Neustria Pia* parle des cinq suivans sans désignation suffisante pour qu'il soit possible de fixer leur rang et de vérifier s'ils ne sont pas les mêmes que ceux dont il sera question dans notre nomenclature : 1° Guillaume mort le 26 juillet...; 2° Matthieu Toutain, 3 octobre...; 3° Jean Bernard, 1er novembre...; 4° Robert Vaudon ou Vandon, 2 juillet et 7 octobre...; 5° Nicolas Kivilei, 9 mai...

I. Osbern, fils d'Erfaste, naquit dans le Pays-de-Caux. Il était fort instruit pour le tems. D'abord chanoine de Lisieux sous Herbert, il devint moine à La Trinité-du-Mont, d'où il fut envoyé à Cormeilles qu'il dirigea jusqu'en 1061, époque à laquelle il fut nommé Abbé de Saint-Évroul. On assure qu'il eut beaucoup de part aux constructions de l'abbaye de Cormeilles.

II. Gislebert existait encore en 1070. Il mourut le 25 mars. Mabillon le regarde à tort comme le premier Abbé, tandis que Robert Du Mont indique en cette qualité Robert qu'il fait suivre par Gaufrid ou Geoffroi qui fut suivi de Guillaume et de Benoît.

III. Guillaume I, moine du Bec où il fut un des premiers disciples de l'Abbé Herluin, souscrivit comme Abbé de Cormeilles la charte de Guillaume-le-Conquérant, roi d'Angleterre en faveur de l'abbaye de Fécan, et fut chargé en 1094 par l'archevêque de Rouen d'installer l'Abbé du Bec. Orderic Vital assure qu'il mourut le 27 juillet 1109. Il avait été lié avec le célèbre Lanfranc *(Epist ad Gulielmum, Abbat. Beccens)*.

IV. Richard I mort le 9 décembre.

V. Benoit mort le 10 mai.

VI. Robert I de Saint-Pancrace était moine au Mont-Saint-Michel lorsqu'il fut élu Abbé en 1158 ; il obtint ses bulles d'Alexandre III en 1168.

Il est question de lui dans le cartulaire de Falaise en 1171 (*Mon. Anglic.* Tom. III, p. 962). Sa mort arriva le 21 février 1174.

VII. Hardouin, de moine du Bec devenu prieur de Saint-Imer, fut nommé en 1174 Abbé de Cormeilles. Il mourut le 18 décembre. On ignore l'année de sa mort ainsi que celle de Richard I et de Benoît dont nous venons de parler.

VIII. Durand, moine du Bec. Il est question de lui dans les titres de Jumiège à la date de 1200. Le Nécrologe de la maison en fesait mention au 21 avril.

IX. Étienne I, moine du Bec, mourut le 22 mai. Ce fut après sa mort ou celle de son successeur qu'en 1221 Guillaume de Pont-de-l'Arche, évêque de Lisieux, sollicita du roi, en faveur des religieux de Cormeilles, la faculté d'élire leur Abbé. *(Chart. Regii Thesauri).*

X. Guillaume II dont il est question en 1238 dans les archives de la cathédrale de Rouen et en 1243, *(Regestum XXXI Regii Thesauri)* mourut le 29 novembre.

XI. Simon était Abbé en 1260. Sa mort eut lieu le 20 mars.

XII. Richard II fit avec l'Abbé de Conches le même acte d'union qu'il avait, en 1276, contracté avec l'Abbé de Saint-Pierre-sur-Dive. On ignore aussi l'année de sa mort qui arriva le 5 novembre.

XIII. Nicolas 1. Mort le 30 novembre.

XIV. Guillaume III de Chantecur mourut le 7 septembre 1361. (Son épitaphe dit 1371.) Il était le 15ᵉ Abbé de Cormeilles suivant son épitaphe rapportée par Arthur Du Monstier dans le *Neustria Pia*; et seulement le 10ᵉ, s'il faut en croire le Nécrologe de l'abbaye.

XV. Robert II Le Brument, né à Cormeilles, devint Abbé en 1361; il l'était encore le 1ᵉʳ octobre 1404. Il paraît qu'il mourut le 2 septembre 1405.

XVI. Guillaume IV Bonnel, également né à Cormeilles, aumonier de Fécan, figure comme Abbé le 18 octobre 1408 et le 7 octobre 1412. Il assista en 1409 au célèbre concile de Pise, et prêta serment à Henri V, roi d'Angleterre, qui lui rendit en 1418 ses biens temporels. En 1431 il envoya par écrit son opinion à Pierre Cauchon (alors évêque de Beauvais, et qui devint évêque de Lisieux) relativement à Jeanne-d'Arc jugée alors à Rouen. Il mourut le 24 juillet 1437.

XVII. Jean I Taisson prêta son serment au roi d'Angleterre le 16 février 1419, suivant les *Acta Publica* de Rymer (Tom. IX, p. 694). En 1446, il est question de lui dans les registres de la Chambre des Comptes de Paris. On ignore l'année de sa mort qui eut lieu le 17 mai.

XVIII. Constantin Sègre obtint le 25 mai 1451 un délai pour la prestation de son serment qu'il fit en 1452. Il était encore Abbé de Cormeilles le 15 février 1474. Sa mort eut lieu le 23 mars.

XIX. Pierre. Les registres de la Chambre des Comptes de Paris font mention de cet Abbé à la date du 3 avril 1499.

XX. Étienne Blosset de Carrouges, évêque de Lisieux depuis le 12 juillet 1482, devint Abbé de Cormeilles le 26 mai 1504; il fut aussi prieur de Sainte-Barbe-en-Auge. Mort le 31 octobre 1505.

Artur Du Monstier fait mention à la date de 1505 de Jean Le Veneur. S'il n'a pas commis d'erreur, cet Abbé serait le 21e. Les savans auteurs du *Gallia Christiana* n'ont pas cru devoir lui donner rang dans leur nomenclature; je crois qu'ils ont eu raison.

XXI. Thomas de Clermont eut pour mère Pétronille d'Estouteville et pour frère Louis de Clermont d'Anjou. De moine de Cormeilles, il en devint Abbé : il l'était déjà le 24 auguste 1504. Il fit don, pour le chœur de l'église, d'un pupitre d'airain, en 1516; il était encore à la tête de la maison le 1er octobre 1522, suivant les Chartes Authentiques de De Gaignières.

XXII. Oger de Chambrai tenait Cormeilles en commende en 1529.

XXIII. Jean II des Serpens figure en qualité d'Abbé de Cormeilles à la date du 27 juillet 1536 suivant les registres de la Chambre des Comptes de Paris.

XXIV. Jean III de Vassé, évêque de Lisieux en 1580, mort le 16 mars 1583, fut Abbé de Cormeilles en 1565.

XXV. Bénigne Le Clerc était Abbé le 12 février 1571, suivant les registres du Parlement.

XXVI. Nicolas II Quentin. Il est question de lui en 1580.

XXVII. Denis Rouxel, fils du comte de Médavi et de Françoise de Pierrefitte, quitta les armes pour l'église. Il avait été nommé évêque de Lisieux le 18 juin 1578, mais il ne prit pas possession. Il fut depuis nommé Abbé de Cormeilles en 1580 et mourut le 6 auguste 1581.

XXVIII. François I Rouxel, appelé à l'évêché de Lisieux en 1598, mourut à Rouen le 8 auguste 1617 et fut inhumé à Médavi, terre aux environs de la ville de Sèes, et qui appartenait à sa famille.

XXIX. François II Rouxel, né le 8 auguste 1604, nommé Abbé de Cormeilles en 1617. Ce prélat occupa ensuite plusieurs évêchés, celui de Seès en 1651, celui d'Autun en 1664; il fut désigné pour celui de Langres en 1670 et passa enfin à l'archevêché de Rouen en 1671. Il mourut près de Macon le 29 janvier 1691. Ainsi que les deux précédens il était de l'illustre famille des Grancei, comtes de Médavi.

XXX. Philibert-Charles de Pas de Feuquières, nommé Abbé en avril 1691, mourut vers le milieu de 1726 : il était évêque d'Agde.

XXXI. Charles d'Orléans de Rothelin, fils de Henri d'Orléans, marquis de Rothelin, naquit le 5 auguste 1691 : il appartenait aux deux Académies française et des inscriptions, à la première en qualité de membre, et à la seconde comme simple membre honoraire. Nommé Abbé en octobre 1726 il mourut à Paris le 17 juillet 1744.

XXXII. Louis-Henri de Fogasses de La Bastie, doyen de Lisieux, et agent-général du clergé, fut nommé au mois de septembre 1744. Il était âgé de 40 ans lorsqu'il mourut le 4 juin 1754, laissant une riche bibliothèque.

XXXIII. Joseph-Dominique de Cheylus, vicaire-général de l'évêque de Lisieux, fut nommé par le roi à l'abbaye de Cormeilles au mois de juin 1754 et dans le même mois de la même année le chapitre de Lisieux le choisit pour son doyen ; il devint ensuite évêque de Baïeux en 1777 et mourut à Jersei le 24 février 1797.

L'abbaye de Cormeilles ayant été supprimée en 1779, une partie de ses biens fut réunie à ceux de l'évêché de Lisieux et l'autre partie servit à fonder des bourses dans le collége de la même ville en faveur de jeunes Corméliens, qui se destinaient à l'état ecclésiastique. De ce monastère, situé dans la commune de Saint-Pierre-de-Cormeilles, il ne subsiste plus aucun édifice.

Les cinq abbayes dont nous avons parlé appartenaient à l'ordre des Bénédictins ; celle dont il va être question était de celui des Prémontrés.

VI. ABBAYE DE MONT-DÉE.

L'abbaye de Saint-Martin-de-Mont-Déc ou Mont-dAe, ordre de Prémontré, était située à un myriamètre de Baïeux et à trois de Caen, dans un lieu agréable de la commune de Juaie, sur les confins des quatre paroisses formant autrefois six cures dans l'exemption de Nonant, qui était enclavée dans le diocèse de Baïeux. Cette abbaye fondée en 1216 se trouve placée sur le territoire de la baronnie de Nonant, qui renferme ces cinq paroisses. Elle fut bâtie sur un monticule qui domine le pays, et dont le nom primitif Mont-d'Ae fut latinisé assez incorrectement pour former d'abord le Mont-d'Aide *(Mons Auxilii)* et ensuite le Mont-de-Dieu (*Mons Dei* : Mont-Dée), d'où est restée la dénomination actuelle.

Quelques auteurs attestent que le véritable fondateur de Mont-Dée fut Jean du Houmet, évêque de Lisieux : cette assertion fort douteuse a pour fondement une charte peu authentique : titre par lequel Thomas Le Comte de Juaie (*de Iveto*) et Sybille sa femme fesaient une vente à l'Abbé de Mont-Dée en 1202. Ce qui est un peu plus certain, c'est que Jourdain acquit du chevalier Radulfe ou Raoul de Perci *(de Perceio milite)*, un enclos situé dans la paroisse de Juaie, habité par un anachorète ; qu'il y fit bâtir le monastère qu'il mit sous la garde de l'Abbé de La Luserne pour y établir des Prémontrés conformément à la décision du chapitre général du 9 octobre 1216. Le même jour 9 octobre, Jourdain du Houmet écrivit au général des prémontrés qu'il fondait cette abbaye. La réponse de Gervais, Abbé de Prémontré est du 7 des ides d'octobre. Les principaux ou du moins les plus illustres bienfaiteurs de Mont-Dée furent, outre le fondateur et Radulfe de Perci, Aliénor comtesse de Salisbury, les rois de France Louis IX et Philippe IV, et quelques évêques de Lisieux et de Baïeux.

Le 7 juillet 1639, Fouquet, évêque de Baïonne, consacra trois autels dans l'église de Mont-Dée, avec l'agrément de l'évêque de Lisieux.

Voici le catalogue des Abbés de ce monastère :

I. Roger I de Juaie (appelé *Ivès* pour *Juès* par le *Gallia Christiana*) est reconnu généralement comme le premier Abbé. Suivant le Nécrologe du monastère, il mourut le 10 juin 1215.

II. Richard I. 7 janvier 1225.

III. Roger II donna en fief quelques-unes des propriétés de l'abbaye dans l'année 1242, et mourut le 9 novembre.

IV. Gabriel Du Fay. 1676, 15 auguste.

V. Geoffroi I, mort au mois de mars 1280.

VI. Geoffroi II Blason était chanoine de La Luserne lorsqu'il fut élu Abbé de Mont-Dée. Sa mort arriva en 1312.

VII. Geoffroi III de Champ-Repul. 1318. Il est question de lui dans le Nécrologe sous les dates du 4 janvier et du 30 octobre.

VIII. Radulfe ou Raoul d'Orval, chanoine de La Luserne. 1327.

IX. Richard II de Simon, mourut le 24 janvier 1349.

X. Robert I Garet était déjà Abbé en 1360 ; il l'était encore en 1378. Sa mort eut lieu le 24 juillet ....

XI. Geoffroi IV Baudoin et, suivant d'autres, Randoin. 1389. Mort le 21 février...

XII. Robert II de Bacilli, chanoine de La Luserne en 1400. Il est vraisemblable que ce fut lui qui prêta serment à Henri V, roi d'Angleterre, l'an V de son règne (1417 ou 1418). Il est question de lui dans divers Nécrologes, dans celui de Belle-Étoile, le 31 mars et dans ceux de La Luserne et de Mont-Dée le 1er avril.

XIII. Thomas I Arnoul paraît avoir prêté serment au roi d'Angleterre Henri V, l'an VI de son règne c'est-à-dire vers 1419. On fait mention de lui en 1421. Suivant le Nécrologe de Belle-Étoile, il mourut le 11 juin et, suivant l'obituaire de Mont-Dée, le 1er du même mois.

XIV. Jean I Louis. Ce fut à cet Abbé que le pape Eugène IV adressa le 13 novembre 1432 une bulle pour examiner les réclamations de Nicolas de Clémengis relativement à l'Université de Paris.

XV. Guillaume I, d'après une mission du même pape, réconcilia l'évêque de Baïeux Zano de Castiglione, avec ses chanoines le 4 avril 1441 (1440 : v. s.).

XVI. Pierre assista en 1452 avec Thomas, Abbé de Belle-Étoile, à l'élection de l'Abbé de La Luserne et vivait encore en 1457.

XVII. Thomas II, neveu du précédent, 1465, mourut le 4 mars.

XVIII. Guillaume II Le Bigot. 1470. Les Nécrologes parlent de lui les 27 avril et 19 mai.

XIX. Jean II, Le Barberel. 1482. On le note dans les Nécrologes le 9 septembre et le 19 mai.

XX. Samson, fils d'Asceline de Crespon, 1487, mourut le 3 novembre.

XXI. Laurent De Cussi. 1490. Mort le 3 avril.

XXII. Nicolas de La Boysaine. Mort le 24 auguste 1497.

XXIII. Giles L'Ours assista en 1497 à l'échiquier dont les registres parlent encore de lui en 1507. Il donna sa démission entre les mains des pères du concile de Pise transféré momentanément à Lyon, en 1512. Cette démission était en faveur du suivant. Mort le 26 janvier.

XXIV. Jean III Férey ou Ferry, chanoine de Prémontré, neveu du précédent, lui succéda en 1512. Il donna entre les mains du pape sa démission en faveur de son successeur, en 1555. Sa mort eut lieu le 15 juillet 1557.

XXV. Giles II de Valognes mourut le 7 avril 1562.

XXVI. Jean IV Poyneau. 1564. Il est aussi désigné sous le prénom de Guillaume.

XXVII. Julien Guichard fut assassiné d'un coup d'épée dans sa maison le 9 septembre 1565.

XXVIII. Gui Hamel mourut subitement le 14 juillet 1572.

XXIX. Jean V Bourdon donna sa démission entre les mains du pape en 1587.

XXX. François de Bouillonnay, gentilhomme, nommé par le pape, rétablit la discipline de sa maison où elle était anéantie, en augmenta les ressources et fit beaucoup d'améliorations. Il mourut le 18 octobre 1631.

XXXI. Claude-Philippe Le Clerc du Tremblay, chanoine de Paris, Abbé de Beaulieu (diocèse de Saint-Malo), fut nommé par le roi premier Abbé commendataire de Mont-Dée. Il introduisit suivant les intentions des chanoines la réforme dans sa maison en 1634, et mourut à Paris le 4 septembre 1704, à l'âge de 91 ans.

XXXII. Philippe L'Hermite, chanoine de Prémontré, fut élu Abbé le 31 octobre 1704. Il était depuis quelque tems occupé de la réconstruction de son église lorsqu'à l'âge de 73 ans il fut attaqué d'une apoplexie dont il mourut le 17 juin 1725.

XXXIII. Olivier Jahouel était prieur de l'abbaye d'Ardennes, lorsqu'il fut, en février 1719, nommé coadjuteur de Mont-Dée, dont il devint Abbé en 1725. Il allait voir en peu terminer l'église commencée par son prédécesseur et il avait le projet de plusieurs constructions nécessaires, lorsqu'il mourut le 31 mars 1738. Cet Abbé a laissé la réputation d'un homme de bien et d'un savant.

XXXIV. Louis Reusse, prieur de Serri (diocèse d'Amiens), fut nommé par le roi Abbé de Mont-Dée en 1738.

XXXV. Bochard de Champigni, chanoine de l'église de Paris, reçut sa nomination en 1782. Il est le dernier des Abbés de Mont-Dée.

VII. ABBAYE de SAINT-PIERRE-sur-DIVE.

Quoique n'appartenant pas au diocèse de Lisieux, mais à celui de Seès, l'abbaye des Bénédictins de Saint-Pierre-sur-Dive (13), doit figurer ici puisque la commune où elle était située fait partie de notre arrondissement. Elle fut fondée sous l'invocation de la Vierge Marie. Guillaume, fils naturel de Richard I, duc de Normandie dont il reçut le comté d'Exmes, ainsi que depuis il obtint le comté d'Eu de Richard II, son frère consanguin, avait commencé la construction d'un palais dans une de ses terres située à Saint-Pierre-sur-Dive. L'apparition inattendue d'une femme, qui se rendait de Vaux à Courci pour y honorer saint Ferréol, fit changer la détermination de Guillaume, parcequ'elle lui dit que cet

---

(13) *Gallia Christiana* T. XI. *Instrumenta* col. 155 et suivantes : *Primordia abbatiæ Sancti-Petri supra Divam*. Cette histoire est tirée du cartulaire de l'abbaye.

édifice, qu'il croyait élever pour lui, serait bientôt à la Vierge reine des cieux. Cette prédiction vraie ou supposée ne fut pas long-tems, dit-on, à se réaliser. En effet, après la mort de Guillaume, Lesceline sa veuve, laquelle était fille de Turchetill Hesselin, craignant sans doute de s'opposer à la volonté divine, n'hésita pas à convertir en monastère le palais de son mari. Elle y appela des religieuses qu'elle ne tarda pas à transférer à Lisieux dans le faubourg Saint-Désir : elle les remplaça par des moines qu'elle fit venir d'abord de l'abbaye de Fontenelle, aujourd'hui Saint-Vandrille. L'Abbé ayant voulu profiter de cette demande pour soumettre le nouveau monastère au sien, Lesceline lui laissa ses moines et alla trouver elle-même Isembert, Abbé de la Trinité-du-Mont qui lui envoya, pour mettre à la tête de la nouvelle abbaye, Ainard qu'elle reçut avec plaisir et qui en fut le premier Abbé en 1046. Ce fut dans la même année que la comtesse Lesceline, en présence de Guillaume-le-Batard, duc de Normandie, lui fit hommage, ainsi qu'à ses successeurs, de cet établissement et des terres qu'elle y avait jointes. Ensuite s'étant dépouillée de tous ses biens en faveur des couvens qu'elle avait fondés, cette princesse prit le voile monacal des mains de son fils Hugon, évêque de Lisieux ; elle mourut le 26 janvier (14) 1057, et fut inhumée avec beaucoup de pompe dans l'église du monastère de Saint-Pierre-sur-Dive. La dédicace de l'église eut lieu le 1er mai 1067. Henri I, roi d'Angleterre, confirma les biens de l'abbaye et lui assura de nouveaux priviléges par deux chartes, de 1108 et de 1124, lesquelles se trouvent imprimées d'après le cartulaire de Saint-Pierre-sur-Dive, dans le *Gallia Christiana* (*Instrumenta*. T. XI, p. 156 et 157).

Jourdain du Houmet, évêque de Lisieux, confirma au mois d'auguste 1207 les donations faites à l'abbaye par Nicolas de Meules.

Le relâchement se mit en peu de tems dans ce couvent comme dans tous les autres. La puissance très réelle qu'ils exerçaient alors sur les esprits, les richesses dont ils avaient été comblés, et les honneurs ainsi que la considération que ces avantages leur assuraient, introduisirent bientôt dans ces pieux asiles l'orgueil, l'indolence et la débauche. C'est ce qu'attestent positivement non seulement les écrits du tems, mais encore les conciles, les bulles des papes et les narrations des écrivains ecclésiastiques.

Les biens du monastère souffrirent considérablement des ravages commis par les divers partis

(14) Le 1er février suivant le titre cité dans la note précédente.

qui désolaient la France, pendant les guerres des Français, des Anglais et des Bourguignons. Ce fut pour remédier à ces inconvéniens que George Dunot y introduisit le 27 novembre 1666 la réforme de la congrégation de Saint-Maur. Alors fut rétablie l'ancienne discipline; on rebâtit, on répara les édifices, et l'on fit rentrer beaucoup de propriétés dont le couvent avait été dépouillé.

Pendant les XIV⁰ et XV⁰ siècles, cette abbaye porta, on ne sait pourquoi, la dénomination de Sainte-Marie-de-l'Épinai (*de Spineto*) qui servait encore à la fin du siècle dernier à désigner une image de la Vierge placée dans la grande sacristie derrière le chœur.

L'église tombée en ruines fut rebâtie en 1528.

En 1562 les calvinistes s'emparèrent de l'abbaye qu'ils pillèrent, dont ils brûlèrent le chartrier et enlevèrent les vases consacrés au culte.

Donnons maintenant la liste des Abbés de ce monastère.

I. Ainard, originaire d'Allemagne, était, s'il en faut croire Orderic Vital, un homme pieux, instruit, et même il fesait des vers. Il avait embrassé la vie religieuse sous Isembert dans l'abbaye de la Trinité-du-Mont. Il souscrivit en 1074 à la charte des donations faites par Roger de Mont-Gomeri, comte de Bélême, à l'abbaye de

Saint-Évroul. Il fut trente ans à la tête de l'abbaye de Saint-Pierre-sur-Dive, et y mourut le 14 janvier 1078. Ce fut Durand, premier Abbé de Troarn, qui lui rendit les derniers honneurs et qui fit son épitaphe en vers léonins que nous donnerons.

II. Fulcon ou Foulques passa de Saint-Évroul, où il conserva toujours beaucoup d'influence, à la tête de l'abbaye de Saint-Pierre, et fut en faveur auprès de Guillaume-le-Conquérant. Fulcon avait amené de Saint-Évroul quatre religieux de ses amis, très versés dans l'art de copier les livres avec soin, lesquels le secondèrent beaucoup dans la direction de sa maison. Cet Abbé assista en 1080 au concile ou synode de Lillebonne, à celui d'Oissel en 1082, et aux funérailles de Guillaume-le-Conquérant en 1087. Il paraît qu'il fut calomnié : aussi, après avoir gouverné pendant vingt ans son abbaye, il fut pendant sept années envoyé en exil. Il se retira en Italie au Mont Cassin et alla même en 1092 trouver le pape Urbain II.

III. Benoit, moine de Saint-Ouen de Rouen, et même prieur suivant Mabillon, fut mis à la place de Fulcon, et mourut peu de tems après.

IV. Étard, que d'autres appèlent Gautier, moine de Jumiège, fut placé par le roi d'Angleterre à la tête de l'abbaye de Saint-Pierre-sur-

Dive. Au retour de Fulcon, il quitta ses fonctions.

Fulcon resta sept années encore à Saint-Pierre, s'il faut en croire Orderic Vital, et seulement cinq d'après les titres de l'abbaye. Il mourut en Angleterre le 3 avril 1106.

V. Robert I, moine de Saint-Denis, qu'Orderic Vital signale comme un intrus et un misérable qui, pour obtenir sa place, avait donné à Robert, duc de Normandie, quarante marcs d'argent. Quoi qu'il en soit, il fut toujours en guerre avec ses moines. Si nous en croyons Orderic Vital, il s'était engagé à Falaise avec le duc qui s'y trouvait alors à lui livrer le roi d'Angleterre, son frère et son injuste agresseur. Le piége fut découvert : les soldats du roi mirent le feu au couvent et détruisirent ainsi la tour de l'église où plusieurs malheureux furent écrasés. Le roi Henri I, auquel il fut ignominicusement conduit placé comme un sac de travers sur un cheval, lui fit l'affront de le chasser. Il se retira en France et y fut nommé Abbé d'Argenteuil, où il fut assassiné par un paysan vers 1108.

VI. Radulfe, célérier de l'abbaye, fut nommé Abbé par Henri qui confirma les propriétés du monastère et les déclara exemptes de toute espèce de charges. Il fut quatre ans et quatre mois à la tête de la maison. Henri accorda encore quelques autres priviléges pour contribuer à réparer les pertes que l'abbaye avait éprouvées par l'incendie dont nous avons parlé plus haut. Sa mort eut lieu le 23 février vers 1111.

VII. Richard I de LAIGLE obtint aussi une charte de Henri vers 1124. Il ne put rétablir l'abbaye, ainsi qu'il le désirait, à cause des ravages que commit sur ses terres Geoffroi, comte d'Anjou, qui, après ces dévastations, exigea encore cent marcs d'or pour la sauvegarde qu'il accorda aux moines vers 1136.

VIII. AIMON mit la dernière main à l'église vers 1140. On le croit auteur d'une lettre latine sur des miracles opérés par la Vierge, et d'un vieux Martyrologe en forme de calendrier que l'on conservait dans l'abbaye. Il est question de lui en 1148 dans les titres de l'abbaye du Bec. Mort le 4 décembre ....

IX. WARIN, ou Warnier (Guérin ou Garnier), moine de Cluni, serait le septième Abbé suivant Robert Du Mont.

X. ALVERED I ou Auvrai siégeait en 1149 sous le pontificat d'Eugène III (20 juin), et depuis sous celui d'Alexandre III, dont il obtint des bulles (1159 ou quelques années après).

XI. RICHARD II, mort en 1167.

XII. RANNER ou Regnier, moine de Caen.

XIII. Alvered II siégeait en 1181 et en 1207.

XIV. Simon I, dont il est fait mention en 1207, eut quelques difficultés avec Sylvestre, évêque de Seès; il souscrivit en 1210 plusieurs donations faites à des couvens, et mourut le 9 janvier.

Le 29 novembre 1214 le même Sylvestre, consacra la chapelle des infirmes dans l'église de l'abbaye.

XV. H., dont on ne connaît que cette initiale, était à la tête de la maison en février 1227 (1226 : v.-s.).

XVI. Jacques I était moine de Fécan, lorsqu'il fut nommé Abbé vers 1230.

XVII. Nicolas figure au mois d'octobre 1237 dans les titres de l'abbaye du Bec : il mourut le 6 octobre, après 1245. Geoffroi de Maïet, évêque de Seès, fit des statuts pour l'abbaye vers 1242.

XVIII. Jean I. Il est question de lui jusqu'en 1263. Il fut en faveur auprès de Geoffroi et de Thomas, évêques de Seès. Sa mort arriva le 2 octobre.

XIX. Jacques II. Les religieux firent en 1268 des démarches pour obtenir la faculté d'élire leurs Abbés. L'année suivante, le légat Radulfe pria le roi de faire remise des droits de régale à l'Abbé. Il avait été moine de Saint-Ouen; il fut à la tête du monastère de Saint-Pierre-sur-Dive au moins de 1268 à 1273.

XX. Pierre I siégeait en 1274. En juillet 1280 il traita avec le roi de la haute et basse justice dans les terres de Saint-Pierre-sur-Dive, dont la moitié (*medietas*) fut accordée à l'Abbé et à ses religieux.

XXI. Jean II. Il est question de lui en 1283.

XXII. Jean III siégeait en 1290; il siégeait encore en 1302.

XXIII. Guillaume I de Faïac, de prieur qu'il était fut élu Abbé par les suffrages de trente-sept religieux le 7 mars 1310 (1309 : v. s.). Il est encore question de lui en 1325.

XXIV. Geoffroi. Ce fut à l'occasion de ses mœurs dépravées et de son mauvais gouvernement que le pape Jean XXII écrivit d'Avignon le 25 auguste 1325 au prieur des frères prêcheurs d'Argentan, et au gardien des frère mineurs de Seès.

XXV. Jean III était Abbé en 1337.

XXVI. Ranulfe siégeait en 1349 et en 1355, et mourut l'an VI du pontificat d'Innocent VI (vers 1358).

XXVII. Herbert traita en 1362 avec Guillaume de Rânes, évêque de Seès. Il est encore question de lui en 1363. Mort le 22 juillet an III du pontificat d'Urbain V (vers 1365).

XXVIII. Jean IV gouverna de 1367 à 1378.

XXIX. Simon II élu en 1378, figure encore en 1390. Sa mort arriva le 15 septembre.

XXX. Guichard de Salis, de moine de Cluni fut placé à la tête du monastère de Saint-Pierre-sur-Dive en 1390, et passa en 1394 à l'abbaye de Saint-Riquier (diocèse d'Amiens).

XXXI. Jean V de Benoisons ou de Renoisons fut nommé en 1395. Il assista en 1409 au concile de Pise, et mourut en 1410.

XXXII. Jean VI Le Verrier, élu le 24 mars 1410, fut béni le 15 juillet par Jean, évêque de Seès. Il eut pour compétiteur Guillaume qui, nommé par le pape Jean XXIII, fut forcé de donner sa démission et passa à l'abbaye de Figeac. Le pape alors confirma la nomination de Le Verrier le 28 mars l'an I de son pontificat (1410 ou 1411). Henri V lui rendit les biens temporels de l'abbaye l'an VI de son règne (vers 1419). Il souffrit beaucoup de la révolte de Jean III, duc d'Alençon.

XXXIII. Robert II de Rupierre figure dès 1424. Il mourut le 4 janvier 1447. Souvent il se trouva au milieu des embarras et des dangers de la guerre, et rendit beaucoup de services à ses malheureux voisins.

XXXIV. Jacques IV Le Meusnier, nommé en 1447, est désigné sous le titre d'Abbé de Sainte-

Marie-d'Épinai-sur-Dive; il prêta serment au roi le 7 juillet 1450. C'était un homme sans esprit et sans caractère : ce qui le détermina, d'après les conseils du cardinal d'Estouteville, et de l'évêque de Seès, à donner sa démission en faveur de Le Cordier.

XXXV. Jean VII Le Cordier, Abbé de Silli-en-Gouffern, passa en 1454 à l'abbaye de Saint-Pierre-sur-Dive avec le même titre. Il prêta serment au roi le 31 mars 1456 (1455 : v. s.). Le Meusnier, s'étant repenti de son abdication qu'il prétendit lui avoir été extorquée, fut réintégré par le vicomte de Falaise d'après l'autorisation du cardinal d'Avignon. L'affaire fut portée à l'échiquier qui, au mois de septembre 1459, confirma Le Cordier : dès le 28 mai 1457 il avait déjà obtenu des lettres de Charles VII qui avait recouvré la Normandie sur les Anglais. Le Cordier n'en fut ni plus tranquille de la part de Le Meusnier, ni plus heureux avec ses moines : il se détermina à donner sa démission en faveur du suivant.

XXXVI. Richard III Olivier de Longueil, cardinal, et évêque de Coutances, ayant obtenu l'abbaye en commende, prêta serment au roi, à Chinon, le 10 mars 1459. Il ne fallut pas moins que l'autorité royale pour contenir dans les bornes l'irascible Le Meusnier. Richard conserva cette commende jusqu'en 1470, époque de sa mort qui eut lieu à Sutri dans les états du pape le 18 auguste. Ce fut de son tems (en 1463) que Robert Cornegrue, évêque de Seès, prit des mesures pour rétablir la discipline dans la communauté.

XXXVII. Guillaume II Guarin, protonotaire du siége apostolique, prit possession le 9 avril 1470. Il prêta serment au roi le 19 juin 1471, et mourut en 1501. L'année suivante il s'éleva un procès entre les moines et les héritiers du défunt pour les frais funéraires.

XXXVIII. Jacques V de Silli, qui devint évêque de Seès, protonotaire apostolique, obtint l'abbaye en commende, évinça Nicolas de Grezille qui avait été élu à l'unanimité par ses confrères en 1502, et prêta serment au roi le 28 novembre 1504. Il fournit au roi le recensement de ses biens en 1509. Sa mort eut lieu le 24 avril 1539.

XXXIX. Claude de Longvi, cardinal de Givri et évêque de Langres, nommé par le roi en 1539, l'emporta sur Noël Du Hamel qui avait été, le lendemain de la mort de Jacques de Silli, élu par les religieux le 25 avril 1539. Claude de Longvi donna sa démission le 21 mai 1548 en faveur du suivant.

XL. Odet de Bretagne, protonotaire apostolique conserva l'abbaye jusqu'en 1553.

XLI. Charles I de Bourbon, cardinal, archevêque de Rouen, figure comme Abbé commendataire depuis le mois de décembre 1553 jusqu'en 1572.

XLII. Pierre II Girard, chanoine d'Angers, obtint des bulles le 27 janvier 1573 et la commende en 1584.

XLIII. Jean VIII de Vauquelin, frère de Vauquelin de La Frênaie, fut Abbé commendataire de 1585 à 1599.

XLIV. Charles II de Vauquelin, neveu du précédent, figure dès le 13 juin 1599. Il abandonna les soins de sa communauté à son frère qui n'était pas ecclésiastique, jusqu'à la fin de sa vie qui arriva en 1637.

XLV. Alexandre de Bréauté prit possession le 29 septembre 1637 et conserva son abbaye jusqu'en 1657, époque à laquelle, étant sur le point de se marier, il donna sa démission moyennant une pension de mille francs. Sa mort arriva en auguste 1685.

XLVI. George Dunot, né vers 1632, nommé par le roi, devint conseiller de grand'chambre au parlement de Normandie le 11 juillet 1674. Sa mort eut lieu le 31 auguste 1699. Il fut inhumé à Rouen à Sainte-Croix-Saint-Ouen (15).

(15) Mém. pour la famille Dunot, par J. A. Dunot de Saint-Maclou. 1776 in 8. p 96

XLVII. D'Espagne, désigné Abbé le 29 mars 1698, mourut ou donna sa démission en 1699.

XLVIII. François Blouet de Camilli, de Caen, fils d'un conseiller au parlement de Normandie, vicaire-général de l'évêque de Strasbourg, fut nommé Abbé le 25 décembre 1699. Il fut aussi évêque de Toul, puis archevêque de Tours, et Abbé du Val-Richer. Il mourut en novembre 1723.

XLIX. Claude-Joseph-Ignace de Simiane, consacré évêque de Saint-Paul-Trois-Châteaux le 20 auguste 1718, donna sa démission en 1743. Abbé de Notre-Dame-d'Évron, il avait été nommé Abbé de Saint-Pierre-sur-Dive à la fin d'octobre 1723, et mourut à quatre-vingt-onze ans en décembre 1767.

L. De Saint-Aldégonde, nommé en 1768 Abbé commendataire, l'était encore à l'époque de 1789. Ce fut de son tems, en 1773, que les religieux de son abbaye eurent un procès avec Dunot de Berville relativement à la seigneurie de Harmonville qu'ils réclamaient contre la famille Dunot. De Berville qui était fort aigri ne se contenta pas dans un mémoire imprimé en 1776, et que nous venons de citer dans une note, de réfuter les allégations, il accusa les bons pères d'être toujours moines, c'est-à-dire « toujours méchans et détracteurs ». Ces injures n'étaient pas des raisons. De leur côté les religieux ne se montrèrent pas plus modérés.

L'église de l'abbaye sert aujourd'hui d'église paroissiale. Malheureusement on y détruisit en 1794 le tombeau de la comtesse Lesceline.

VIII. ABBAYE DE BARBERI.

L'abbaye de Barberi *(Barberium)* qui fait le sujet de cet article, et celle du Val-Richer *(Vallis Richerii)* dont nous allons nous occuper ensuite, appartenaient à l'ordre de Citeaux. Barberi était en règle, c'est-à dire soumis à la stricte observance de son ordre.

La commune de Barberi est située entre Caen et Falaise, près de la commune de Brèteville-sur-Laise : c'est là que l'abbaye fut fondée par Robert Marmion qui a laissé son nom à Fontenai dans le canton de Bourguébus. Ce seigneur donna, à l'exception du fief militaire, tout ce qu'il possédait à Barberi, au monastère célèbre de Savigni (diocèse d'Avranches), dont la nouvelle abbaye devint la dix-huitième fille le 16 novembre 1140. Véritable fondateur, ce Robert ne put terminer son ouvrage qui fut achevé par Robert son fils et son héritier. Suivant le premier *Gallia Christiana* (celui des Sainte-Marthe) cette fondation complète serait de 1176 : ce qui paraît exact, puisque Radulfe, le premier Abbé de Barberi, reçut en 1177 ses bulles du pape Alexandre III, qui lui confirmait les terres, bois et autres biens donnés par les deux Robert Marmion. On lit pourtant dans la Chronique de Savigni qu'en 1178 Joslen fut envoyé à l'abbaye de Barberi ; il est reconnu aussi que, parmi les biens ajoutés en 1181 par le fils de Robert Marmion, il se trouve une terre pour bâtir le couvent : ce qui retarderait au-delà de cette dernière année l'achèvement de cette maison. A ce sujet on ne saurait tirer d'éclaircissemens des actes informes, imprimés si négligemment, si incorrectement, dans le *Neustria Pia* : mais le nouveau *Gallia Christiana* nous a conservé (Tom XI : *Instr*. col. 85) la charte du mois d'octobre 1181, laquelle est fort importante malgré quelques incorrections de noms telles que *Savières* pour Favières.

Quoi qu'il en soit, le premier fondateur fut tué en 1143 en Angleterre dans l'abbaye de Coventry; et son corps divisé en deux parts fut inhumé, moitié en Angleterre, moitié à Barberi dans le chapitre sous la stalle de l'Abbé.

A travers quelque confusion, qui résulte de la dissidence des chroniqueurs du tems, sur les premiers Abbés de ce monastère, nous nous conformerons aux détails et à l'opinion des derniers auteurs du *Gallia Christiana* qui, ici comme partout ailleurs, ne se sont décidés que d'après les plus respectables autorités. Nous avons toutefois évité de commettre quelques erreurs qu'ils ont faites, entre autres celle de confondre, avec une construction d'église pour le monastère, la donation nettement exprimée dans la charte de 1181, de l'église de Barberi, c'est-à-dire de son patronage et de ses revenus.

I. Radulfe, comme premier Abbé de Barberi, obtint ses bulles du pape Alexandre III le 28 janvier 1177.

II. Guillaume I, moine de Savigni, était Abbé de Barberi en 1178 et l'était encore en 1185.

III. Richard. Il traita avec Robert, Abbé de Fontenai, (diocèse de Baïeux), suivant le Cartulaire de cette abbaye, du tems de Robert Marmion. Les auteurs du *Gallia Christiana*, qui admettent ces assertions, ne remarquent pas que ce Robert Marmion n'existait plus, comme il l'ont dit eux-mêmes, depuis 1143. Il s'agirait donc ici du second fondateur, qui au surplus portait vraisemblablement ce nom de Marmion que nous retrouverons au commencement du XIVe siècle dans le 13e Abbé (Guillaume Marmion).

IV. Germain d'Ezzi (probablement Oisi), fut inhumé dans le chapitre où on lisait une épitaphe en quatre vers latins, qui fixe son enterrement au 9 octobre 1206.

V. Guillaume II. Suivant les Chartes de Fontenai il était à la tête de la maison de Barberi en 1228. Peut-être est-ce Guillaume de Sanctellis (probablement de Cintheaux) qui était inhumé dans le chapitre.

VI. Philippe I siégeait en 1246, année où fut consacrée l'église, environ soixante ans après sa construction commencée vers 1181.

VII. Gillebert, qui gouvernait au mois d'avril 1256, traita avec les moines de Fontenai du droit de patronage de la paroisse de Barberi au mois d'octobre 1263.

VIII. Robert. En novembre 1273. Le chapitre général de l'ordre le déposa en 1275, ainsi que plusieurs autres Abbés qui s'étaient permis d'outrager leurs définiteurs. Un autre chapitre, en 1277, le rendit éligible.

IX. Thomas d'Ys. Il est question de cet Abbé en 1280 et 1283. Il y a lieu de croire qu'il était né à Is, d'une famille noble d'où sortirent les Malherbe.

X. Galter ou Gauthier figure en 1292 dans les chartes de Saint-André-en-Gouffern.

XI. Philippe II. Il mourut en 1306, suivant son épitaphe en quatre vers élégiaques latins dont voici le dernier :

M Sex atque C ter hunc sumsit cœlicus œther.

XII. Guillaume III, dont il est fait mention en 1315, mourut en 1317.

Les Tables du Val-Richer citaient un Pierre, Abbé de Barberi, en 1324, 1349 et 1351. Le *Gallia Christiana* doute de l'exactitude de ces tables.

XIII. Guillaume IV Marmion, écuyer, fils de Jacques Marmion, mourut en 1339.

XIV. Jean I prêta serment au roi le 18 juillet 1350, suivant les registres de la Chambre des Comptes de Paris.

XV. Michel Brosart (Brossart), et non pas Brasart, figure le 14 mars 1362 dans les Chartes de De Gaignières, et en 1392 dans les registres de l'échiquier. Son épitaphe, qui était dans le chapitre, le qualifie de XIVe Abbé.

XVI. Guillaume V. Le Mazurier était à la tête de l'abbaye dans le mois de juillet 1392. Il se démit en 1402 en se réservant une pension que le chapitre général fixa.

XVII. Nicolas I Le Conte, docteur en théologie, était Abbé en 1411.

XVIII. Jean II Pymeule assista à l'échiquier en septembre 1456. D'après son épitaphe latine qu'on lisait dans le chapitre il fut quarante-deux ans Abbé *(abbatizavit)* et mourut en 1469.

XIX. Nicolas II Gorland. Son épitaphe nous apprend qu'il mourut le 12 auguste 1472.

XX. Réginald Levrard, dont il est question en 1483, cessa de vivre en 1496. Nommé le 5 avril, ce fut aussi un 5 avril qu'il fut frappé par la mort : c'est son épitaphe qui fait ce rapprochement.

XXI. Jean III Levrard, neveu du précédent, mourut le 28 mai 1530.

XXII. Denis Le Chevalier. Il fut délégué par le pape pour supprimer les chanoines que Guillaume-le-Conquérant avait fondés dans l'abbaye de la Sainte-Trinité de Caen. Il fut, comme son prédécesseur, inhumé entre la porte du chœur et la grille de la nef. Comme lui aussi il fut honoré d'une épitaphe en quatre vers latins hexamètres. On lit au bas que sa mort eut lieu le 19 octobre 1549.

XXIII. Louis de La Menardière. Ce prélat figure, dans les Chartes de De Gaignières, le 6 mars 1558, comme Abbé de Barberi et prieur de Sainte-Barbe-en-Auge. Mort au mois de mai 1573, il fut enterré devant l'autel de la Vierge. Il avait probablement donné depuis long-tems sa démission : c'est ce que font présumer les deux articles suivans.

XXIV. Giles de Montaigu.

XXV. Pierre I Aubourg, nommé Abbé par Pierre de Harcourt-Beuvron qui se prétendait remplaçant des fondateurs de l'abbaye, fut déposé comme simoniaque par l'Abbé de Clervaux et mourut de douleur en 1561.

XXVI. Anne d'Escars, cardinal de Givri, LIIe évêque de Lisieux, cumulait en commende plusieurs abbayes, entre autres celle de Barberi en 1582 et 1608.

XXVII. Jacques Le Blanc, chanoine de Rouen, mourut en 1615 ou 1616.

XXVIII. Jean IV Tuyault, moine de Clairmont (diocèse du Mans), devint Abbé de Barberi vers 1616, mourut en 1638, et fut inhumé à Paris dans le collége des Prémontrés. A sa demande et pendant qu'il était malade, le roi nomma pour le remplacer un moine de Barberi que le cardinal de Richelieu força de se démettre, dès qu'il eut connaissance de sa prise de possession.

XXIX. Louis II Quinet, moine du Val-Richer, confesseur du cardinal, passa, grâce à lui, du prieuré de Royaumont, à la commende de Barberi dont les religieux l'accueillirent si mal qu'il fut obligé de se retirer à l'abbaye d'Aunai. Reçu enfin à Barberi, il y rétablit l'ancienne discipline de la règle de Citeaux. Après vingt-sept ans de possession honorable, il donna vers 1658 sa démission en faveur du suivant, et mourut le 2 janvier 1665 à l'âge de soixante-huit ans : il fut enterré dans le chapitre. On lui doit quelques ouvrages qu'il fit imprimer, tant à Caen, qu'à Paris, en 1651 et 1653.

XXX. Nicolas III Le Guédois. Il était prieur d'Aunai, lorsqu'il succéda à Quinet dont il suivit les traces. En 1660 et en 1664 il fut nommé visiteur de la province de Normandie pour les maisons de son ordre. Il avait cinquante-cinq ans lorsqu'il mourut, après dix-neuf années de fonctions, en octobre 1677, et fut inhumé le 11 de ce mois.

XXXI. François Verjus, prêtre de la congrégation de l'Oratoire, devint Abbé de Barberi, puis évêque de Grasse. En 1695, il permuta avec l'Abbé d'Outrinval *(Uterina Vallis,* diocèse de Spire), et mourut le 17 décembre 1710.

XXXII. Pierre II Du Poisson, moine de Morimond, devint, comme nous l'avons dit, Abbé de Barberi dont il restaura la maison, construisit l'abbatiale, enrichit l'église d'un orgue et de vases sacrés. Il s'était donné un coadjuteur peu de tems avant sa mort qui arriva le 27 mai 1722 : il était âgé de soixante-dix ans. Sa tombe était dans le sanctuaire.

XXXIII. Louis Auderic De Lastours, moine

de Froid-Mont (diocèse de Beauvais) était coadjuteur de Du Poisson lorsqu'il lui succéda en 1722. Il gouverna l'abbaye pendant dix ans, et mourut en 1733 : on l'inhuma à côté de son prédécesseur.

XXXIV. Fitz-Harbert, déjà Abbé dans le diocèse de Troies, fut nommé par le roi à Barberi où il mourut peu de jours après.

XXXV. Nicolas IV Lambelin, prieur de Royaumont, fut nommé par le roi Abbé de Barberi le 26 juillet 1733.

XXXVI. De Cayron fut le dernier Abbé. Il mourut après 1789.

IX. ABBAYE DU VAL-RICHER.

Vers 1146, Robert fils de Herneis avait cédé à saint Bernard, Abbé de Clairvaux, et à l'église de Sainte-Marie-de-Souleuvre (*Solopera* ou *Soleuvria*), une habitation voisine de Fou-Pendant, pour bâtir un monastère de l'ordre Citeaux, dans un lieu connu alors sous le nom de Solopere et aujourd'hui sous celui des Vaux-de-Souleuvre, à peu de distance de la ville de Vire, dans le diocèse de Baïeux.

Algare, évêque de Coutances (de 1132 à 1150 ou 1151), confirma une donation faite par Guillaume Silvain entre les mains de Nivard, frère de saint Bernard : d'où l'on a conclu à tort que ce Nivard fut le premier Abbé de Souleuvre.

A cause de son peu d'étendue et de ses grandes incommodités, cet emplacement ayant été reconnu peu propre à recevoir une abbaye, Philippe de Harcourt, évêque de Baïeux (de 1142 à 1164), transféra les moines au Val-Richer, à neuf kilomètres de Lisieux, près de Cambremer qui dépendait comme fief et comme paroisse de l'évêque de Baïeux, ainsi que nous l'avons indiqué (T. I, page 356). Philippe plaça Thomas à la tête de cet établissement monastique, aux mêmes droits que l'Abbé de Mortemer (diocèse de Rouen) avait reçus de lui; et, pour les travaux et pour les dépenses faites au précédent monastère, lui accorda dix muids de blé et soixante livres angevines en numéraire. Thomas eut quelques difficultés avec Philippe de Harcourt relativement au fonds de Souleuvre, où l'abbaye avait d'abord été fondée : le premier désirait que le nouvel établissement retournât au domaine de l'évêque auquel il avait appartenu précédemment. Hugon d'Amiens, archevêque de Rouen, termina le différent en 1150, et le Val-Richer fut depuis, incontestablement, attribué au diocèse de Baïeux. Cependant les moines n'occupèrent leur couvent que le 24 juin 1157.

Pierre de Pratel concéda à l'abbaye en 1203 l'île d'Escrehou pour y bâtir une église. Cette île est située à cinq lieues des côtes du Cotentin et à trois lieues de l'île de Jersey : toutes deux appartenant aujourd'hui à l'Angleterre. Roger d'Argences fonda en mai 1248 cinq moines au Val-Richer.

L'histoire de ce monastère fut écrite par un de ses religieux, nommé Routhier, dont le travail, que je crois perdu, fut heureusement communiqué aux auteurs du T. XI du *Gallia Christiana* qui nous en ont conservé la susbtance.

La Liste des Abbés de ce monastère se compose des personnages suivans :

I. Thomas I, moine de Clairvaux et disciple de saint Bernard, traita en 1150 de la permutation avec l'évêque de Baïeux, comme nous l'avons dit plus haut : il reçut des bienfaits de Gislebert de Brucourt (Bruelcourt) qui, entre autres biens, lui fit don d'une terre à Fervaques (*Favarcæ*), donation que confirma en 1155 Arnulphe, évêque de Lisieux, dans le diocèse duquel cette terre était située.

II. Roger. Il était fait mention de lui, dans le Nécrologe de l'abbaye, le 27 avril jour de sa mort probablement. On l'inhuma dans le chapitre avec le titre de second Abbé du Val-Richer. Ce fut de son tems que Henri II, roi d'Angleterre, qui régna de 1154 à 1189, confirma les biens du monastère et l'exempta de tout impôt et de tout service séculier, par une charte qui fut souscrite à Rouen par Philippe de Harcourt, évêque de Baïeux, par Arnulphe, évêque de Lisieux, et par le chancelier Thomas Becket, fameux archevêque de Cantorbéry.

III. Robert I. Il obtint ses bulles du pape Alexandre III le 3 juin 1164, et des chartes de Henri II, évêque de Baïeux en 1165 et 1168. En 1170 il fit l'acquisition d'un vignoble à Airan (arrondissement de Caen) dans une contrée qui posséda long-tems des vignes et dont nous avons vu les derniers restes à Argences. Robert traita en 1177 des dîmes de Bosville (Seine-Inférieure) avec Guillaume II, Abbé de Saint-Étienne de Caen. Arnulphe, évêque de Lisieux, lui accorda en 1179 des franchises dans la ville et les marchés de sa ville. Cet Abbé souscrivit en 1181 une charte de Robert, comte de Meulan, en faveur de l'abbaye de Barberi. En 1186, Alvared, Abbé de Saint-Pierre-sur-Dive, fit avec lui l'échange de l'église Saint-Ouen-le-Paing avec celle de Quatre-Puits et sa vavassorie (arrondissement de Falaise). Ce fut en 1190 que Robert assista à la dédicace de l'église d'Aunai, avec Robert, Abbé de Saint-

André-en-Gouffern, et Girard, Abbé de Savigni.

IV. Ernald, qui était prieur, fut élu Abbé. En 1196 le pape Célestin III lui accorda des bulles pour faire cesser les vexations du chevalier Hugon de Grand-Douet, et une autre bulle l'année suivante, laquelle mit les moines sous la protection spéciale du Saint-Siége, et confirma les biens du couvent. Dans l'année 1198 il paya au doyen et au chapitre de Lisieux deux cents marcs d'argent que Guillaume de Rupierre devait à Jordan, cardinal de Sainte-Prudence. Pendant cette même année le pape Innocent III le chargea de se réunir à l'évêque de Lisieux que nous venons de nommer, pour examiner l'affaire de Simon, Abbé de Conches.

V. Alexandre. En 1203, Pierre de Préaux, Anglais, lui fit don de la totalité de l'île d'Escrehou, et du moulin de Saint-Michel, à Jersey. En 1208 il fut choisi par le pape Innocent III pour arbitre entre le trésorier et le doyen de la cathédrale de Baïeux.

VI. Pierre I, nommé en 1215 arbitre entre Vital, Abbé du Valasse, et le chevalier Guillaume Aquilon, fit le 21 avril 1220 consacrer, en l'honneur de la Présentation de la Vierge, l'église nouvellement bâtie par Aubert des Ablèges, évêque de Baïeux. Vivait encore en 1223.

VII. Gislebert acquit en 1240, de l'Abbé de Sainte-Marie-du-Vœu, quelques biens à Englêqueville et à Bonneville-sur-Touque. En 1246 il est encore question de Gislebert. Ce fut de son tems que Roger d'Argences fonda les cinq moines dont nous avons parlé. On l'inhuma dans le chapitre.

VIII. Laurent I fut admis en 1250.

IX. Robert II siégeait déjà en 1254. Au mois de février 1259, Louis IX confirma les biens du Val-Richer par une charte datée du couvent de Sainte-Marie-de-Maubuisson. Robert présenta en 1278 à Saint-Gilles-de-Livet, près de Cambremer.

X. Jean II de Woles était Abbé en 1301. Mort le mardi avant Noël en 1324, il fut inhumé dans le chapitre.

XI. Gabriel. De procureur de Barberi il devint Abbé du Val-Richer. En 1337 le jeudi avant le dimanche des Rameaux (10 avril 1338 : n. s.) il envoya deux de ses moines pour conserver et gouverner la chapelle de la Vierge à Escrehou. Sa mort eut lieu en 1345.

XII. Laurent II de Héris. Après la mort de Gabriel, l'Abbé de Clairvaux députa en 1349 les trois Abbés de Saint-André-en-Gouffern, d'Aunai, et de Barberi, pour présider en son nom à une nouvelle élection. Toutefois Laurent ne fut pas élu avant le mois d'octobre 1351 sous la présidence des mêmes prélats : il était resté prieur jusqu'à ce jour. On parle de lui en 1353.

XIII. Robert III. Il est fait mention de lui dans des lettres du 23 auguste 1366 par lesquelles le chevalier Girard de Tournebu, seigneur d'Auvillars, et Jeanne de Brucourt, sa femme, confirment la donation de la terre de Ruménil, faite au couvent par Robert de Brucourt, évêque d'Évreux.

XIV. Jean II figure en 1384, le 29 juin, dans les Chartes authentiques de De Gaignières.

XV. Vincent de Foulogne, et non pas de Souloigne, élu par les moines, eut pour compétiteur Roland Androuet, désigné par le pape Urbain XI. Il plaidait à l'échiquier de Pâques en 1386, et paraît encore l'année suivante.

XVI. Radulfe. Les Chartes de De Gaignières font mention de cet Abbé le 3 octobre 1394 et le 3 mars 1416. En 1395 il avait donné l'état des biens du monastère au roi Charles XII, et vivait encore en 1417.

XVII. Jean III Frougier. Ce fut probablement de son tems que Henri V, roi d'Angleterre, restitua en 1419 les biens enlevés à l'Abbaye. Dans les chartes de cette maison Frougier est encore mentionné en 1442.

XVIII. Guillaume de Normandie. Célérier de Barberi, il fut élu Abbé par les moines du Val-Richer, le 28 mai 1444. Après que Lisieux se fut rendu au roi de France, le 16 auguste 1449, ce prélat lui prêta serment de fidélité le 29 avril 1452 et le 11 mai 1454. L'année suivante il lui offrit le recensement des biens du monastère.

XIX. Philippe Mignot. Originaire des Autieux-sous-Corbon, il devint Abbé du Val-Richer, et prêta serment de fidélité au roi Charles VII le 11 juin 1458. Les Chartes de De Gaignières font mention de ce prélat en 1466 et 1481. Son serment de fidélité à Louis XI eut lieu le 19 janvier 1462. Devenu septuagénaire il se démit, le 15 juin 1482, en faveur de Richier, qui fut son successeur. Sa mort eut lieu le 31 mars 1486 après qu'il eut gouverné son abbaye vingt-trois ans et trois mois.

XX. Jean IV Richier, devenu Abbé, prêta serment au roi le 14 novembre 1482, et gouverna jusqu'en 1515 ou 1516.

XXI. Thomas II Aubert. Après la mort de Richier, Jean Mannoury, seigneur de Chaumont, chanoine de Lisieux et de Baïeux, obtint la commende contre l'assentiment des religieux qui ne voulaient pas renoncer à leur droit d'élection, et fut obligé de se retirer, d'après une transaction qui mit fin à une longue procédure. François I confirma l'élection d'Aubert par des lettres-patentes du 17 juillet 1517. Il se donna pour successeur, vers 1529 ou 1530, le prélat suivant.

XXII. Michel Godefroy, chanoine régulier de Neuchâtel en Brai, était curé de Haute-Ville-sur-Mer, ou Haute-Ville-la-Guichard, lorsqu'en 1520, devenu moine de Citeaux, il fut fait Abbé du Val-Richer par la cession d'Aubert avant le 20 auguste 1530. Il fut aussi l'objet des tracasseries de Mannoury, dont les prétentions furent repoussées pour la troisième fois. On date sa mort de 1539.

XXIII. Nicolas I Le Roux, conseiller-clerc au parlement de Normandie, seigneur d'Écroville (commune que le *Gallia Christiana* défigure sous le nom d'Escrouilles), obtint la commende vers 1540 et la conserva jusqu'en 1548, époque à laquelle il la permuta avec celle de Saint-Martin-d'Aumale.

XXIV. Jean-Baptiste I Juvenel Des Ursins passa, par permutation, de l'abbaye d'Aumale au Val-Richer le 1ᵉʳ auguste 1548. Deux ans après, il obtint un arrêt du parlement de Rouen qui lui assurait, à lui et à ses moines, le droit de visiter les églises de Saint-Ouen-le-Paing, et de Grand-Douet. Sa mort arriva en 1560.

A la mort de Des Ursins, le Val-Richer devint

la proie des gérans Jean Lamy, Dominique Le Long, Robert et Jean Petit. Ces deux derniers qui usurpaient le titre, tantôt de procureurs, tantôt d'Abbés, traitant avec Antoinette de Libec (ou Lislebec) qui se comportait en Abbesse, cédèrent enfin la commende à Pierre Chouard.

XXV. Pierre II Chouard, chanoine de Lisieux, chapelain et aumonier de Catherine de Médicis, précepteur du prince de Lorraine, prit possession le 14 avril 1577 : mort en 1587 ou 1588.

XXVI. Charles Coulomb, chanoine de Lisieux, tint la commende en 1588 et 1589, époque à laquelle l'abbaye fut souvent pillée par les protestans.

XXVII. Guitard de Ratte, Abbé commendataire du Val-Richer, et évêque de Montpellier en 1597, mourut le 7 juillet 1602.

XXVIII. Nicolas II Tiercelin, de Rouen, conseiller du roi, aumonier du roi, prieur des Deux-Amans, fut pourvu de la commende du Val-Richer en 1597, se fit rendre par un arrêt du parlement de Normandie le patronage du Pré-d'Auge, et aurait procuré à l'abbaye plusieurs autres avantages si sa mort prématurée arrivée en 1608 n'eut arrêté ses projets.

XXIX. Nicolas III De La Place. Il était aussi de Rouen, conseiller du roi, aumonier de Marie de

Médicis, prieur de Saint-Thibaud-des-Vignes, Abbé commendataire de Notre-Dame-d'Eu depuis 1601. Henri IV lui donna la commende du Val-Richer; cette nomination fut confirmée par le pape Paul V le 14 juin 1608. Il fit nommer à sa place le fils de son frère en 1627 et se borna à l'abbaye d'Eu où il mourut subitement le 10 septembre 1649.

XXX. Jean-Baptiste II DE LA PLACE, prieur de Saint-Nicolas près de Lillebonne, nommé Abbé par Louis XIII fut confirmé par Urbain VIII en mars 1627. Il eut soin de ramener la discipline au Val-Richer où il appela des religieux d'Aunai et de Barberi : il y rétablit la stricte observance de Citeaux le 21 octobre 1645. Ayant obtenu du roi et du pape la permission de résigner sa commende, il la quitta le 30 novembre 1651, et la céda à Georges, curé du Pré-d'Auge, à la condition d'embrasser la stricte observance des Cisterciens. Ce prélat était très pieux et plein d'ardeur : il se réduisit à l'emploi de frère convers, et donnait des leçons aux moines; il allait prêcher et faire le catéchisme dans les paroisses qui dépendaient du Val-Richer. Enfin, accablé d'infirmités supportées courageusement, De La Place se fit revêtir de l'habit de l'ordre, et mourut à soixante-six ans le 25 novembre 1678. Son inhumation eut lieu avec pompe au haut du chœur, où son successeur fit placer une honorable épitaphe latine.

XXXI. Dominique-Georges de Trèves, chassé de son pays par les troubles de la guerre, était passé du séminaire de Saint-Nicolas-du-Chardonnet au Val-Richer, où J.-B. De La Place, qui en était alors Abbé le nomma à la cure du Pré-d'Auge. Ce prélat le trouva digne de lui succéder. Georges prit possession le 23 décembre 1652, et, six jours après, fut béni comme Abbé dans l'église des religieuses de Villers-Canivet par François Rouxel de Médavi, évêque de Seès. Il jouissait d'une si grande réputation de piété que François de Servien et François de Nesmond, évêques de Baïeux, le nommèrent vicaire-général pour l'exemption de Cambremer en 1656 et 1662; que, le 26 avril 1661, il fut nommé à Baïeux, à l'unanimité, syndic-général des abbayes du diocèse par les Abbés et les Abbesses de ce territoire; et que les supérieurs de la stricte observance, réunis à Paris en septembre 1664, le députèrent, avec Rancé, Abbé de La Trappe, auprès du pape Alexandre VII pour presser l'œuvre de la réforme. Ce ne furent pas là les seuls témoignages de la haute considération que Georges obtint : visiteur en 1669 des provinces de Normandie, et du Maine, définiteur dans les chapitres généraux de Citeaux en 1672, 1683 et 1686, il fut prié par Colbert, archevêque de Rouen, de rédiger les constitutions des couvens de l'ordre de Cluni, et fut fréquemment visité et consulté par les prélats les plus éminens du royaume. Tant d'affaires ne lui firent pas perdre de vue les intérêts de la maison confiée à ses soins : il répara ou construisit même plusieurs édifices, tels que l'église, le dortoir, les cloîtres, les murs du couvent, et même les bâtimens des fermes. Après ces gros travaux, il s'occupa des embellissemens : le maître-autel fut orné de dorures et de peintures ; le chœur, de stalles élégamment sculptées ; l'église, d'orgues ; le clocher, de neuf cloches ; la sacristie fut meublée de vases d'argent et d'autres objets ; l'intérieur de l'église fut décoré de tableaux, dont quelques-uns furent apportés de Rome, de statues et de vitraux. C'est à lui que la maison fut redevable d'une bibliothèque plus convenable où il fit placer deux mille volumes. Cet illustre prélat, dont le jésuite Buffier écrivit et fit imprimer la Vie en 1696 (Paris : un vol. in-12), mourut à quatre-vingts ans le 8 novembre 1693, et fut inhumé au milieu du sanctuaire. Il avait gouverné, comme Abbé régulier pendant quarante-deux ans.

XXXII. François Blouet de Camilli, de Rouen, fils d'un conseiller au parlement, nommé par le roi Abbé commendataire du Val-Richer le 24 décembre 1693 et confirmé par Innocent XII, prit possession au mois de mai 1694. Peu de jours après il fut appelé au vicariat-général de Strasbourg, et obtint ensuite la commende de Saint-Pierre-sur-Dive le 25 décembre 1699, puis, le 11 mai 1704, l'évêché de Toul d'où il passa à l'archevêché de Tours où il mourut au mois d'octobre 1723.

XXXIII. Joseph-Gaspard-Gilbert de Chabannes-Curton, naquit en 1701. Abbé commendataire depuis la fin de novembre 1723, il fut nommé vicaire-général de l'archevêque de Tours en 1730, en 1732 agent-général du clergé, puis en 1735 évêque d'Agen. C'est dans cette ville qu'il mourut le 26 juillet 1767.

XXXIV....

XXXV. De Jaucourt, grand archidiacre et vicaire-général de Tours, fut nommé Abbé commendataire en 1781. Il est mort depuis 1789.

Vendu comme domaine national, le Val-Richer est passé depuis quelques années dans la possession de M. Guizot, historien distingué, plusieurs fois ministre depuis la révolution de juillet 1830, et qui est, depuis le 24 janvier de la même année, resté le député de l'arrondissement de Lisieux.

MONASTÈRES. 129

ABBAYES ROYALES DE FEMMES.

1. SAINT-DÉSIR

(ou Notre-Dame-du-Pré-lès-Lisieux).

Guillaume, comte d'Eu, frère naturel de Richard II, duc de Normandie, avait bâti une maison dans une terre qu'il possédait à Saint-Pierre-sur-Dive, et qui portait ce nom à cause de l'église paroissiale qui avait été dédiée au prince des apôtres. Lesceline (16), sa veuve, convertit en monastère la maison construite par son mari. (voir abbaye de Saint-Pierre-sur-Dive, page 93). Elle y plaça des religieuses qui ne tardèrent pas à éprouver des vexations de la part du voisinage. Lesceline se détermina alors à les transférer à Lisieux, et pour les recevoir elle fit construire, dans le faubourg Saint-Désir, un monastère qu'elle mit sous l'invocation de la Vierge Marie. A la demande de l'évêque Hugon, ce terrein fut donné par Richard II, dont la charte est rapportée dans le *Neustria Pia*. Il existe à ce sujet (dans les *Instrumenta*, du *Gallia Christiana*, T. XI, col. 203) une charte de Guillaume, duc de Normandie, laquelle, comme la plupart des titres de

---

(16) Elle est nommée Liéceline dans la Charte. Cette charte fut imprimée il y a à peu près un siècle, in-4. 4 pages.

T. II. 9.

ce tems, et sans date est non pas sans erreurs. Toutefois cette charte ne saurait être antérieure à 1050, puisqu'elle est souscrite de la signature de l'évêque Hugon d'Eu, qui parvint cette année à l'évêché de Lisieux, et qui à la même époque souscrivit une charte en faveur de l'abbaye de Saint-Évroul, ainsi que nous l'avons dit à l'article de ce prélat, fils de Lesceline et du comte d'Eu. Les auteurs du *Gallia Christiana* croient que cette charte est de 1060 ou à peu près. Hugon est considéré comme un des fondateurs de l'abbaye de Saint-Désir : en effet il contribua avec sa mère à la construction de ce monastère; il y réunit des religieuses, et fut leur directeur; il le choisit pour le lieu de sa sépulture. On cite parmi les autres bienfaiteurs Gislebert, Oilie et autres.

Marie II de Raveton fit fermer le chœur de l'église vers 1600; Charlotte de Matignon, autre Abbesse, fit des réparations importantes tant à la maison qu'à l'église.

Voici le catalogue fort imparfait des Abbesses de ce Monastère, tel qu'on le trouve en grande partie dans le *Neustria Pia*; les autres auteurs et les cartulaires ne fournissent aucun moyen de le rectifier ou de le compléter.

I. Godehiundis ou Godehonde Médon, première Abbesse, mourut le 30 mars et fut inhumée dans la chapelle Saint-Benoît.

II. Massie de Millon, morte le 19 février.

III. Odeline, morte le 15 avril.

IV. Martine d'Ouville, morte le 31 octobre.

V. Haytisse, morte le 11 décembre.

VI. Marguerite I, morte le 29 décembre.

VII. Nicole I de Nigronie : elle mourut le 21 mars 1299.

VIII. Dénise I de Courtonne. On fixe sa mort au 5 juin 1339.

IX. Béatrix Daron, morte le 16 octobre.

X. Jeanne I de Villers : elle mourut le 15 septembre.

XI. Marie I, dont il est question, et probablement de sa mort, à l'époque du 10 avril 1385 dans les Chartes de De Caignières, qui mentionnent aussi les numéros 12, 13, et 21 ci-après.

XII. Nicolle II de Mailloc. On parle de cette Abbesse dès le 27 avril 1403 et encore le 27 décembre 1416. Elle mourut le 23 septembre 142...

XIII. Jeanne II de Lieurei. Elle figure dans plusieurs titres à dater du 30 décembre 1428. Sa mort eut lieu le 15 octobre 1449.

XIV. Jeanne III Paynel jura honneur et révérence au chapitre de Lisieux le 24 mars 1448 et prêta serment de fidélité au roi le 13 octobre 1453. On fixe sa mort au 9 novembre 1457. Si cette date est exacte, cette Abbesse avait fait sa démission car il est question de madame Bardouf, comme Abbesse, au commencement de 1456.

XV. Jeanne IV Bardouf fit aussi serment le 30 septembre 1459 et le 27 juillet 1462. Dans divers titres de ces tems et notamment dans les registres de la Chambre des Comptes de Paris, il est question de cette Abbesse, qui mourut le 25 octobre 1497. Elle refusa de déposer les deux pots de vin, les deux livres de pain, et les dix livres tournois en signe de révérence envers l'église : il y eut procès à cet égard en 1456.

XVI. Claude Sernam, suivant les registres de l'échiquier, était déjà Abbesse en 1474. Sa mort eut lieu le 7 novembre 1487.

XVII. Elisabeth de Brucourt, morte le 19 novembre 14...

XVIII. Marguerite II Waquart. Suivant quelques actes elle fut pourvue dès le 20 mai 1497 et elle mourut le 8 septembre 1504.

XIX. Jacqueline de Hulleul, ou peut-être mieux du Tilleul, mourut le 22 décembre 1504. On peut croire qu'elle s'appelait Jeanne si l'on en juge par une bulle d'Alexandre VI datée du 20 mai 1497, laquelle est adressée à Marguerite Baignart et cite Jeanne comme étant remplacée pour avoir perdu l'esprit.

XX. Marguerite III Baignart, élue d'après l'abdication de la précédente, et confirmée le 20 mai 1497 par le pape, mourut le 5 janvier 1505.

XXI. Louise LE CLERC mourut, à ce qu'il paraît, le 21 octobre 1509.

XXII. Denise II de Razé LE CLERC était, quoi qu'en dise le *Gallia Christiana*, à la tête de l'abbaye avant 1521, puisque le 10 juillet 1507 elle fut bénie par l'évêque Le Veneur dans la chapelle de l'évêché; elle se rendit de là devant le maître-autel de la cathédrale sur lequel elle offrit deux pots de vin et deux pains, et prêta serment de révérence et honneur; elle se retira jusqu'à la porte du chœur, d'où suivant la coutume « elle fut « déchaussée et marcha nu-pieds jusqu'à l'église « de son abbaye sur des tables couvertes de « toiles ». Ce fut là qu'elle fut mise en possession. Nous avons cru devoir donner ces détails que nous lisons dans un manuscrit du tems. Elle mourut le 20 octobre 1531.

XXIII. Marguerite IV de MONT-BLARU était prieure lorsque les religieuses l'élurent leur Abbesse. Il y eut quelques débats au sujet de cette élection qui, improuvée par Jean Le Veneur, évêque de Lisieux, fut confirmée par l'archevêque de Rouen le 28 juin 1532. Sa mort eut lieu le 29 janvier 1548.

XXIV. Marie II de BRIQUEVILLE (vraisemblablement Claude : bulle de Paul IV, du 13 juillet 1557) était Abbesse lorsqu'elle fut relevée de ses vœux pour épouser Charles de Harcourt. Devenue veuve, elle prit pour second mari Pierre de Harville.

XXV. Judith de Pons devint Abbesse de Saint-Sauveur d'Évreux.

XXVI. Iolande de Mailloc avait été religieuse de Saint-Sauveur d'Évreux et paraît avoir remplacé immédiatement madame de Bricqueville. Élue le 3 juillet 1557 elle jura obéissance à l'église, révérence et honneur au chapitre le 11 janvier 1558, et le 15 auguste 1599 elle se démit ; mais restée dans le couvent elle y mourut le 14 octobre 1625.

XXVII. Marie III de Raveton, d'après la démission de madame de Mailloc (bulle de Clément VIII du 18 juillet 1599), fut élue le 15 auguste 1599, et abdiqua en 1634 : morte le 24 avril 1651. Cette Abbesse est la première qui ait été inhumée dans le chœur de l'abbaye ; les précédentes l'étaient dans l'église.

XXVIII. Marie IV de Raveton de Chauvigni, nièce et coadjutrice de la précédence, fut nommée Abbesse le 8 décembre 1634. Bénie à Paris dans l'église des Filles-Saint-Thomas par Henri de Maupas du Tour, évêque d'Anneci, le

26 juin 1651, elle prit pour coadjutrice Marie-Élisabeth de La Rochefoucauld qui devint Abbesse de Saint-Sauveur d'Évreux en 1652. Elle avait donné sa démission depuis quelque tems, à cause de ses infirmités et de la faiblesse de sa vue, lorsqu'elle mourut le 20 novembre 1669.

XXIX. Charlotte de Matignon, née à Torigni le 28 mai 1639. Religieuse, en 1665, de Cordillon (diocèse de Baïeux), puis coadjutrice de la précédente en vertu de bulles de Clément IX datées du 22 février 1668, elle fut élue Abbesse le 8 mai ou mars de la même année. Il paraît qu'elle ne prit possession, par procureur, que le 19 auguste 1669. Les 6 et 7 juillet 1688, elle fit dresser procès-verbal (en latin) de la reconnaissance des reliques de l'évêque Hugon, bienfaiteur du monastère : on trouva dans le tombeau la tête presqu'entière avec toutes ses dents, un seul tibia, et une épée d'airain.

XXX. De Culan, fut élue le 15 auguste 1703. On ignore l'époque de sa mort.

XXXI. Perrette-Marie De Culan, née en 1662 de Louis De Culan, mestre-de-camp de cavalerie, tué au combat d'Ensheim le 4 octobre 1674, était depuis plusieurs années religieuse à Argentan lorsqu'elle fut nommée par le roi Abbesse de Saint-Désir le 15 auguste 1707. L'évêque de Lisieux la bénit le 8 septembre 1715. Elle était âgée de 85 ans lorsqu'elle mourut au mois de février 1747.

XXXII. Marie-Anne-Henriette Le Roy de Valanglart (et non pas Vaulanglart), religieuse de l'abbaye de Saint-Paul, près de Beauvais, fut nommée par le roi le 4 mars 1747, et se démit en faveur de la suivante le 30 juin 1776. Sa mort arriva le 22 juillet 1782 à l'âge de quatre-vingt-trois ans.

XXXIII. Françoise-Lancelotte-Louise Le Jeune de Créqui, née au château du Plessis, commune d'Huillet, arrondissement de Baugé, le 13 mars 1736, prit possession le 17 décembre 1776. Elle mourut à Lisieux, (où elle était restée depuis sa sortie de l'abbaye en 1792) le 29 auguste 1818.

A l'époque de la révolution, on comptait dans ce monastère vingt-six religieuses de chœur, onze converses, et deux sœurs-données ou associées. La maison, consacrée à l'éducation des jeunes filles, recevait des pensionnaires et même des veuves ainsi que des demoiselles que leur goût ou leur peu de fortune engageait à se retirer du monde.

Lors de la révolution on supprima l'église de l'abbaye qui fut livrée au culte public pour la paroisse Saint-Désir, en remplacement de l'ancienne église paroissiale que l'on démolit. On construit, en ce moment, une chapelle pour le service de la nouvelle maison religieuse.

II. SAINT-LÉGER-DE-PRÉAUX.

Hunfroi de Vieilles fondateur de Saint-Pierre-de-Préaux, le fut aussi de l'abbaye de Saint-Léger dans le même lieu vers 1060. Ce fut sa femme Alberade ou Alverede qui l'engagea à fonder dans la même vallée où était Préaux, couvent d'hommes, un monastère pour des femmes. Ce monastère fut dédié à la Vierge et à saint Léger. Hunfroi y attacha de grands biens, et suivit ainsi l'exemple, qui n'était alors ni rare, ni choquant, de rapprocher des couvens pour les deux sexes. Hunfroi accorda à l'abbaye de Saint-Léger tout ce qu'il possédait de biens à Bodelfe *(Villa Bodelfa)*. Mauger, archevêque de Rouen, duquel Hunfroi les tenait, ratifia ces donations, à condition que l'Abbesse de Saint-Léger viendrait une fois par an, à la fête de la Vierge, faire ses fonctions d'Abbesse à l'évêché. De peur que ces conditions ne fussent un motif de discussion et de procès, Hugon le grammairien, archidiacre de Rouen, défendit, lors de la dédicace de l'église de Préaux, d'y avoir égard; mais Hugon d'Eu, évêque de Lisieux, les remit en vigueur. Roger de Beaumont, fils de Hunfroi, approuva les donations faites par son père; il y ajouta même ainsi que plusieurs de ses voisins. Alberade surtout, devenue veuve d'Hunfroi, donna deux *mansi* de terre à Mont-Corbeau qui fesait partie des domaines de son oncle Turquetil. Ce fut la femme de ce Turquetil qui depuis, ainsi qu'Alberade, fut inhumée à Saint-Léger. On fait mention de la mort d'Alberade à la date du 20 septembre. Marguerite Du Bosc, 17ᵉ Abbesse, lui fit ériger un tombeau en 1478. La réforme fut introduite à Saint-Léger vers 1620 par l'Abbesse Anne de Souvré. Marie de La Fontaine qui lui succéda perfectionna son entreprise et fit au monastère des embellissemens et des augmentations, en même tems qu'elle s'occupa du mobilier de l'église. Cet édifice renfermait quelques marbres, entre autres six colonnes assez belles.

Outre les Abbesses dont nous allons donner la liste on trouve : 1° Dans Arthur Du Monstier une Aliénor qui est peut-être la même que l'une de ces religieuses dont il aura défiguré le nom; 2° Une Roberte de Silli, sœur de Guillaume IV, Abbé de Troarn, qui vivait à la fin du XVᵉ siècle.

I. EMMA, dont parle Orderic Vital, était sœur de Guillaume Le Poitevin, archidiacre de Lisieux, historien de Guillaume-le-Conquérant.

II. ANSFRIDE.

III. Cécile.

IV. Mathilde I. Il est question de cette Abbesse à la date de 1166 dans la fondation de l'anniversaire de Gualeran, comte de Meulan, en présence de Rotrou, archevêque de Rouen.

V. Élisabeth. Elle eut à soutenir, pour des dîmes, avec Jean, prêtre de Villers, un procès qui fut terminé le 26 juillet 1179 par l'entremise de Martin, Abbé de Cerisi, et de Guillaume, doyen de Baïeux, délégués à ce sujet par le pape.

VI. Françoise I Martel avait été Prieure de Bondeville, et devint Abbesse de Préaux le 10 janvier, à l'âge de soixante-six ans.

VII. Richilde.

VIII. Isabelle de Montfort.

IX. Mathilde II, morte en 1221.

X. Georgette ou Georgie, morte en 1256.

XI. Nicole de Cordelon. Il est question d'elle en 1293. Guillaume d'Anières, évêque de Lisieux, reçut sa démission motivée sur ses infirmités, et la dégagea des soins de l'administration en 1294, époque à laquelle les religieuses sollicitèrent la faculté d'élire leurs Abbesses.

XII. Emma, Aimée, ou Anne de Quinquerbourg. Elle mourut le 3 juin 1345.

XIII. Aélis ou Aalips. Il est question de cette Abbesse, à la date du 21 novembre 1379 et du

29 décembre 1380, dans la collection de De Gaignières.

XIV. Pétronille I Le Breton. Les registres de la Chambre des Comptes de Paris font mention d'elle le 18 avril 1418. Il paraît qu'elle fut à la tête de la maison depuis 1385, jusqu'au 13 décembre 1426. Elle jura fidélité le 16 février 1419 au roi d'Angleterre qui lui rendit ses biens, et lui accorda une sauve-garde en 1420.

XV. Jeanne est mentionnée dans De Gaignières depuis le 27 décembre 1430 jusqu'au 18 janvier 1440. Elle obtint le 15 octobre 1436 un délai pour présenter le récensement du temporel de son abbaye.

XVI. Pétronille II Du Bosc, prêta serment au roi le 24 février 1449 et mourut le 5 mai 1462. Elle était déjà Abbesse le 15 octobre 1445, et l'était encore le 4 octobre 1459, suivant De Gaignières.

XVII. Marguerite I Du Bosc, nièce de la précédente, lui succéda en 1462. Elle prêta serment de fidélité au roi le 13 janvier 1483. Sa mort eut lieu le 27 septembre 1503.

XVIII. Marguerite II Suhart était Abbesse de Saint-Léger le 3 auguste 1509, selon les registres de la Chambre des Comptes de Paris. Elle mourut le 1er mai 1513.

XIX. Guillemette Du Quesne est mentionnée à la date du 1er mars 1518. On fixe l'époque de sa mort au 8 octobre 1535.

XX. Jacqueline Du Quesne. Il est question d'elle dans les registres de la Chambre des Comptes de Paris et dans les titres de De Gaignières le 12 juin 1535 et le 7 septembre 1570. Sa mort dut avoir lieu vers 1580.

XXI. Marguerite III de Souvré, gouverna l'abbaye pendant quarante ans, elle mourut le 4 juin 1620.

XXII. Anne de Souvré, était fille du maréchal de Souvré, sœur de Giles, évêque d'Auxerre, nièce de la précédente dont elle fut la coadjutrice depuis 1610, époque à laquelle elle était âgée de vingt ans. Devenue Abbesse de Saint-Léger en 1620, elle se rendit à Mont-Martre pour s'instruire dans la réforme, qu'elle introduisit bientôt après dans sa maison. Elle ne tarda pas à être transférée à Saint-Amand de Rouen où elle mourut le 14 mars 1651.

XXIII. Marie de La Fontaine, religieuse de l'ordre de Font-Évraud est citée comme Abbesse le 27 auguste 1647 dans les registres du Parlement de Rouen. Elle avait été bénie le 23 septembre 1633 par l'évêque *in partibus* de Tarse, coadjuteur d'Avranches. Elle rétablit la discipline dans sa maison qui lui dut beaucoup d'améliorations. Sa mort eut lieu le 23 septembre 1654.

XXIV. Antoinette de La Fontaine, sœur de la précédente, lui succéda en 1654. Elle était, comme sa sœur, professe de Haute-Bruyère. Elle mourut à Paris d'une hydropisie le 25 juillet 1656. Son corps fut transféré à Saint-Léger.

XXV. Claudine de La Fontaine, sœur de Marie et d'Antoinette, religieuse de Citeaux, abdiqua en 1676 en faveur de la suivante.

XXVI. Françoise II Olivier de Leuville, petite-fille du chancelier Olivier, religieuse de Beaumont de Tours, fut neuf ans Abbesse de Saint-Léger, et mourut en 1685.

XXVII. Louise de Vaudetur de Persan, Abbesse en 1685, mourut le 9 septembre 1713 à Bolbec d'où son corps fut transféré à Saint-Léger.

XXVIII. Anne-Thérèse de Rohan-Guémené, née le 15 octobre 1684 de Charles de Rohan et de Catherine-Éléonore de Béthisy, fut nommée Abbesse le 31 octobre 1713, et bénie par le cardinal de Bissy dans l'église de Saint-Germain-des-Prés le 13 juin 1717. Elle fut transférée à Jouare en novembre 1729, et mourut le 2 novembre 1738 à Rouen d'où elle fut rapportée à Saint-Léger le 7 du même mois. C'est à tort qu'Arthur Du Monstier fait mention à cette époque d'une

Jeanne de Fontaine qui dut mourir le 22 mai 1720.

XXIX. Angélique-Éléonore de ROHAN-GUÉMENÉ, sœur de la précédente, nommée par le roi le 27 décembre 1729, fut transférée à La Marquette le 8 auguste 1731.

XXX. Marguerite-Candide de BRANCAS, fille du maréchal de Brancas, fut désignée par le roi le 31 janvier 1732.

A l'époque de 1789, madame de Bouillé était Abbesse de Saint-Léger-de-Préaux.

PRIEURÉS CONVENTUELS.

Ces prieurés étaient à la nomination du roi depuis le concordat passé par François I avec le pape Léon X le 15 septembre 1516.

I. BEAUMONT-EN-AUGE.

Ce prieuré conventuel de l'ordre de saint Bénoît, de la congrégation de saint Maur, était situé à une lieue de Pont-L'Évêque et à deux de la mer. Il fut fondé vers 1060 par Robert Bertran, surnommé le Tors, comte de Roncheville, et par sa femme Susanne : Roncheville-le-Bertrand, première baronnie de Normandie, Pays-d'Auge. Ils y appelèrent des moines de Saint-Ouen de Rouen. Ce prieuré fut consacré à la Vierge Marie. Guillaume-le-Conquérant confirma la donation de Robert Bertran avant de partir pour la conquête de l'Angleterre. Les revenus suffisaient pour l'entretien de treize moines ; mais les malheurs de la guerre et des tems restreignaient un peu ces ressources ; et le fils du fondateur réclama une partie des fonds engagés par son père pour cette destination : il s'en répentit par la suite, et devint un des bienfaiteurs du prieuré, qui, au commencement du XIIIe siècle, reçut beaucoup d'améliorations de la part de Nicolas de Godardville prieur qui fut ensuite nommé Abbé de Saint-Ouen : il rebâtit l'église et plusieurt autres édifices. Thomas de Brogaires, (de Brogaris) son successeur, contribua beaucoup aussi à améliorer cet établissement. Les bénédictins, auteurs de l'Histoire Littéraire de France, parlent d'un collége remarquable que, dans le XIIe siècle, possédait Beaumont-en-Auge (T. IV, page 56). Le *Gallia Christiana*, (T. XI, App., col. 316) rapporte que les religieux de Beaumont eurent beaucoup à se plaindre des vexations des évêques de Lisieux ; il assure même que la Vierge y fit beaucoup de miracles en 1317, et quelques années après pour manifester la protection qu'elle accordait à un établissement qui lui avait été consacré. Ce prieuré fut dévasté par les calvinistes : la Vierge qui avait pris le nom de Notre-Dame-des-Miracles fut renversée et mise en pièces ; les édifices ne furent pas non plus épargnés. En 1612 le chœur de l'église dégradé et presque tombé en ruines fut réparé malgré la résistance d'Olivier Mallet qui tenait le prieuré en commende. Ce ne fut qu'en 1660 (1663 suivant Mabillon) qu'il reprit quelque splendeur, les bénédictins de la congrégation de Saint-Maur y ayant introduit une réforme nécessaire. Les religieux de Saint-Ouen étaient obligés, lors de la vacance du prieuré, de présenter à trois différentes reprises, au baron de Roncheville, jusqu'à douze religieux de leur abbaye parmi lesquels il en choisissait un qu'il présentait à l'Abbé. Les religieux se livrèrent à l'instruction de la jeunesse, et furent puissamment secondés dans leur louable entreprise par le duc d'Orléans, comme baron de Roncheville, qui leur abandonna à cet effet les revenus du bénéfice dont il était collateur. Les lettres-patentes à cet effet sont du mois d'octobre 1731, elles furent enregistrées au parlement de Rouen le 3 décembre suivant. A la demande du duc d'Orléans, aïeul du roi actuel, l'évêque Brancas, par décret du 15 septembre 1741, éteignit la manse prieurale qu'il joignit à la conventuelle, afin d'établir un collége de religieux : ils furent chargés de l'éducation de six gentilshommes depuis l'âge de sept ans jusqu'à leur dix-septième année ; il les obligea en outre à entretenir à Beaumont-en-Auge une Providente de la maison de Lisieux. Ce collége enseignait les humanités depuis la cinquième classe jusqu'à la rhétorique inclusivement.

Nous ne pouvons faire connaître les premiers Prieurs parce que les anciens documens de Beaumont ont été perdus, et que pendant fort longtems l'Abbé de Saint-Ouen opprimait véritablement le prieuré dont il paraît qu'il nommait et revoquait les chefs suivant son caprice et non selon les intérêts de la maison.

1. Nicolas I de GODARVILLE, dont nous avons parlé plus haut, passa vers 1267 à l'abbaye de Saint-Ouen où il mourut en 1273.

2. Thomas de BROGAIRES fut trois ans Prieur de Beaumont. Il améliora beaucoup les affaires de la maison, acquit de Guillaume de Beaumont quelques propriétés, fit bâtir plusieurs fermes à Briquebec, à Tongreville, à Penne-de-Pie, et à Hébertot, et se retira ensuite à Rouen.

3. Jean I de LA MARQUE-D'ARGENT fut aussi un des réparateurs de la maison dont il soutint courageusement les droits contre les évêques de Lisieux, même en cour de Rome. Il dépensa en

procédure et en démarches, environ trois mille marcs d'argent et laissa enfin en bon état les affaires du prieuré qui lui eut ainsi les plus grandes obligations.

4. Simon de Foy.
5. Giles Le Marchand.
6. Hugues de Maudestour.
7. Nicolas II Mulet.
8. Renauld Le Prévost.
9. Pierre I de Bologne.
10. Jean II Le Saige.
11. Jean III Hellebout.
12. Pierre II de Rezenchon mourut vers 1466.
13. Guillaume I d'Estouteville fit valoir auprès du baron de Roncheville les priviléges et les droits de la maison ; il devint archevêque de Rouen en 1453. Sa mort arriva à Rome le 23 janvier 1483 (n. s.). Son corps apporté en France fut inhumé dans la cathédrale de Rouen. Cardinal depuis 1437, il était, lorsqu'il mourut, doyen du sacré-collége. Il laissa, d'une dame romaine avec laquelle il était lié, deux bâtards (*Gallia Christiana*, tome XI, page 92), Jérôme et Augustin d'Estouteville, dont les descendans tinrent un rang distingué dans le royaume de Naples (Histoire généalogique, etc. de France, T. VIII, page 91.).
14. Jean IV de Fumichon.

15. Guillaume II de Rouves. A sa mort il y eut beaucoup de débats scandaleux entre les religieux de Beaumont et ceux de Saint-Ouen.

16. Louis d'Estouteville fut donné pour Prieur aux moines de Beaumont contre leur gré par Guillaume d'Estouteville baron de Roncheville.

17. Anselme du Hay. Il fut le compétiteur de Louis d'Estouteville.

18. Louis d'Estouteville ayant été évincé, ce fut Arthur Martel qui fut nommé Prieur.

19. Guillaume III Vasselin.

20. Richard Ango. Sa mort eut lieu en 1549.

21. Jessé Thorel céda son prieuré en commende à Jean de Hangest, chanoine de Paris. Les moines de Saint-Ouen s'y étant opposés, Thorel reprit son prieuré en 1552.

22. Pierre III Dufour, religieux de Saint-Ouen, pour mettre un terme aux difficultés que lui avait suscitées Jean de Forges, moine de Beaumont, céda son prieuré moyennant six cents écus de pension à Olivier Mallet, conseiller au parlement de Rouen.

23. Olivier Mallet. Il eut aussi des démêlés avec les moines de Saint-Ouen.

24. Laurent Gyel, moine de Saint-Ouen, céda, quoiqu'il eut juré de n'en rien faire, son prieuré en 1630, au père Meurissius (Maurice), Cordelier

de l'ordre des frères mineurs, (lequel devint évêque de Madaure), moyennant deux mille livres de pension et à la condition qu'il pourrait rentrer à Saint-Ouen. N'ayant pu, ou n'ayant pas voulu exécuter ce traité, Gyel, cherchant à contrecarrer Maurice, s'arrangea avec le marquis de Bréauté qui avait alors beaucoup de crédit en cour. Le père Maurice de son côté fit des arrangemens avec Victor Le Bouthillier qui finit par l'emporter.

25. Victor LE BOUTHILLIER, qui devint archevêque de Tours, fut envoyé en possession du prieuré de Beaumont à condition qu'il paîrait une pension de quatre cents livres au marquis de Bréauté et de huit cents à Gyel. Ce fut lui qui admit dans sa maison en 1660 la réforme des Bénédictins de la congrégation de Saint-Maur. Il céda son prieuré en 1667.

26. François Le Bouthillier de CHAVIGNY, neveu du précédent, et ancien évêque de Troies, prit possession par procureur le 8 septembre 1667 et donna sa démission en faveur du suivant.

27. Denis-François Le Bouthillier de CHAVIGNY, neveu aussi de son prédécesseur, et archevêque de Sens, lui succéda et prit en 1695 possession de ce prieuré qu'il conserva jusqu'à sa mort.

28. Jacques VEYTARD, bénédictin de Saint-Maur, sous-prieur de Saint-Ouen, nommé par

le duc d'Orléans, fut institué par l'Abbé de Saint-Ouen, archevêque de Cambrai. Il donna en 1731 son assentiment à l'établissement d'un collége dans la maison.

Le savant **La Place**, membre de l'Institut, ministre et sénateur, avait été professeur provisoire de mathématiques à l'école militaire de Beaumont-en-Auge, où il était né le 22 mars 1749.

II. SAINT-IMER-EN-AUGE.

Vers 1066, Hugon I, comte de Mont-Fort sur Rile, fit don à Radulfe, Abbé de Saint-Imer, ou Ymer, ou même Himer, 1° de son fief du même nom, tel que l'avait possédé Gislebert lorsqu'il était chevalier, ainsi que de diverses dîmes de bêtes fauves, de volailles, de ventes de bois, de miel, de panage, de moulins, de pêcheries, de fromages, etc; 2° de la moitié de ses vignes; 3° de trois paysans *(très rusticos* : trois serfs); 4° d'une portion de la forêt de Saint-Imer; 5° de divers biens situés en Angleterre. Cette charte est souscrite par Guillaume-le-Conquérant, Hugon, évêque de Lisieux, Roger de Beaumont (Beaumont-le-Roger), Hugon de Grenteménil, et Robert Bertrand (Bertran le Tors, comte de Roncheville, fondateur du prieuré de Beaumont-en-Auge).

Vers 1147, Hugon II, fils du précédent, donna aux moines du Bec l'église de Saint-Imer et ses prébendes, pour qu'ils s'y établissent en remplacement des chanoines. En 1147 Arnulphe, évêque de Lisieux, fait donation de cette église et de ses prébendes à Létard, Abbé du Bec, en réservant à son évêché les droits qu'il avait à Saint-Imer. Par deux chartes, Robert I, comte de Mont-Fort, prêt à partir pour la Palestine, confirma vers 1160 les donations dont il s'agit et donna quelques autres biens tels qu'une terre au Torquêne *(ad Tortam Quercum)*, une saline à l'embouchure de la Touque. Deux autres chartes de Hugon III, comte de Mont-Fort, l'une de 1194 et l'autre d'à-peu-près 1198, ajoutent de nouveaux biens aux largesses de ses prédécesseurs, lesquelles furent mises sous la protection du Saint-Siége par une bulle du pape Luce III. Outre ces actes, on en trouvait de plus récens dans les cartulaires de l'abbaye du Bec. Ils furent tous recueillis et publiés in-f° en 1761 par H. de Roquette, alors prieur-commendataire de Saint-Imer, pour un procès qu'il soutint alors au parlement de Rouen contre Des Hayes de Gassard, La Vigne de La Hogue, ancien curé de Saint-Imer, les propriétaires et habitans de cette commune ; et J.-B. Toutain curé en fonctions : relativement à la croix du cimetière (appelée Croix-du-Prieuré) que de Gassard avait fait abattre, et qui fut rétablie en vertu de deux arrêts du même parlement rendus les 7 mai 1762 et 10 mars 1763.

En 1253 l'église de Saint-Imer fut partagée en deux parts par ordonnance de Fulcon d'Astin, évêque de Lisieux.

Le dernier Prieur conventuel de Saint-Imer fut l'abbé de Grieux.

III. SAINTE-BARBE-EN-AUGE.

Ce prieuré de chanoines réguliers de l'ordre de saint Augustin était situé dans la partie la plus fertile du Pays-d'Auge auprès du bourg de Mésidon. Il était consacré à sainte Barbe, Vierge et martyre, dont on rapporte que les reliques apportées de la Grèce par Robert fils d'Odon Stigand ou Stigaud seigneur de ce pays, vers le XIe siècle, furent par lui déposées dans l'église d'Écajeul (*Sanctus Martinus de Escajolo*). Ce seigneur institua des prébendes et six chanoines séculiers pour faire l'office. A la mort d'Odon, Maurice, fils aîné de Robert, devenu titulaire de la baronnie d'Écajeul, détruisit le château de son père, et en employa les matériaux à la construction d'une belle église qu'il éleva à la place où était la chapelle de sainte Barbe, à laquelle il consacra aussi le nouvel édifice. Arnulphe, évêque de Lisieux, confirma la donation des Stigand. En 1128 des chanoines réguliers du couvent d'Eu y furent appelés par Rabel qui avait épousé Agnès, sœur de Maurice et de Robert Stigand, leur héritier. Rabel mit à la tête de ces chanoines Guillaume d'Évreux, trésorier du roi, qui venait de prendre l'habit religieux dans un ermitage près de Breteuil. Guillaume, s'étant associé deux religieux, se rendit en 1128 à Sainte-Barbe, favorisé par Jean I, évêque de Lisieux. Ce prieuré ne tarda pas à devenir très riche, grâce à des donations considérables qu'il reçut tant en France qu'en Angleterre, non seulement de plusieurs rois, mais encore de plusieurs évêques (17). Les papes de leur côté lui accordèrent beaucoup de faveurs, tels qu'Innocent II, Adrien IV en 1156, Luce II en 1184, Alexandre III, Grégoire VIII, Urbain II, Boniface VIII en 1298. Aux prieurs réguliers succédèrent des commendataires dont le dernier résigna en faveur des jésuites du collége de Caen en 1607 (*Gall. Chr. T. XI. Appendix* : charte XIV. col. 299). Les bulles du pape sont des 20 décembre 1607 et 27 novembre 1609. Le concordat fait par les jésuites avec les religieux de Sainte-

(17) *Monasticum Anglicanum*, Tom III, p. 1010.

Barbe est du 6 juillet 1609. Les lettres-patentes de confirmation sont du 6 avril 1610. L'homologation au parlement de Rouen eut lieu le 9 auguste suivant. Quelque tems après, ce prieuré passa aux chanoines réguliers de la congrégation de France. Ce fut le 11 mars 1643 que Cospéan évêque de Lisieux permit aux chanoines réguliers de Sainte-Geneviève d'en prendre possession.

Le chapitre fut construit à la fin du XVe siècle sous le priorat de Philippe de Courmarel. Ce prieuré avait beaucoup de cures à sa nomination, possédait trois baronnies, et avait dans sa dépendance le prieuré central ou conventuel de Graville-Sainte-Honorine dans le Pays-de-Caux près du Hâvre.

La Liste des Prieurs offre les noms suivans :

I. Guillaume I d'Évreux qui avait quitté la cour pour vivre en ermite dans la forêt de Bréteuil sur Eure, appelé en 1128 à la tête de la nouvelle communauté, refusa le titre d'Abbé, et, s'étant contenté du titre et des fonctions de Prieur, donna tous ses soins à cet établissement. Favorisé par Arnulphe évêque de Lisieux, il réunit à Sainte-Barbe les prébendes de l'église Saint-Étienne de Ménil-Mauger; il institua des chanoines, à l'instar de ceux de Sainte-Barbe, tant à Rouen et à

Coutances qu'en Angleterre; il fit trois voyages à Rome pour obtenir des papes leur bienveillance en faveur de sa maison. Ce Prieur jouissait d'une telle considération qu'Arnulphe, évêque de Lisieux, prêt à partir pour Jérusalem en 1147, lui confia le soin de son diocèse. Cet évêque fit les funérailles de Guillaume le 13 janvier 1153, ou plutôt 1154.

2. DANIEL passa, jeune encore, de l'Angleterre, sa patrie, en Normandie où Guillaume le revêtit, à Sainte-Barbe, de l'habit religieux, bientôt après le fit sous-prieur, le mit à la tête des chanoines qu'il avait établis à Bexfort en Angleterre, et le désigna ensuite pour son successeur. L'évêque de Lisieux ayant confirmé cette nomination, Daniel fut appelé d'Angleterre et eut beaucoup de peine à accepter cette charge qu'il ne prit que par l'ordre de l'évêque. C'est à se sujet qu'Arnulphe lui écrivit sa seizième lettre. Son mérite et ses démarches lui firent beaucoup de protecteurs puissans, rois, papes et grands seigneurs, dont il fit tourner la bienveillance en faveur de sa maison: il avait fait sa démission après 1170, et mourut le 2 mars…. Brial (Hist. Litt. de France, T. XIV, p. 602) pense que c'est à Daniel qu'il faut attribuer une lettre d'un Prieur de Sainte-Barbe à ses religieux, laquelle est intéressante et a été im-

primée (d'une manière peu correcte) par Martène, Ampl. Coll. T. I. col. 784-787. Elle est vraisemblablement adressée à Geoffroi qui fut son successeur.

3. Gaufrid ou Geoffroi mort le 16 novembre, auteur d'un recueil de lettres.

4. Gautier eut quelques différens avec Lisiard, évêque de Seès, et avec l'Abbé de Troarn, relativement à l'abbaye de Conches, vers 1195. Sa mort arriva le 18 avril.

5. Guillaume II l'Ermite. On parle de lui en 1209 et 1210. Mort le 29 janvier.

6. Henri. C'est à lui que le pape Honorius adressa le rescrit pour mettre un terme aux procès scandaleux qui, à l'occasion de l'élection de l'Abbé de Fécan, s'étaient élevés entre les Abbés de Saint-Taurin et de La Croix-Saint-Leufroi d'une part, et les moines de Fécan, d'une autre part. On fixe l'époque de sa mort au 28 auguste.

7. Roger s'occupa des intérêts de l'abbaye de Lyre. Arthur Du Monstier fait mention de lui à l'époque de 1226 et de 1235 à l'occasion d'un cartulaire de Saint-Évroul : il y a lieu de croire que c'est une erreur, l'initiale rapportée par ce cartulaire étant un A et non pas un R. Mort le 19 février.

8. Philippe I. Roger ayant donné sa démission,

Philippe fut élu Prieur à l'unanimité par les soixante-six chanoines de Sainte-Barbe; Roger donna le premier son suffrage. Cette élection eut lieu le 20 janvier 1247. Elle fut confirmée dès le lendemain par Guillaume de Pont-de-l'Arche, évêque de Lisieux. Il mourut aussi le 19 février.

9. Nicolas, mort le 12 juillet.

10. Radulfe ou Raoul, dont il est question en 1276, mourut le 2 novembre.

11. Denis. 26 juin.

12. Robert I Le Bourgeois (*Burgensis*). 27 février.

13. Guillaume III d'Aunai, mourut vers 1332 le 25 septembre.

14. Guillaume IV de Lucé ou Loucei (*Lucii* ou *Luciæ*). 4 septembre 1335.

15. Guillaume V de Val-Semé *(de Valle Seminatâ)*. 9 janvier 1352.

16. Guillaume VI De Lambert. 28 auguste.

17. Guillaume VII de Vau-Varin (*Valle-Warini*). 22 juin 1385.

18. Louis Le Vigoureux ou le Mignereux. 3 décembre 1408.

19. Giles Le Fevre. Ce fut à ce Prieur que le pape Jean XXIII accorda pour lui et ses successeurs l'usage de l'anneau pontifical le 21 juillet 1410 ou 1411 (l'an I de son pontificat). Sa mort eut lieu le 28 février 1417.

20. Robert II de Cauchi (*de Caucheâ*). 19 décembre 1418.

21. Jacques Ratel. 12 décembre 1442.

22. Richard Maloisel. 21 juin 1454.

23. Philippe II de Courmarel. 22 octobre 1484.

24. Jean I Ingier. 13 mai 1494. On trouvera son épitaphe dans cet ouvrage.

25. Georges d'Arques mourut le 25 juillet 1496.

26. Étienne Blosset De Carrouges, évêque de Lisieux en 1482, était Abbé de Grêtain, de Cormeilles, etc.; il fut nommé Prieur de Sainte-Barbe le 31 auguste 1505. Dès le 13 juin, il s'était démit de tous ses bénéfices en faveur de son neveu Jean Le Veneur qui lui succéda à l'évêché de Lisieux. Il mourut le 31 octobre 1505.

27. Jean II Cousin. 1er auguste vers 1515.

28. Gabriel Le Boulanger donna sa démission en faveur du suivant, et mourut le 13 mai 1560.

29. Nicolas II Fouquet. 21 juin 1554.

30. Louis de La Ménardière, Abbé de Barberi, fut le premier Prieur commendataire de Sainte-Barbe.

31. Robert III de La Ménardière, chantre de la Sainte-Chapelle de Paris et Abbé de Sainte-Co-

lombe, était neveu du précédent qui lui céda le prieuré de Sainte-Barbe, dont à son tour il se démit en faveur des jésuites de Caen le 30 décembre 1607, concession qui fut approuvée par ses chanoines en 1609.

L'Abbé de Boulogne, qui depuis le concordat fut évêque de Troies et qui fut exilé à Falaise en 1811 par l'empereur Napoléon, avait été en 1778 enfermé à Sainte-Barbe-en-Auge lorsqu'il était interdit de la prédication par Christophe de Beaumont, archevêque de Paris, à la mort duquel l'interdiction fut levée et Boulogne sortit de Saint-Lazare où il était en retraite après sa sortie de Saint-Barbe.

Les chanoines réguliers de ce prieuré quittèrent leur maison en 1792 : Christ était alors à leur tête, et mourut vers 1795 à peu de distance du couvent qui fut vendu et ensuite démoli ainsi que l'église.

IV. NOTRE-DAME-DU-PARC.

Ce prieuré, de l'ordre de Gramont, fut fondé à Sotteville-lès-Rouen, exemption de Saint-Cande-le-Vieux, en 1156 par Henri II, duc de Normandie, roi d'Angleterre.

Cette maison, qui possédait un revenu de plus

de douze mille francs, fut supprimée le 30 octobre 1772 par l'évêque Condorcet, qui en affecta les revenus à l'entretien du collége et du séminaire. Le décret épiscopal fut approuvé par lettres-patentes du roi datées du 31 janvier 1773, enregistrées le 7 mai suivant au parlement de Rouen.

Outre ces quatre Prieurés conventuels, il en existait plusieurs autres qui n'avaient ni illustration, ni importance. C'étaient :

1° Saint-Giles de Pont-Audemer, qui, en 1789 avait pour Prieur l'abbé de Ruallem. (Augustins);

2° Saint-Cyr de Friardel, dont De Cambon, vicaire-général de l'archevêque de Toulouse, était titulaire depuis 1775, lorsque la révolution arriva. (Augustins);

3° Notre-Dame de Royal-Pré (autrefois Réaupré : *de regio prato*), fondé par Louis IX près de Dozulé à seize kilomètres de Caen et vingt-huit de Lisieux. Ce prieuré de l'ordre de Citeaux avait été donné le 16 juin 1725 à l'abbé de Heudey de Pomainville, et fut ensuite, en 1762, accordé à l'abbé Jarente, évêque d'Orléans, qui en était pourvu en 1789.

On comptait en outre quatorze autres Prieurés moins importans.

Les Abbés des abbayes dont nous venons de donner l'histoire avaient séance à l'échiquier de

Normandie ainsi que les Prieurs de Beaumont-en-Auge et de Sainte-Barbe-en-Auge.

COUVENS D'UN ORDRE SECONDAIRE.

LES MATHURINS.

Les Mathurins ou Trinitaires, que le Catalan Jean de Matha avait fondés en 1197 et soumis à la règle de Saint-Augustin, avaient pour mission la délivrance des captifs faits par les Sarrasins et les autres sectateurs de Mahomet. L'évêque Jourdain du Houmet, ayant en juin 1218 accordé quelques biens à un hôpital pour les pauvres *(Ptochodochium* ou plutôt *Ptochotrophium)* qui existait déjà à Lisieux, il fut en quelque sorte le fondateur de l'hôpital, où il plaça les chanoines réguliers connus sous le nom de Mathurins, parceque l'église que les Trinitaires de Paris occupaient à Paris était dédiée à saint Mathurin.

Les Mathurins de Lisieux, ayant reçu parfois d'abondantes aumônes, allèrent dans les États Barbaresques délivrer des captifs qu'ils conduisaient processionnellement dans les villes pour y exciter la bienfesance publique. Nous lisons, dans une notice de M. Dingremont, que Busno, mathurin de Lisieux, avait en 1704 et 1712 entrepris le voyage de Maroc, et qu'en 1725 des captifs français « sous la conduite du père Le Roy, débarquèrent au Havre passant par Rouen, Pont-Audemer, Honfleur, Pont-l'Évêque, et Lisieux où ils allèrent en procession à la cathédrale et de là à la maison de l'ordre (au bas de la Grande-Rue) où ils assistèrent à quelques cérémonies célébrées par l'évêque d'Avranches ».

Leur dernier Ministre, à Lisieux, s'appelait Jacques-César-François Camusat.

L'horloge des Mathurins fut enlevée de cette maison et placée à l'hôtel-de-ville en vertu d'un arrêté de l'administration municipale du 30 juin 1797.

LES CAPUCINS.

Le nom de ces religieux mendians venait du capuce ou capuchon dont ils se couvraient la tête. Ils avaient été fondés par saint François d'Assise vers 1208 et avaient pris d'abord le titre de Franciscains, puis de Frères-Ermites-Mineurs, de Cordeliers etc. Ce fut le pape Paul III, au milieu du XVIe siècle, qui leur donna le nom de Capucins et leur défendit de s'établir au-delà des Monts, tant il craignait la grande propagation des moines, déjà si nombreux. Cependant, à la demande de Charles IX, le pape Grégoire XIII leva cette défense ; et bientôt la France fut couverte de capucins que Matthieu de Braschi avait réformés en 1525. Ce fut en 1613 qu'ils s'établirent à Lisieux au-dessus de la porte de Paris, à droite avant d'arriver à la côte Saint-Ursin, sur la demande qu'en avait faite, l'année précédente, l'évêque Rouxel et ce Guillaume de Hautemer, maréchal de Fervaques, sur lequel on a fait tant de contes d'autant plus accrédités qu'ils sont plus absurdes, comme l'humanité de Le Hennuyer et les histoires du *Rongeux-d'Os*.

Le dernier Gardien des Capucins, connu sous le nom de révérend père Héliodore, s'appelait Charles-François Le Cordier : il était frère de Le Cordier de Valencour, dont nous avons eu occasion de parler plusieurs fois. Il fut, depuis le concordat, nommé desservant de Glos-sur-Orbiquet, où il est mort le 3 octobre 1823.

Ce couvent fut vendu et démoli pendant la révolution. On bâtit sur l'emplacement d'une partie de l'église et du cloître la maison qui existe aujourd'hui.

LES DOMINICAINS.

Fondés en 1215 par saint Dominique de Gusman, qui créa l'inquisition, et soumis à la règle de

Saint-Augustin, les Dominicains reçurent d'abord le titre de Frères-Prêcheurs, puis celui de Jacobins parce qu'ils s'établirent à Paris dans la rue Saint-Jacques.

Ils furent placés à Lisieux dans l'île qui s'appelait alors Putangle, vers 1249, par l'évêque Guillaume de Pont-de-l'Arche, « qui leur aumôna l'ancienne chapelle de Notre-Dame-du-Pré », dit l'Almanach de Lisieux pour 1787. Ce prélat y joignit l'ancien Hôtel-Dieu, Maison-Dieu ou hôpital, et un terrain qui y était attenant. En 1256 l'évêque Fulcon d'Astin confirma la donation faite par Gosselin, chapelain de Saint-Martin, d'un passage pour communiquer de l'île Putangle à une maison que les religieux possédaient dans la rue du Bouteiller, passage que l'évêque Guillaume de Chermont fut depuis obligé de faire fermer lors des réparations des murs de la ville vers 1345. Avant cette époque (30 décembre 1284), Gui du Merle, XXVI° évêque, confirma les donations qui avaient été faites à ce couvent et ajouta même quelques libéralités.

Dans le cours de 1530, au moment où l'inquisition de France redoublait de cruauté, un chapitre général de Dominicains eut lieu au couvent de Lisieux. Il s'y trouva cinq cents de ces religieux pour la nourriture desquels la ville accorda un secours de vingt livres le 26 juillet.

Les protestans, qui étaient grands ennemis des moines et surtout des Dominicains, leurs plus violens adversaires, dévastèrent le couvent et détruisirent l'église qui ne put être rebâtie qu'en 1634. Elle fut détruite à la fin du siècle dernier. Leur maison, belle et agréablement située, fut construite en 1777 : elle a passé par les mains de divers acquéreurs, et appartient aujourd'hui à M. Antoine Labbey, receveur des finances de l'arrondissement.

Le dernier Prieur fut Pierre-Ignace de Beaumont, qu'en 1790 la garde nationale nomma son aumonier. Les premières séances de la Société des Amis de la Constitution, de Lisieux, se tinrent dans ce couvent (voir FAITS HISTORIQUES, Tom. I; p. 270).

LIVRE V.

ETABLISSEMENS PUBLICS.

COLLÉGE.

Le grand mouvement qui s'opéra en France, et surtout en Normandie, dans les XI° et XII° siècles, par l'effet de nos communications avec l'Orient et avec l'Italie; le voyage de notre duc Robert I à Jérusalem, où plusieurs Normands l'accompagnèrent, en 1035; la conquête du royaume de Naples par des chevaliers de la Normandie; leurs rapports avec les Sarrasins qui à cette époque étaient le peuple le plus éclairé du monde; les études illustrant les abbayes du Bec, de Cormeilles et de Saint-Évroul; le savant Lanfranc venu de Pavie, et disputant avec Béranger en 1059 sur des questions théologiques; les doctes Abbés Ansfride, et Richard de Fourneaux à Préaux, et Ainard à Saint-Pierre-sur-Dive; Orderic Vital écrivant sa grande et importante Histoire Universelle, bien supérieure à celle que notre évêque Fréculfe avait compilée au milieu du IXe siècle; l'effet imprévu de ces désastreuses croisades produisant quelques bons résultats comme les batailles qui engraissent les champs par de larges flots de sang humain; l'archidiacre de Lisieux Guillaume dit de Poitiers, auteur d'une histoire de Guillaume-le-Conquérant; les poësies des trouvères dont plusieurs appartenaient au territoire lexovien; notre évêque Gislebert Maminot instruit en astronomie (mort en 1101); les assemblées générales ou conciles tenus à Lisieux, notamment celui de 1119; l'évêque Arnulphe connu par son voyage en Palestine (1149), par les missions dont il fut chargé et par les lettres importantes qu'il nous a laissées : telles furent les causes qui durent introduire dans notre ville assez de lumières pour que le docte Jean de Salisbury dont nous avons parlé (T. I; p. 109) fût fondé à vanter, dès le milieu du XIIe

siècle, l'instruction et l'éloquence des Lexoviens.

Le malheur des tems déplorables qui suivirent ce grand mouvement intellectuel ne lui permit pas sans doute de se développer ; mais il suffit de le constater pour prouver que nos compatriotes étaient dignes de le seconder, aptes à tirer parti de l'instruction et disposés à la faire fructifier quand elle leur serait offerte.

La célèbre Université de Pavie où l'évêque Branda de Castiglione avait fondé des bourses pour quelques Lexoviens ; l'Université créée à Caen par Henri VI, roi d'Angleterre en 1431 et mise sous la conservation des évêques de Lisieux en 1439 par notre roi Charles VII, rentré en possession de la Normandie, fournirent aux habitans de Lisieux des moyens d'instruction, ainsi que les écoles de la cathédrale : mais ces dernières n'en donnaient qu'une fort circonscrite, et les universités étaient peu à la portée de la plupart des particuliers.

L'évêque Cauchon légua mille livres pour la fondation, dans le collége du Bois, à Caen, de deux écoliers Lexoviens. A ce sujet, Huet (origines de Caen : éd. de 1702 ; p. 413) dit que ce prélat « est le premier auteur de la fondation de ce collége, plutôt que le premier fondateur ».

Il en était à peu près de même du collége de

Lisieux que notre évêque Gui de Harcourt avait fondé à Paris en 1336 pour vingt-quatre écoliers pauvres de son diocèse : à cet effet, il avait en mourant, légué mille livres (environ quatorze mille francs de nos jours).

Nous avons vu (Tome I; p. 415) que l'évêque Guillaume d'Estouteville augmenta le collége de Torci, à Paris, et qu'il le réunit à la fondation de Gui de Harcourt. La nomination aux bourses de ce collége appartenait aux évêques de Lisieux, et aux Abbés de Fécan, parcequ'un frère de l'évêque, lequel était à la tête de cette abbaye, avait concouru à la fondation.

Enfin, vers le milieu du XVIe siècle, les conseillers (la municipalité) de la ville furent autorisés à faire à ses écoles l'application du revenu de la première prébende qui deviendrait vacante. La ville avait peu de ressources, et ce revenu lui venait fort à propos, lui était même absolument nécessaire. La prébende de La Chapelle-Hareng vint à vaquer, mais l'évêque Le Hennuyer, presqu'aussi mal disposé en faveur de l'instruction qu'il le fut toujours en faveur de la tolérance et de l'équité, s'opposa à ce que la ville reçût cette prébende et tenta opiniâtrement de la lui retirer pour y substituer celle du Pré dont le revenu était plus faible. Les chicanes du hargneux prélat entraînèrent la municipalité dans d'inutiles dépenses qui ne tournèrent pas, tant s'en faut, à l'avantage de l'instruction publique. Le lieutenant du baillage d'Orbec, devant lequel l'affaire devait être et fut portée, ordonna, par sa sentence du 5 janvier 1569 que l'évêque remettrait aux habitans de Lisieux la prébende de La Chapelle Hareng ; mais Le Hennuyer, riche, puissant et protégé en haut lieu, n'était pas homme à lâcher prise devant un premier jugement : on plaida encore, et, de guerre lasse autant que pour ménager les intérêts de leurs concitoyens, les conseillers et plusieurs notables de Lisieux furent obligés de transiger le 4 janvier 1571 : ils renoncèrent momentanément à la prébende de La Chapelle-Hareng, et reçurent celle du Pré avec quatre-vingts livres de rente jusqu'à ce qu'ils pussent être mis en possession de celle qui leur appartenait légitimement, mais dont l'évêque, à ce qu'il paraît, avait eu la malice de disposer. La transaction lui imposa l'obligation de donner enfin des précepteurs à la jeunesse. Il y a loin d'une telle conduite de ce prélat à celle des Matignon et de plusieurs de nos prélats.

M. Dingremont, que nous citons avec utilité et plaisir, nous apprend (Annonces de Lisieux : 16 décembre 1819) que « le 4 mai qui suivit la transaction Jacques de Boucquetot, seigneur de Coquainvilliers et sa mère vendirent aux habitans de Lisieux une maison nommée le Manoir de Coquainvilliers, située dans la rue du Bouteiller, pour en jouir à partir de Noël suivant (25 décembre 1571) ». Cette maison fut destinée à faire un collége. L'évêque, au lieu de faire la rente qu'il devait s'obligea à contribuer de cinq cents livres au prix de l'acquisition qui était de quinze cents. A la plac de ces cinq cents livres il fit une rente de quatre-vingts livres jusqu'à la remise de la prébende dont il avait indûment disposé. M. Dingremont dit que cet acte de vente fut reçu par Olivier Carrey, Henri Barrey, et Jacques Eveillechien, tous trois tabellions (notaires) en la ville de Lisieux. Le 16 avril 1577, par un autre acte notarié, Le Hennuyer céda à la fin la prébende de La Chapelle Hareng, fut déchargé des quatre-vingts livres de rente, et reçut la prébende du Pré. La première fut acceptée par l'abbé Jacques Aubert, précepteur du collége.

Ce fut dans le *manoir de Coquainvilliers* que le collége continua d'ouvrir ses classes jusqu'à sa clôture. Le grand séminaire avait été bâti près de cette école par Léonor I de Matignon. L'ancien collége était, au milieu du XVII° siècle, réduit à quarante écoliers répartis dans quatre classes seulement; mais, après sa remise entre les mains des Eudistes, il ne tarda pas à compter quatre cents élèves.

Le 25 octobre 1653, ce prélat confia cet établissement aux prêtres de la congrégation de Jésus et de Marie, plus connus sous le nom d'Eudistes parceque le père Eudes les avait institués à Caen : ils le dirigèrent ainsi que les deux séminaires jusqu'en 1791. A l'époque de la révolution, le collége de la ville de Lisieux comptait huit Eudistes, dont un directeur des pensionnaires, un préfet, et six professeurs depuis la sixième classe jusqu'à la philosophie.

Le 31 octobre 1791, les Eudistes furent remplacés dans l'enseignement à Lisieux par d'habiles jeunes gens de la ville, tels que Bénard La Couture, Fromage des Feugrés, Le Villain, et Durand, qui étaient très instruits. Bénard avait avant la révolution été professeur à Pont-le-Voi. Le collége cessa d'exister à la fin de 1794. La ville obtint son rétablissement en octobre 1804, sous le titre d'École Secondaire, qui fut installée dans les bâtimens alors existans de la Providence, rue des Tanneurs; puis le 3 juin 1811, cette institution reprit le titre de collége et fut placée au ci-devant Petit Séminaire, rue de la Chaussée, où elle est restée.

Aujourd'hui le collége de Lisieux compte comme auparavant d'habiles professeurs : il a le titre de collége de première classe. On y enseigne la philosophie, la physique, la rhétorique, les mathématiques, les humanités depuis la huitième classe jusqu'à la seconde, la langue anglaise et les mathématiques élémentaires.

ÉCOLES CHRÉTIENNES.

Les Frères des Écoles Chrétiennes sont connus à Lisieux sous le nom de Frères de Saint-Yon. Cette institution est due à l'abbé J.-B. de La Salle qui l'essaya d'abord à Reims en 1679. Il mourut en 1719 à Saint-Yon (près d'Arpajon) maison professe de son ordre. C'est de cette maison et de celle qu'ils possédaient à Rouen que les frères ont tiré leur surnom depuis 1718. L'évêque Condorcet les établit à Lisieux, dans la rue du Bouteiller, par acte du 21 septembre 1776 : ils y ouvrirent leurs classes le 1er avril 1777. Les lettres-patentes pour leur établissement sont du mois de février 1778 ; le parlement de Rouen les enregistra le 25 juin suivant. Jusqu'en 1790 ces instituteurs enseignèrent aux jeunes garçons la lecture, le catéchisme du diocèse, l'écriture, l'orthographe, et l'arithmétique. Ces écoles remplacées le 25 octobre 1791 ont été rétablies le 16 janvier 1811, et continuent d'enseigner dans la rue du Bouteiller.

Avant cette école gratuite la ville en possédait du même genre dès 1628 et 1683, fondées alors pour l'instruction des enfans des deux sexes.

Les jeunes garçons reçoivent actuellement l'instruction dans les nouvelles Écoles Chrétiennes ainsi que dans l'école d'Enseignement Mutuel et dans diverses autres institutions.

SÉMINAIRES.

Le Grand-Séminaire, fondé dans la rue du Bouteiller, en 1653 par Léonor I de Matignon, fut confié par lui aux Eudistes, congrégation religieuse enseignante créée récemment par Eudes, frère aîné de l'historien Mézerai. Les bâtimens actuels ne furent commencés qu'en 1700 sur les plans de l'eudiste Jagan, qui en remit la conduite à son confrère André : les frais de ces travaux considérables furent faits par Léonor II. En 1789 on construisait sur la rue du Bouteiller une belle église qui fut démolie avant d'avoir été terminée. Le dernier supérieur de la maison fut l'abbé Martin, et le dernier préfet des ordinans, l'abbé Duval. Ce bel et vaste édifice est maintenant occupé par les nouvelles religieuses de la Providence auxquelles il fut, ainsi que l'ancien collége, cédé en 1807.

Le Petit-Séminaire. A l'imitation de son prédécesseur, Léonor II de Matignon fonda en 1704, dans le faubourg de la Chaussée, le Petit Séminaire pour l'éducation de vingt ecclésiastiques appartenant à la classe indigente et qui au concours devaient faire preuve de capacité. Cette maison fut confirmée par lettres-patentes du roi en date du mois de juillet 1711. Le dernier supérieur fut l'abbé Roussel. Le 17 février 1811 un décret impérial ayant mis les bâtimens du Bon-Pasteur, rue de Livarot, à la disposition de M. Foubert Dépallières, cet ecclésiastique y réorganisa le Petit Séminaire qui y subsista jusqu'en 1816, époque à laquelle il fut transféré dans les bâtimens de l'ancien couvent des Ursulines, rue du Bouteiller, concédés pour cet effet à l'évêque de Baïeux.

LES URSULINES.

Fondées en Italie en 1357 par Angèle de Brescia, les Ursulines durent en 1611 leur établissement en France à Marie L'Huillier de Sainte-Beuve. Elles étaient consacrées à l'éducation des jeunes filles, et suivaient la règle de Saint-Augustin. Celles de Lisieux y furent fondées le 11 décembre 1628, par Nicolas Le Myre, baron d'Angerville, qui fit pour les établir un don de soixante-trois mille livres. Elles furent d'abord logées dans le faubourg de la Chaussée. Après le consentement de l'évêque Guillaume Aleaume, donné le 16 avril 1629, l'établissement fut confirmé par des lettres-patentes de Louis XIII, datées du mois de décembre suivant, mais qui ne furent enregistrées au parlement de Rouen que le 28 novembre 1630. Elles ne furent vraisemblablement constituées qu'en 1631.

En 1789, la maison comptait vingt-huit religieuses de chœur et huit sœurs converses ; leur supérieure s'appelait Le Forestier, nom auquel elle joignait le surnom religieux de Sainte-Ursule. A cette époque elles jouissaient de seize mille neuf cent soixante-quatre livres de revenu : leurs charges n'étaient que de deux mille vingt-neuf livres quatre sous.

Ce couvent bien bâti, au haut de la rue du Bouteiller, était attenant au collége d'alors. Il est devenu le Petit Séminaire actuel.

LE BON PASTEUR.

La fondation de cet établissement qui eut lieu à

Paris en 1694 sous le titre de Religieuses de Notre-Dame-du-Refuge, avait pour objet de recueillir et de ramener à la vertu les filles de mauvaise conduite. A Lisieux, le Bon Pasteur, composé de six religieuses, dut son origine à l'évêque Léonor II de Matignon qui en 1709 fit don d'un bâtiment élevé dans le faubourg d'Orbec, rue de Livarot, et qui dans sa munificence habituelle ajouta quelques sommes d'argent.

En 1789, la supérieure était Mlle de Catillon de Saint-Louis. Pendant l'année 1794, cette maison servit de lieu de détention aux suspects, ainsi que nous l'avons dit (Tom. I, p. 297). Elle a été vendue et démolie en 1826 pour ouvrir un abreuvoir public qui permet d'accéder à l'Orbiquet.

LES SOEURS DE LA PROVIDENCE.

Elles furent établies à Lisieux en 1683, par Léonor II de Matignon. L'Almanach de Lisieux pour 1787 nous apprend que cet évêque, dont la générosité pour la ville fut si grande et est restée si durable, donna à ces religieuses une chapelle en 1704, des constitutions ou statuts en 1705, et une maison en 1710. Ce ne fut qu'en 1723 que l'évêque Brancas obtint du roi, en leur faveur, des lettres-patentes. Ces dames avaient des sœurs dans diverses communes du diocèse, où elles instruisaient les jeunes filles et assistaient les malades indigens.

La dernière supérieure en 1789 était madame Roussel.

De 1804 à 1811 l'École Secondaire fut installée dans leur maison, située au bout de la Couture-du-Milieu, convertie plus tard en caserne de gendarmerie, et en halles aux frocs et aux toiles. Ce qui reste aujourd'hui des anciens bâtimens est occupé par la Salle d'Asile. Lors de la démolition, en mars 1819, on y trouva dans un vieux mur des monnaies d'or de Philippe-Auguste, et de Jean-Sans-Terre : ce qui porte à croire que l'édifice avait été construit au commencement du XIII° siècle.

En 1807 de nouvelles Providentes furent établies rue du Boutheiller dans les bâtimens de l'ancien collége et du Grand Séminaire.

BIBLIOTHÈQUES.

Comme dans toute la France, les livres étaient dans le IX° siècle tellement rares à Lisieux, que notre savant évêque Fréculfe se plaignait, dans une lettre, à Raban Maur, Abbé de Fulde, de n'avoir pas trouvé, dans notre ville, même l'ancien ni le nouveau testament, ni aucun commentaire sur ces ouvrages.

Un tel état de choses dut malheureusement durer long-tems. Enfin Germain de Paillard, dont le Nécrologe de Lisieux fesait mention à la simple date du 9 janvier, légua soixante livres tournois pour construire une bibliothèque. Il y a lieu de croire qu'il était chanoine, et il faut bien qu'il ait fait son legs dans le XV° ou au plus tard dans le XVI° siècle, pour que cet acte de sa munificence eût quelque valeur.

Au reste, les chanoines de Lisieux étaient en général trop éclairés pour n'avoir pas tenté de fournir à la jeunesse studieuse un des plus puissans moyens d'instruction : une bibliothèque assortie et choisie avec discernement et prudence, celle qu'ils formèrent peu à peu, s'appelait la Bibliothèque du Chapitre. Placée dans une chambre de la cathédrale, dont l'entrée avait lieu par la rue du Paradis, elle était ouverte au public un jour chaque semaine, depuis le 10 novembre jusqu'au 15 auguste. Ce dépôt s'était successivement augmenté par les dons de l'évêque Basin et de plusieurs chanoines. Dans le XVII° siècle, cette collection déjà précieuse s'accrut considérablement surtout en livres d'histoire et de littérature, par l'acquisition de la bibliothèque du chanoine Du Thiron; puis, dans le XVIII° siècle, par le don que firent de la leur, Dupont, curé des Noards, et ensuite Charles Le Bas de Caudemone, prébendé du Val-Rohais. Le chanoine Rambaud mit beaucoup de zèle à la classer en 1772. Elle fut en 1794 fondue dans la masse de livres provenant de l'évêché, du grand séminaire, des Mathurins, des Capucins, et de quelques émigrés : toutes ces collections, à l'exception de celle du grand séminaire et du chanoine Sausin, surtout, offraient peu de livres de quelque valeur. Malheureusement l'administration du district n'avait pas exécuté les décrets conservateurs de nos assemblées représentatives : on avait vendu à l'encan les bibliothèques du prieuré de Sainte-Barbe-en-Auge, de l'abbaye de Saint-Pierre-sur-Dive etc. Au reste cet acte de vandalisme ne fut point particulier à Lisieux : il fut commis dans quelques autres districts. C'est en parlant de ces infractions à des lois protectrices de l'instruction que Delille a dit à l'aspect des ces ventes de livres et de tableaux vendus à vil prix à de vils acquéreurs :

> Un Raphaël échoit au magister du lieu;
> Racine d'un manant alimente le feu.
> En pile sont vendus les Buffons, les Voltaires.
> Les tomes désunis redemandent leurs frères ;
> Et, vengeant une fois Pelletier consolé,
> En cornets à son tour, Des-Préaux est roulé.

Cependant dès le 7 novembre 1789 l'Assemblée

Constituante à la haute sagesse de laquelle rien d'important n'échappait, et après elle la Convention Nationale dont tous les actes ne furent pas de cruauté, ni de rigueur, la Convention, qui créa l'École Polytechnique, l'Institut, le Conservatoire de musique, le Conservatoire des arts et métiers, l'École Normale, les Écoles Centrales etc., prescrivirent des mesures de conservation pour ces livres et les objets de sciences et d'arts. La Convention dota chaque district d'une bibliothèque publique.

Ce fut pour l'organiser et connaître nos richesses scientifiques, et pour l'échange des doubles exemplaires, qu'elle ordonna le recensement des dépôts, prescrivit d'en rédiger les catalogues; et pour qu'aucune dilapidation ne put avoir lieu, plaça les commissaires sous la surveillance continuelle de délégués des municipalités, lesquels apposaient le scellé en partant et le levaient pour entrer. Aussi la collection de Lisieux fut-elle, après un choix bien fait sur le catalogue général adressé au Comité d'instruction publique de la Convention, classée bien intacte dans la grande salle dite du synode, à l'évêché. Ainsi elle se composa de tout ce qu'il y avait de bon dans la bibliothèque 1° du chapitre ; 2° du grand séminaire etc. Dans l'an V quelques livres furent rendus, en vertu d'arrêtés de l'administration centrale, à plusieurs parens d'émigrés, tels que madame de Belleau, et les héritiers de plusieurs chanoines.

Commencés le 21 janvier 1794, l'opération du récollement des inventaires, la copie détaillée de tous les titres des livres, le classement par ordre bibliographique, le dressement et les deux copies des catalogues, le transport et le placement à l'évêché des divers dépôts du chapitre, du grand séminaire, de l'abbé de Sausin, etc, furent terminés le 17 auguste 1795, et coûtèrent pour honoraires des commissaires et menus frais près de six mille francs (vingt-huit mille cent cinquante-deux francs soixante-quinze centimes en assignats) et neuf cent seize francs cinquante centimes pour menuiserie, serrurerie etc. C'était un total de moins de sept mille francs.

Il est fâcheux de le dire, ainsi que nous avons déjà été obligés de le faire (Tom. I; p. 314), des voleurs s'introduisirent, par défaut de surveillance de l'autorité en 1796 et 1797, dans la bibliothèque alors bien complète et régulièrement classée. Ce fut par la salle dorée, livrée au service des agens des vivres, que l'on parvint à crocheter la serrure et à faire des enlévemens.

J'avais été l'un des recenseurs en 1794 et.

resté seul conservateur après la confection des catalogues, j'en effectuai le classement méthodique. Parti pour Alençon en septembre 1796 je remis le tout en ordre à la mairie de Lisieux avec les catalogues. L'administration fort occupée d'ailleurs, et n'ayant pas lieu de soupçonner l'infidélité de ceux qui allaient journellement dans la salle dorée, ne put prendre les mesures qui auraient été nécessaires pour prévenir les dilapidations.

Il fallait au surplus que les vols ne fussent pas très considérables, puisque le conservateur provisoire (Le Bis) qu'on établit vers la fin de 1797, fut long-tems à s'en apercevoir.

Un plus grand malheur arriva. En 1799, le 18 Brumaire ayant changé les formes de l'administration et des tribunaux, on établit le tribunal de première instance dans les appartemens de l'évêché où se trouvait placée la bibliothèque publique; elle fut enlevée à la hâte et portée au petit séminaire, sans récollement des catalogues ni des inventaires, sans surveillant spécial, et à peu près sans soins d'aucune espèce. Le gouvernement nouveau n'accorda de bibliothèques qu'aux Écoles Centrales qu'il ne tarda même pas à détruire, mais après avoir pris des mesures conservatrices de leurs dépôts scientifiques.

Depuis la révolution de 1830, grâces aux soins de l'administration municipale, une nouvelle bibliothèque s'est formée le 1ᵉʳ auguste 1836 et compte déjà plus de huit mille volumes. Elle est établie à l'hôtel-de-ville où un muséum de tableaux a aussi été placé en 1837.

SOCIÉTÉ D'ÉMULATION.

Depuis long-tems la ville de Lisieux offrait les élémens d'une société savante dans le grand nombre d'hommes instruits qu'elle renferme, tels que magistrats, médecins, professeurs, avocats, manufacturiers, ecclésiastiques, et amis des lettres et des arts. Ce ne fut pourtant que le 14 novembre 1835 que plusieurs de ces notabilités se réunirent pour organiser une « Société d'Émulation des amis des sciences, des lettres, des arts, de l'agriculture, et de l'industrie». Leur réunion fut autorisée par délibération du conseil municipal, du 14 décembre 1838. Voir notre T. I; p. 334.

SOCIÉTÉ PHILHARMONIQUE.

Les amateurs de musique ont toujours été nombreux à Lisieux. Avant la révolution de 1789 la cathédrale fesait donner à ses enfans de chœur des leçons par d'habiles maîtres. Quelques autres professeurs jouissaient aussi d'une réputation distinguée. L'organisation de la garde nationale en 1789 entretint ce goût délicat et fit spécialement cultiver la musique militaire, et exécuter quelques marches très belles dues au génie de Rouget de Lisle, et de Méhul (le chant des combats si célèbre sous le nom de Marseillaise, et le sublime chant du départ dont Chénier composa les paroles).

Enfin en 1837 quelques amateurs se constituèrent et donnèrent à leur réunion le titre de Société Philharmonique. Malheureusement cet établissement, qui eût été fort utile, a cessé d'exister.

CABINET LITTÉRAIRE.

En 1783, Thillaye du Boulai, maire de la ville; les échevins Des Mares, Des Bordeaux, et Neuville des Cours; Le Bret de Saint-Martin, procureur du roi de la ville; Saffrey, curé de Saint-Jacques; Thillaye de Carrouges; les docteurs d'Hermont et Picard; Bloche, Mouroult aîné, négocians; l'abbé Loquet, maître de musique des enfans de chœur de la cathédrale, et vingt-un autres citoyens, fondèrent un cabinet littéraire, c'est-à-dire de lecture, qui se réunissait dans une des salles de l'hôtel-de-ville.

Ce cabinet qui cessa de s'assembler en 1790 lors de la création de la Société des Amis de la Constitution (voir T. I; p. 270), se reforma en 1814 et n'a pas cessé d'exister depuis. Il réunit les principales notabilités de la ville.

CLUBS.

Nous avons dans nos FAITS HISTORIQUES (T. 1; p. 270 et 324) parlé de deux associations politiques; l'une, la Société des Amis de la Constitution qui dura du 29 juillet 1790 à 1795; l'autre, l'Ordre des Francs régénérés; club occulte qui, fondé en 1815, n'eut qu'une existence de quelques mois.

LOGE DE FRANCS-MAÇONS.

Cette société, dont les séances n'étaient pas publiques, n'admettait ses membres que par des épreuves propres à garantir la bonté du choix et la sûreté de leur initiation. L'ignorance et la méchanceté ont débité sur ces réunions fraternelles et philanthropiques les plus absurdes calomnies. On ne s'y occupait, comme on ne s'y occupe encore, d'aucunes questions, soit politiques, soit religieuses : aussi le Grand-Orient (loge principale) dans les capitales et les loges réparties dans tant de villes des divers états de l'Europe et de l'Amérique, comptaient, parmi leurs membres des différens grades, des princes et des citoyens de toutes les opinions, sans acception, royalistes, républicains, chrétiens, indévots, catholiques, protestans, quakers, etc. En 1789 le comte d'Artois, qui depuis fut Charles X, et le duc d'Orléans, malgré la différence de leurs partis politiques siégeaient dans les mêmes loges : les amis de la révolution à côté de ses adversaires, les ecclésiastiques les plus religieux auprès des plus francs déistes et même des athées. Dans les réunions on traitait quelques questions générales de morale qui ne pouvaient pas plus offenser le juif ou le musulman que le chrétien ; quelques cérémonies allégoriques fort innocentes, quelques initiations d'aspirans, un banquet élégant et décent, quelquefois des bals dont les femmes des francs-maçons fesaient l'ornement et le charme, la visite des frères étrangers à la loge, et toujours des quêtes pour l'indigence, occupaient les séances de ces réunions de véritables amis. Ils trouvaient, dans le mot d'ordre donné annuellement par le Grand-Orient, et avec des signes convenus, le moyen de se faire bien recevoir, secourir et fêter dans tous les pays et toutes les villes qui comptaient au sein des loges leurs notabilités les plus distinguées.

La Franche-Maconnerie, très ancienne, s'était établie en Angleterre et dans les autres états du Nord, depuis fort long-tems, lorsqu'elle s'introduisit en France par nos communications plus fréquentes et plus amicales avec l'étranger. De Paris elle parvint à Lisieux vers le milieu du siècle dernier : la loge des Francs-Maçons lexoviens tenait ses séances dans une maison de la rue Étroite. La révolution les interrompit ; on s'occupa sous l'empire de reconstituer la loge à l'Orient de Lisieux, mais elle ne fut bien réorganisée qu'en 1814 ; alors, sous le titre distinctif des Amis Indivisibles, elle se réunit dans le faubourg de la Chaussée du côté et à peu de distance du petit séminaire. Les délégués du Grand-Orient de Paris, membres des loges de Caen, vinrent l'inaugurer : c'étaient M. Simon, père, célèbre avocat, appartenant à la loge de Thémis, et M. Guernon de Ranville qui fut ministre dans les derniers tems du règne de Charles X, lequel était membre de la loge de la Constante Amitié.

Les réunions de la loge de Lisieux ont cessé à la fin de 1815.

HOSPICES.

Les anciens avaient peu d'hospices; les Hébreux n'en possédaient pas; ces xénodochies des Grecs ainsi que ces prytanées que Vitruve désigne sous le nom de Gérusies, et les valétudinaires des Romains suffisaient en Grèce et en Italie aux nécessités de l'époque, pour les étrangers sans secours, les vieillards abandonnés et les esclaves malades. L'hospitalité était d'ailleurs exercée avec une admirable charité (*charitas humani generis* : l'amour du genre humain); et, même au milieu des horreurs de la guerre, les soldats malades ou blessés étaient soignés dans des ambulances. Les larges distributions de blé aux pauvres donnaient en outre une convenable assistance, et rendaient inutiles les hôpitaux tels que nous les connaissons. C'était l'époque de la prospérité de l'empire qui alla s'affaiblissant dès le IIIe siècle. On lit dans le livre VI de l'Odyssée ces touchantes paroles qui peignent les âges antiques; c'est la fille d'Alcinoüs qui parle : « il faut secourir Ulysse avec empressement; car tous les étrangers et les indigens nous sont envoyés par Jupiter ». Les mœurs antiques ayant fait place à de nouvelles mœurs; et les premiers sectateurs du christianisme appartenant aux classes indigentes, ils approprièrent aux besoins de leurs malades des valétudinaires spéciaux qu'ils appelèrent Nosocomies. La victoire ayant abandonné les drapeaux romains, le nombre des esclaves diminua de jour en jour, en même tems que celui des indigens s'accroissait; il devint nécessaire que la charité leur ouvrit des asiles. Il faut le dire à l'honneur du sexe le plus sensible, le plus compatissant et le plus secourable, ce fut à une dame du IVe siècle, à la riche Fabiola qui probablement descendait de l'antique et illustre famille des Fabius, que l'on dut le premier hôpital : c'est saint Jérôme (Lettre : III; 10) qui nous l'apprend; et, comme de nos jours les pieuses sœurs de charité, des femmes surtout élevaient les enfans délaissés, pansaient les malades, et prodiguaient aux vieillards les soins de l'affection. Tant il est vrai de dire avec Ducis :

> Ce sexe est tout pour nous. Il nourrit notre enfance ;
> Il prête à nos vieux jours son active assistance.
> Fait pour aimer, pour plaire ; et prompt à s'attendrir,
> Il nous engage à vivre, et nous aide à mourir.

Lisieux possédait deux hôpitaux. Le premier appelé, d'après l'usage du tems, la Maison-Dieu, fut bâti dans l'île Putangle (l'île Saint-Dominique. depuis l'époque où s'y établirent les Dominicains). Il y existait une chapelle sous le vocable de Notre-

Dame-du-Pré. Cet hôpital fondé en 1165, dit-on, par Roger Aini et Laurent, son fils, qui était chanoine de Lisieux, reçut des donations de Jourdain du Houmet par acte du mois de juin 1218 : ce fut ce prélat qui y établit les Trinitaires ou Mathurins pour soigner les malades. Ces religieux ayant été placés au bas de la Grande-Rue, sans doute vers 1249 lors de la fondation des Dominicains, continuèrent leurs charitables services; la maison de l'hôpital fut reconstruite en 1749, et des religieuses hospitalières y donnèrent leurs soins. Cet état de choses dura jusqu'en 1791, époque de la dispersion des Mathurins dont le couvent servit beaucoup à agrandir l'hospice. Les hospitalières continuèrent d'en être chargées, et le 22 octobre 1810 leurs statuts furent approuvés par un décret impérial.

Il existe dans les archives de l'hospice une charte latine, sans date, mais qui nous paraît être du XIIIe siècle, dans laquelle on lit que le chanoine Fulcon Tallefer, et Robert, chevalier, et vicomte de Lisieux, avaient fait don dans la rue du Bouteiller *(vicus pincerna)* de deux maisons, et qu'un autre chanoine nommé Laurent Aini, fils de Roger Aini, fondateur de l'hôpital, avait fait d'autres donations entre le pourpris d'Aini et les maisons du fief Tellard dans la même rue du Bouteiller jusqu'à la Touque. De son côté Jourdain du Houmet avait donné une petite île dans cette rivière, laquelle était voisine de l'île Putangle (aujourd'hui Saint-Dominique) et y fut réunie après l'acquisition d'une partie de cette dernière propriété qui n'appartenait pas encore à l'hôpital, laquelle lui fut vendue par la famille de Gaufrid (ou Geoffroi) et payée par Laurent Aini.

En 1304 l'évêque Gui de Harcourt confirma une donation de blé et d'autres comestibles ainsi que des robes et des chaussons, à l'hôpital des Mathurins. C'était onze ans avant la grande famine qui fit périr à Lisieux tant d'infortunés. (Voir T. I; p. 120 et 122). La donation primitive, datée de juin 1218, due à l'évêque Jourdain du Houmet, se trouve dans le *Gallia Christiana* (T. XI; *Instr.*, col. 210).

Pendant que l'hôpital était encore dans l'île Putangle, Thomas Becket, ayant momentanément quitté son siége de Cantorbéry, passa quelque tems à Lisieux. On assure qu'il célébrait la messe dans la chapelle de Notre-Dame-du-Pré à laquelle on ne tarda pas à substituer la dernière église des Dominicains. Encore aujourd'hui on conserve quelques débris des ornemens ecclésiastiques de ce prélat qui fut canonisé en 1173.

Par une transaction passée le 20 octobre 1659

entre les administrateurs du bureau de l'hôpital et les « religieux du couvent et Hôtel-Dieu de la congrégation réformée de l'ordre de la Sainte-Trinité et redemption des captifs, de la ville de Lisieux », acte qui fut homologué par arrêt du parlement de Rouen le 12 mars 1660, les Mathurins s'obligèrent de nourrir et entretenir dix pauvres malades à l'Hôtel-Dieu de Lisieux, et de payer deux cents livres pour fournir des habits et des souliers aux pauvres enfans renfermés de la ville, au lieu de treize robes et de treize paires de souliers que le supérieur des religieux continuait de distribuer tous les ans à ces indigens. A ce moyen le couvent fut confirmé dans la jouissance de ses biens, ainsi que l'avait déjà décidé un arrêt de la même cour en date du 9 auguste 1628.

L'hospice des malades ou l'Hôpital-d'en-Bas comme on l'appelait vulgairement pour le distinguer de l'hôpital dont nous allons parler et que le peuple nommait l'Hôpital-d'en-Haut, était bien éloigné de suffire aux besoins des malades indigens. Léonor I de Matignon, dont la bienfesance était inépuisable, fit bâtir vers 1672 le bel hospice de la porte de Paris pour recevoir spécialement les enfans trouvés, les orphelins abandonnés, et les vieillards. D'après une délibération du 11 mai 1672 la ville, qui depuis long-tems possédait d'abondantes fontaines, céda à l'hôpital, que l'on bâtissait alors, une pièce d'eau destinée à alimenter une fontaine pour le service de la maison. L'eau en était insuffisante : en 1685, la ville ayant fait exécuter de nouvelles recherches, qui furent heureuses, au lieu que l'on appèle encore les Rouges-Fontaines, parceque l'on peignit en rouge les portes des sources, l'administration fit, le 30 juin 1686, par une seconde concession, participer l'hôpital à la jouissance de cette précieuse découverte. Par une lettre du 29 septembre 1786, Julien, intendant d'Alençon, prescrivit aux administrateurs de l'hospice général de faire inoculer tous leurs enfans trouvés, par le D. Jauberthon qu'il allait envoyer dans les villes de sa généralité ; de n'avoir pas d'égard aux préjugés des nourrices contre une opération que Jauberthon avait pratiquée sur le roi lui-même et les enfans de France. La nouvelle chapelle de cet hospice fut construite en 1826..

L'incommode, humide et mal-saine maison de la Grande-Rue, attira les regards de l'administration municipale. Grâces à son zèle éclairé cet établissement fut transféré à la porte de Paris. Par ordonnance royale du 25 mars 1841 la réunion des deux hospices de la ville fut autorisée.

Cet hospice dont le premier titre était Maison-

Dieu ou Hôtel-Dieu *(Domus Dei)* et dont l'origine remonte à 1165, possédait quatre-vingt-cinq lits pour les malades, lorsqu'il fut vendu le 16 juillet 1841 au prix de deux cent quarante-sept mille cent francs : sa population fut transférée le 1er septembre suivant à l'hôpital général de la rue de Paris où l'on fut obligé de faire beaucoup de constructions pour satisfaire aux nécessités de sa nouvelle destination; les travaux à exécuter furent adjugés aux entrepreneurs moyennant deux cent ving-six mille huit cent quatre-vingt-seize francs. Dans son état actuel l'hospice général compte deux cent soixante-sept lits, et réunit dans son enceinte les vieillards des deux sexes, les enfans trouvés, et les malades.

La vente de l'hôpital de la Grande-Rue ayant été faite à la condition de le démolir, l'administration des hospices de Lisieux réserva les tombeaux qui pouvaient exister dans la partie de l'édifice consacrée aux inhumations. On trouva dans la chapelle des Mathurins trois pierres tumulaires, mais les inscriptions en avaient été effacées par les pas des fidèles. Elles recouvraient les ossemens de quatre religieux dont un passait pour avoir éprouvé de grands tourmens en Algérie lorsqu'il y traitait du rachat de quelques captifs. Sous une autre pierre on découvrit le squelette de la sœur Anne Collet, du tiers-ordre de la Sainte-Trinité, morte à vingt-cinq ans le 5 octobre 1668. Quelques personnes, à cause de sa réputation de sainteté, s'attendaient à trouver son corps entier et sans altération : elles furent aussi complètement déçues que celles qui, lors de l'exhumation du maréchal de Fervaques en 1793, s'étaient imaginé, d'après les fausses imputations faites à ce guerrier peu dévot, qu'il devait être hideusement défiguré et qui le virent dans un état de conservation parfaite. Hélas! les débris humains sont sujets aux mêmes lois de décomposition quand des causes particulières ne s'y opposent pas comme dans les fameux caveaux de Toulouse, et en Italie dans la cripte de l'église champêtre de Ferentillo.

A l'article de la chapelle Saint-Clair nous parlerons de la Léproserie ou Maladrerie que l'on avait établie hors de la ville à l'extrémité du faubourg Saint-Désir.

ÉGLISES.

1. LA CATHÉDRALE.

Mise d'abord sous l'invocation de la Vierge, la cathédrale primitive fut reconstruite vers le milieu du XIe siècle et placée sous celle de l'apôtre saint Pierre. A cette époque, commença la longue et difficultueuse construction d'une cathédrale digne de sa destination. Suivant les uns ce fut vers 1049, grâces aux soins de l'évêque Herbert; selon d'autres chroniqueurs, Hugon son successeur immédiat entreprit ce travail vers 1054. Au surplus, Orderic Vital, qui, sur l'histoire de ces âges antiques, nous a laissé tant et de si importantes lumières, fait ainsi parler Hugon (Tom II; p. 300 de notre traduction) : « J'ai terminé l'église de saint Pierre prince des « apôtres, que mon vénérable prédécesseur Her- « bert avait commencée; j'ai mis beaucoup de « soin à l'orner ; je l'ai dédiée honorablement ; « je l'ai abondamment enrichie de prêtres, de « vases nécessaires au service divin, et de toutes « les autres choses propres à augmenter son « éclat ». Un texte si formel, écrit par un contemporain et un moine du diocèse, ne saurait laisser subsister aucun doute. Ainsi les évêques Herbert et Hugon, tous deux parens des ducs de Normandie, tous deux riches et bien secondés, eurent les moyens de faire bien et de faire vite cette vaste et coûteuse construction, qui, dans des circonstances moins favorables, eût demandé un siècle : il est vrai qu'on y employa une grande partie des pierres des murailles de la ville. Or,

Herbert monta sur le siége épiscopal de Lisieux en 1022, et Hugon mourut en 1077. Par conséquent, c'est dans la cinquantaine d'années que l'on compte entre ces deux époques, qu'il faut placer la construction de la cathédrale de Lisieux; et certes il ne fallait pas moins d'un demi-siècle pour élever un aussi vaste édifice. Au reste la dédicace eut lieu dès 1055 dans la cinquième ou sixième année de l'épiscopat de Hugon, suivant Orderic Vital : sans doute pour donner plus d'éclat à cette solennité on profita de la tenue du premier concile qui ait eu lieu à Lisieux.

Nous avons rapporté, dans nos FAITS HISTORIQUES (voir p. 94), qu'en 1077, avant la Nativité (avant le 24 juin), la foudre tomba sur cet édifice dans lequel elle pénétra, abattit la croix du transept, s'élevant entre la nef et le chœur, tua neuf personnes et causa de singuliers accidens.

Il paraît que les successeurs de Herbert et de Hugon firent quelques travaux à la cathédrale car on ne la considère comme complètement terminée qu'en 1200 sous Guillaume de Rupierre.

L'anglais Galli-Knight, auteur d'un Voyage archéologique fait en 1836 dans notre Normandie, a confondu le bourg et l'église de Saint-Pierre-du-Sap incendiés par les Angevins dans l'année

1135, avec la cathédrale et la ville de Lisieux : la ville seule fut brûlée, et ce fut bien assez. Quant aux travaux de l'évêque Arnulphe, M. Galli-Knight s'est encore trompé : il est certain qu'ils se bornèrent à la construction de son palais épiscopal, et à quelques réparations de la cathédrale. S'il en était autrement, Orderic Vital en aurait parlé avec détail. Ce ne fut qu'au commencement du XIIIe siècle que l'évêque Jourdain du Houmet fit faire de grands travaux à ce bel édifice. Vers 1126, mais probablement pas dans cette année, notre cathédrale avait été ravagée par le feu : ce fut sans doute en réparant ce désastre que Guillaume de Pont-de-l'Arche fit en 1233 fonder les chapelles Saint-Ouen, Saint-Giles et Saint-Loup, et que son frère dota la chapelle Saint-Ursin.

En 1376 l'évêque Alphonse Chévrier passa le 15 auguste un accord avec son chapitre relativement à une avance provisoire de fonds qui était nécessaire pour les réparations les plus urgentes de la cathédrale, en attendant que la cour de Rome eût prononcé sur l'instance pendante devant elle sur ces travaux.

A notre article FAITS HISTORIQUES (voir Tom I; p. 126), nous avons dit qu'à cette époque la cathédrale menaçait ruine par l'effet de fossés profonds et de constructions militaires qu'on avait faites pendant les dernières guerres. Dans les XV° et XVI° siècles, la partie du transept (sur la rue du Paradis) fut l'objet de nombreuses réparations, depuis le portail jusqu'à la lanterne du dôme.

Le 16 mars 1553 l'aiguille d'une des tours de la cathédrale s'écroula tout à coup, et dans sa chûte écrasa une partie de la nef. Le dommage fut évalué à la somme alors considérable de soixante mille francs au moins. Ce fut pour contribuer aux dépenses de la reconstruction que l'évêque Jacques d'Annebaut vendit le fief de La Couyère par acte du 21 décembre 1555. Il paraît que personne ne périt dans ce sinistre. La flèche dont il s'agit était celle du sud du portail principal, laquelle fut reconstruite en 1579 ainsi qu'il résulte d'une inscription, trouvée en 1841 au haut des contreforts de cette tour, laquelle est gravée sur une pierre incrustée dans la muraille : quant à la flèche du transept, s'élevant entre la nef et le chœur, il paraît certain qu'elle ne fut jamais élevée plus haut qu'elle ne l'est aujourd'hui; Orderic Vital lui-même, en parlant de l'événement de 1077 dit « que la foudre abattit la croix du clocher », mais il ne dit point que la tour ait été renversée.

En 1562 la cathédrale fut désastreusement

pillée par les protestans (voir Faits Historiques, Tom I; p. 161 à 168) et ce bel édifice fut dévasté dans ses intérieurs. Une partie de ces dévastations déplorables fut réparée par les évêques du XVIIe siècle.

Par son testament du 30 juin 1714 Léonor II de Matignon fit entre autres legs un don de vingt mille francs pour la reconstruction d'un maître-autel.

On voyait dans cette église plusieurs tombeaux d'évêques, une statue de Jean Le Hennuyer, en pierre calcaire peinte en vert pour imiter le bronze. Ces monumens ont disparu depuis 1792 : nous en parlerons à l'article des Épitaphes et dans notre Dissertation sur le prétendu sauveur des protestans.

Dans ses Monumens Français, Willemain a donné la gravure de deux guerriers armés qui existent encore dans le mur de la nef à gauche.

M. Dawson Turner, auteur d'un Voyage en Normandie écrit en anglais, dit qu'il faut considérer cette sculpture, comme appartenant à l'époque des Carlovingiens, à en juger par les médailles et les couronnes; il pense que Willemain en a tiré les dessins de la collection inédite de Gaignat. Malheureusement ces sculptures se détériorent chaque jour.

Le vaisseau de la cathédrale, fort beau d'ailleurs, est, comme les basiliques chrétiennes, trop étroit pour son élévation ; il présente la forme d'une croix latine qui nuit à la simplicité de son ensemble, autant qu'à l'agrément du coup d'œil. Comme c'était un système reçu à l'époque où il fut construit, il faut bien admettre ce système qui au reste offre quelqu'élégance et beaucoup de hardiesse ; mais, au lieu de la noblesse d'un grand édifice, au lieu des belles proportions de l'art grec, de la pureté et de la simplicité de l'ornementation, de la facilité de saisir l'ensemble au premier regard, il surabonde de recherches et, s'il présente des détails par fois charmans, ils sont trop multipliés et trop confus. On ne saurait nier au surplus que son ampleur a quelque chose d'auguste et son antiquité quelque chose de vénérable. Au reste, cette architecture sarasine, qu'on a mal à propos appelée gothique, n'eut jamais, quoi qu'on en ait dit, une expression de sentiment religieux : c'était tout simplement la réminiscence de l'architecture Orientale rapportée par les croisés, trop souvent mêlée avec la barbarie de l'art dans son enfance : tels sont les ogives et les contreforts, les clochetons et les gargouilles ; tels sont les personnages trapus, rabougris et ratatinés, en opposition avec les colonnettes effilées comme de gigantesques roseaux ; telles sont les moqueries parfois fort lestes dans quelques parties fort inconvenantes.

Le vandalisme n'est pas seulement dû à 1794 : il a existé auparavant et depuis dans la réparation des églises ; il nous fit, avant la révolution, perdre une foule d'objets remarquables et curieux qui constataient l'état de l'art à diverses époques et nous reportaient en idée vers nos aïeux. Ainsi en 1687, Léonor II de Matignon déplaça, en fesant exécuter des réparations et des embellissemens dans sa cathédrale, les tombeaux de plusieurs de ses prédécesseurs; substitua en 1689, à l'ancien jubé en pierres, offrant des sculptures religieuses dont la perte est regrettable, un jubé en bois fait à Caen par Bresme. On fut même obligé, pour l'établir, de détruire la chaire épiscopale, fort belle, que l'évêque cardinal Le Veneur avait fait élever vers 1530. La nouvelle chaire qui la remplaça fut au reste, ainsi que le nouveau jubé, démolis le 19 septembre 1792.

En vertu d'un arrêté du 27 janvier 1791, pris par le conseil général de la ville et par quelques commissaires des trois paroisses, la ville et ses faubourgs furent réduits à deux paroisses séparées par la Touque. Il fut statué que la première paroisse exercerait le culte catholique dans la cathédrale, qui devint simplement l'église Saint-Pierre, et que la seconde se réunirait dans l'église de l'abbaye de Saint-Désir; que l'église des Capucins deviendrait une chapelle succursale pour la partie hors des murs de la paroisse Saint-Pierre. Ainsi l'église Saint-Germain se trouva supprimée définitivement. D'après ces dispositions, dont une n'eut pas de suite (celle qui concernait l'église des Capucins), le clergé de la paroisse commença à officier dans l'ancienne cathédrale le dimanche 15 janvier 1792. Mais l'année suivante un attroupement considérable, qui croyait avoir des raisons de regretter Saint-Germain, enleva de force les cloches de cette église supprimée, qui avaient été déposées à l'hôtel-de-ville; et, dans la double ivresse du faux zèle et de l'eau-de-vie, les séditieux rétablirent les choses dans l'ancien état. La municipalité eut la sagesse de ne pas employer la garde nationale à dissiper la bande qui était commandée par un nommé *Pésas-la-Saloppe*, espèce de cumulard androgyne fort drôle, qui criait le poisson, les marrons grillés et les annonces publiques, allumait à la comédie et dressait des reposoirs : sous ce dernier rapport, ressemblant à cet abbé Pellegrin,

Le matin catholique et le soir idolâtre,
Qui dînait de l'autel et soupait du théâtre.

Dès le lendemain de leur triomphe, les perturbateurs, arrêtés la nuit pendant qu'ils cuvaient leur gloire et leur vin, expiaient en prison les honneurs d'une victoire éphémère : tant il est vrai que du Capitole à la Roche Tarpéïenne il n'y a qu'un pas ; mais leur saut périlleux se borna à quelques heures d'emprisonnement dans une des deux tours de la porte de Paris qui subsistait encore.

Le 27 octobre 1793 des hussards de l'Armée-Révolutionnaire pénétrèrent dans la cathédrale, la dévastèrent, brisèrent et brûlèrent les statues des saints ainsi qu'un grand nombre d'ornemens. Alors furent détruits plusieurs tombeaux des évêques ; alors furent exhumés plusieurs corps (celui du maréchal de Fervaques avec ceux de quelques évêques) qui furent transportés au cimetière du Champ-Rémouleux. Dès le 22 février, les cloches, dont l'utilité n'avait pas été reconnue nécessaire à l'exercice du culte catholique, avaient été descendues des clochers pour être fondus en canons; les plombs des cercueils furent destinés à être fondus en balles. Quelques épitaphes furent aussi détruites et celles qui échappèrent au ravage ne furent pas épargnées lorsqu'on répara l'église récemment rendue au culte après le concordat.

Parmi les monumens des arts que renfermait

la cathédrale on doit citer les tableaux et les tombeaux dont nous parlerons. Quant à la statue de l'évêque Le Hennuyer, je fis aux Amis de la Constitution, le 11 septembre 1792, la proposition de la transférer dans le lieu de leurs séances. Je croyais alors (d'après le drame de Mercier), que cet évêque avait été le sauveur des protestans. Ma proposition fut unanimement adoptée, et le directoire du district fut invité à autoriser cette translation, ce qu'il s'empressa de faire dès le 13; mais, lorsque nous voulumes l'opérer, la statue avait été brisée par des inconnus, et il fut impossible d'en retrouver la tête. A cette époque, personne ne parlait de cet évêque, complètement oublié, et que le seul drame de Mercier, joué par des comédiens en 1791, nous avait fait connaître et respecter.

De 1793 à 1799, la cathédrale servit à des réunions publiques : aux séances du club ou société populaire, aux réunions des citoyens des sections, puis aux cérémonies décadaires, où l'on célébrait les mariages, lisait les lois à mesure de leur publication, et chantait des hymnes républicains.

On n'avait conservé qu'une cloche pour le service de la police. C'était l'Échauguette dont nous avons parlé à l'article Faits Historiques : T. I; page 325.

En 1803, la ville de Lisieux fut divisée en trois paroisses telle que nous la voyons aujourd'hui, sur la présentation de l'évêque de Baïeux Braut, dont le travail reçut l'approbation du gouvernement le 5 juillet de la même année. Saint-Jacques qui n'était alors qu'une succursale devint depuis une paroisse en 1825.

En 1808 le 30 novembre, la foudre détruisit le pilier qui séparait les deux portes d'entrée du grand portail, sur la place Matignon.

La cathédrale de Lisieux ayant été, comme plusieurs autres anciens édifices religieux, reconnue Monument Historique, on restaura en 1841-42 le portail du midi qui se trouve dans la rue du Paradis et auquel on avait fait de si importantes réparations dans les XVe et XVIe siècles; la charpente en fer, placée pour le soutien de sa voûte, pesait deux mille quatre cent-sept kilogrammes. Dans la même année 1842 on commença la restauration du portail principal, sur la place Matignon. Cette dépense, d'après un rapport de M. Danjoy, architecte du gouvernement, fut portée à deux cent soixante-sept mille huit cent soixante-dix-huit francs vingt-cinq centimes. Elle est supportée concurremment par le gouvernement (qui en 1842 accorda un premier secours de quarante mille francs), par le département et par la ville de Lisieux.

Terminons cet article en disant que la chapelle Saint-Paul, construite vers la fin du XIIIe siècle par Guillaume d'Anières, et qui était au nord de la cathédrale, mais n'y était pas attenante, fut démolie en 1835 et remplacée par la caserne de la gendarmerie.

II. SAINT-JACQUES.

Il paraît que cette église ne fut d'abord qu'une chapelle dédiée, à saint Maur en 1030, ou 1032, laquelle ne fut comprise dans la ville que vers 1344 lorsque Guillaume de Chermont étendit l'enceinte de cette cité. Il résulte d'un procès-verbal imprimé dans l'Almanach de Lisieux de 1841 (Lisieux, Tissot), que sur les ruines de cette chapelle « un autre temple dédié à la Vierge et à saint Jacques, avait été béni, consacré et dédié le 1er juin 1130 (1132 suivant le *Gallia Christiana)* ». Ce fut sur les ruines de ces édifices, qui avaient servit d'églises paroissiales pendant plusieurs siècles, que l'on construisit l'église actuelle mise sous l'invocation de saint Jacques-le-Majeur : en 1496 Blosset de Carrouges, probablement curé de la paroisse et parent de l'évêque lexovien du même nom, fit bâtir cet édifice religieux qui ne fut terminé que plusieurs années après, puisque la consécration n'en eut lieu que le 1ᵉʳ juin 1540, par l'évêque *in partibus* de Castorie.

C'est sur la foi de l'abbé Rambaud, auteur anonyme des anciens Almanachs de Lisieux que nous avons, dans nos FAITS HISTORIQUES (Tom I ; p. 148), fixé à tort la date de cette dédicace au 30 mai 1540. Les notes manuscrites in-f° nous ont donné aussi sur cet article quelques renseignemens erronnés, tels que l'évêque de *Castres* pour de *Castorie*, et le 30 mai pour le 1ᵉʳ juin.

L'église Saint-Jacques fut foudroyée plusieurs fois, notamment en 1704. Fermée pendant plus de deux ans, elle fut rendue au culte catholique, d'après un arrêté de l'administration municipale daté du 14 octobre 1796. De succursale elle fut, en 1825, érigée en paroisse. Le vitrail de la chapelle Saint-Maur, assez curieux, est le seul qui soit conservé dans cette église qui n'offre rien de remarquable dans ses formes architectoniques.

III. SAINT-GERMAIN.

Cette église et son cimetière occupaient la totalité du terrain de la place Royale : le temple ouvrait à l'ouest comme presque toutes les églises de la chrétienté qui sont tournées vers le soleil levant, et avait du côté occidental une porte avec quelques sculptures, comme la principale qui donnait au midi sur la Grande-Rue. Cette dernière entrée était obstruée par la Poissonnerie qui depuis fut transférée dans la Couture-du-Milieu.

D'abord construite quelques siècles auparavant, l'église Saint-Germain avait été rebâtie au commencement du XVIe; sa dédicace avait eu lieu le 2 juin 1540. Le procès-verbal est daté de ce jour même. Elle fut démolie en 1798. (Voir Faits Historiques, Tom I ; p. 314).

IV. SAINT-DÉSIR.

La vieille église Saint-Désir fut démolie pendant la révolution, lorsqu'on livra au culte public, pour cette paroisse, l'église de l'Abbaye-aux-Dames. L'ancienne avait été bâtie à gauche sur la rue de Caen un peu plus haut que l'abbaye. La translation de son mobilier eut lieu le dimanche 14 octobre 1792, dans la nouvelle église, dont la reconstruction, due à l'Abbesse Charlotte de Matignon, fut commencée en 1684 sous le pontificat de Léonor II de Matignon, frère de cette dame. Cet édifice religieux fut rouvert en même tems que Saint-Pierre et Saint-Jacques.

Ainsi fut conservée l'église de l'Abbaye de

Saint-Désir, laquelle remplaça avantageusement une vieille construction délabrée.

L'église actuelle offre une particularité remarquable : elle est tournée à l'occident au lieu de l'être au levant.

CHAPELLES.

I. SAINT-AGNAN.

Cette chapelle fort ancienne était située dans la rue Pont-Mortain : elle y occupait une petite place en entrant de la Grande-Rue à gauche. Il y a lieu de croire que dans les anciens tems on y fesait l'office canonial, sans doute pendant les constructions de la cathédrale, dans les XIe et XIIe siècles. Quoi qu'il en soit, la chapelle Saint-Agnan fut en 1365, réparée par les soins de l'évêque Robert Adémar. On y célébrait l'office chaque année le 17 novembre, jour de la fête du patron (saint Agnan, évêque d'Orléans, mort, dit-on, en 453). Voici ce que dit à ce sujet l'auteur anonyme (Jean Le Prévost, promoteur de Lisieux) d'une espèce de Sanctoral qu'il publia in-8° p. p. vers 1740 sous le titre de Vies des Saints, patrons du diocèse de Lisieux : « Le clergé de notre cathédrale se rend tous les ans en procession dans la chapelle de saint Agnan, pour y chanter solennellement les premières Vêpres [et la grande-messe, après laquelle les habitans du voisinage en font célébrer une autre où ils rendent le pain à bénir tour à tour ». Ils fesaient aussi célébrer les secondes Vêpres. Elle fut en 1794 démolie pour faire une place.

II. SAINT-CLAIR

(*Ancienne chapelle des Lépreux*).

Un des produits les plus nets de l'extravagance désastreuse des croisades fut l'introduction de la lèpre ou ladrerie en Europe. En 1225 cette horrible contagion avait tellement sévi contre les populations infectées, que l'on comptait en France plus de deux mille léproseries. Celle de Lisieux, bâtie hors de la ville, comme on avait la prudence de le faire, fut placée au bout du faubourg Saint-Désir vers la jonction des routes de Caen et de Falaise. La léproserie (hôpital des ladres ou mezeaux) existait à Lisieux vers 1150, car à cette époque l'évêque Arnulphe approuva une donation, faite par le doyen Jean à J. Galopin, d'un champ situé devant la maison des lépreux, entre la voie publique et le ruisseau Chériol (peut-être le douet de Cirieux, dénomination à peu près identique). Long-tems après, le 14 mai

1509, la ville défendit aux gardes de ses portes d'y laisser passer aucun lépreux, sous peine d'une amende de dix livres tournois. Cette épouvantable maladie ayant fini par s'user au commencement du XVIIᵉ siècle, on diminua le nombre des léproseries, et le gouvernement réunit en 1671 les biens qu'on lui avait affectés à l'ordre de Saint-Lazare. On se figure à peine quelle était la position des infortunés attaqués de cette dégoutante et incurable maladie. Nous voyons, par les rituels du XVIᵉ siècle, la formule du rejet des lépreux ou ladres loin de toute société humaine. Le curé et ses paroissiens se rendaient en procession au domicile du malade et le fesaient sortir de sa maison qu'il ne devait revoir jamais : on lui abaissait son bonnet sur les yeux, parceque l'on croyait à l'infection de ses regards qui étaient considérés comme ceux du basilic. Conduit à l'église, l'infortuné s'agenouillait au prône *(juxtà pronum ecclesiæ)*; il entendait l'office des lépreux ; puis le prêtre lui fesait l'exhortation en ces termes : « Il plaît à Dieu que tu sois infect ; pourtant ne te déconforte point, car il te fait une grande grâce, quand il te veut purger d'aucun péché que tu as perpétré contre sa divine bonté, ou par cette maladie il te veut garder de choir en quelque péché où sans icelle tu fusses tombé ».

On lui rappelait l'exemple de Job, de Tobie et du « ladre lequel mourut devant l'hôtel du mauvais riche en demandant pour Dieu et fut porté tout droit en paradis ». Il lui était défendu de parler, de peur qu'il n'infectât de son haleine ceux auxquels il aurait adressé la parole : on lui donnait une crécelle pour avertir. Il ne devait rien toucher qu'avec des gants ; il ne devait entrer ni dans les églises, ni dans les habitations. Même après sa mort le lépreux était exilé de toute communauté civile ; c'était auprès de sa retraite qu'on l'inhumait : elle s'appelait Maladrerie... C'était la position de Philoctète abandonné dans l'île de Lemnos ; c'est le cas de dire comme Sophocle : « Sa solitude excite ma pitié ; car hélas! la douce société et les tendres soins lui sont inconnus. Malheureux et délaissé, il est la victime d'un exil cruel et des besoins de la vie » !

La maladrerie ou léproserie de Saint-Clair ayant été supprimée, la chapelle dédiée à saint Clair, dont on célébrait la fête le 18 juillet, ne fut plus ouverte aux fidèles que ce jour-là auquel a lieu dans le voisinage le loyer des domestiques. Par ordonnance du 1er juillet 1608, l'évêque Rouxel de Médavi y avait rétabli l'ancienne confrérie des menuisiers, tonneliers et autres ouvriers en bois de petit travail. Cette chapelle était desservie par un chapelain en titre et par six prêtres habitués de l'église Saint-Germain, d'après un contrat du 8 octobre 1622. La chapelle fut démolie vers 1795. Dès 1770 elle avait été en partie enterrée par les travaux que l'on fit pour la construction de la partie de la grande route de Caen qui touche au faubourg Saint-Désir.

III. SAINT-ROCH.

(Vulgairement la Chapelle du Bois).

Cette chapelle était bâtie sur le bord, à droite, de la grande route de Lisieux à Pont-l'Évêque, à peu de distance du *Bois de Rocques*, d'où elle avait pris son nom populaire. Comme toutes les chapelles Saint-Roch, cet édifice religieux devait son origine à la crainte des épidémies ou pestes contre lesquelles on invoquait ce saint. Nous avons dans nos FAITS HISTORIQUES parlé de plusieurs de ces calamités : ce fut probablement lors de l'une d'elles que la piété et la terreur firent construire cette chapelle, probablement en 1521, à juger de la date par le style de la construction. En 1602, la ville fit l'acquisition du terrein sur lequel la chapelle avait été bâtie, pour y placer un hôpital, plus sainement établi que celui des Mathurins : ce projet ne se réalisa pas.

Dès cette époque les épidémies étaient devenues moins fréquentes et moins dangereuses, grâces aux progrès que fesait l'art de guérir. Cependant vers 1630 une maladie de ce genre effrayant affligea tellement la ville que l'évêque Guillaume Aleaume fit, à la tête de son clergé et d'un grand concours de peuple, une procession solennelle à la chapelle de Notre-Dame, à Honfleur, pour implorer la cessation du fléau.

La chapelle Saint-Roch, était où se trouve actuellement un calvaire.

IV. LA CHAPELLE AUX PAUVRES.

Dans la rue de La Chaussée, à gauche en sortant de la ville, presqu'à l'entrée du faubourg, on avait bâti une petite chapelle qui n'était ouverte que pendant la Semaine-Sainte, époque à laquelle on offrait à la vénération des catholiques un Saint-Sépulcre, c'est-à-dire les statues de Jésus, de Marie, de Madelène et de Nicodème. Elle était aussi desservie par les prêtres de Saint-Germain. Derrière la chapelle qui fut démolie au commencement de la révolution, on inhumait les pauvres de la paroisse Saint-Germain.

LIVRE VI.

BIOGRAPHIES.

FRÉCULFE. Le plus ancien des auteurs qui aient habité le territoire lexovien est un de ses premiers évêques, qui naquit vers la fin du VIIIe siècle et monta sur le siége épiscopal de Lisieux vers 822 (Voir notre tome I; page 365). Il avait composé plusieurs ouvrages dont le plus important sans doute est une histoire intitulée : *Chronicorum libri II*. Voici ce que nous avons dit de cet auteur dans la Biographie Universelle T. XV; p. 538 : « Élisachar, précepteur de Fréculfe, lui donna l'idée de cet ouvrage en l'engageant à réunir tous les traits intéressans qui se trouvent dans les historiens grecs, latins et hébreux, pour lui servir à éclaircir l'histoire des premiers âges du monde jusqu'à l'ère vulgaire. L'impératrice Judith lui conseilla de continuer cette chronique jusqu'à la chute de l'empire romain. Il suivit ce conseil : son histoire finit vers l'année 600. On doit remarquer que, l'auteur ayant adopté la version des Septante pour la bible, il diffère quelquefois, dans les dates et même sur plusieurs faits, des écrivains qui depuis ont traité les mêmes matières, et surtout de la Vulgate qui, par exemple, fixe à l'an 1656 le déluge que Fréculfe place en 2242 ». On a possédé en France un manuscrit de ces chroniques à la Bibliothèque du roi : il provenait de celle du Vatican (coll. de Christine, n° 302) : in-folio sur vélin, 156 p. Comme dans les autres manuscrits du même ouvrage, et dans les imprimés, il y existe une lacune à la fin du Ier livre et au commencement du IIe. Nous dirons avec D. Rivet (Hist. Litt. de France, T. V; p. 79) que le livre de Fréculfe « est peut-être le plus intéressant, le plus curieux, le mieux exécuté de tous ceux qui nous restent du IXe siècle ». Outre cette grande composition, il existe de ce savant prélat une Lettre latine à Raban Maur, laquelle a été traduite par l'abbé Trigan. Fréculfe écrivait noblement en vers, à juger de sa poësie par vingt hexamètres qu'il a placés en tête de ses Chroniques. Comme à son arrivée dans son évêché il n'avait pas même pu s'y procurer la bible, et qu'il cite dans son livre un grand nombre d'auteurs, il y a lieu de croire qu'il était parvenu enfin à réunir une certaine quantité de manuscrits fort rares alors et très-chers.

ASCELIN. Nous passons, sans avoir découvert d'autres auteurs intermédiaires, de Fréculfe à Ascelin, moine de Saint-Évroul où, plusieurs savans se distinguèrent. Cet Ascelin fut surnommé l'ancien pour le distinguer de son neveu qui au reste ne tarda pas à rentrer dans le monde et qu'on a eu tort de confondre avec un Ascelin, de l'abbaye du Bec, qui fut l'adversaire de Bérenger de Tours dans la conférence de Brionne. Ascelin l'ancien dirigea avec un grand succès la savante école de l'abbaye de Saint-Évroul dans le Xe siècle.

GUILLAUME, Abbé de Cormeilles, avait à l'abbaye du Bec reçu les leçons du célèbre Lanfranc qui apporta d'Italie en Normandie la science et le goût des études. On voit quelques détails sur Guillaume dans les Œuvres de saint Anselme, dans Orderic Vital, liv. II, dans la vie de Lanfranc, dans Mabillon, dans le *Neustria Pia* et dans l'Hit. Litt. de France, T. IX. Il ne nous reste de cet auteur que la Relation d'un songe qu'eut au Bec le bienheureux Herluin ou Hellouin, relativement au dessein qu'avait eu Lanfranc de quitter ce monastère : vers 1094. On trouve cet écrit dans les notes de J. Picard sur saint Anselme et dans le *Neustria Pia,* p. 439, 440. Il mourut le 27 juillet 1109.

WITMOND ou Guimond, de Saint-Évroul où l'on cultivait alors avec un égal succès la théologie, la littérature et la musique, est mentionné honorablement par Mabillon (liv. 62; n° 22). Il avait, suivant Orderic Vital, livre III, noté un grand nombre de pièces dont les airs étaient de sa composition : il s'était surtout occupé des livres de son couvent. Entre autres ouvrages relatifs à la musique, la bibliothèque de Saint-Évroul possédait le manuscrit, reconnu pour être le plus complet de tous, du *Micrologus* dans lequel Gui d'Arezzo consigna sa découverte ainsi que son système de gamme et de notation : traité précieux qui ne fut imprimé qu'en 1784 dans le recueil donné en trois volumes in-4° par Gerbert, Abbé de Saint-Blaise, (*Scriptores ecclesiastici de musicâ sacrâ potissimùm*). Vers 1065, Witmond écrivit une lettre remarquable au pape Alexandre II, au nom de l'Abbé Osbern que ce pontife avait par ses légats frappé d'excommunication, pour avoir pris la place de Robert de Grenteménil, par ordre pourtant de Guillaume-le-Bâtard, son souverain, et de Hugon, son évêque. La lettre, qu'Orderic Vital nous a conservée dans son livre III, fut lue à Rome en plein consistoire. Robert qui y assistait fut lui-même si touché des raisons alléguées par Osbern qu'il engagea le pape à lever l'excommunication. C'est ce que fit Alexandre : ainsi Osbern resta et mourut Abbé. Witmond était élève de l'école du monastère du Mont-Sainte-Catherine.

AINARD, originaire d'Allemagne, devint en 1046 Abbé de Saint-Pierre-sur-Dive, où il mourut le 14 janvier 1078. Suivant Orderic Vital, livre III, il réunissait au talent du chant celui de bien écrire en vers et en prose dans la langue latine. Il avait composé une vie de Kilien, évêque de Wurtzbourg, et celle de sainte Catherine, ainsi que plusieurs hymnes.

ANSFRED, disciple du savant Robert de Tombelène, mourut le 17 mars 1078 Abbé de Préaux où il eut, avec Bérenger de Tours, une conférence qui précéda celle de Brionne. On lui attribue un Commentaire sur le Cantique des Cantiques.

Richard de FOURNEAUX, élève aussi de Robert

de Tombelène, et, comme Ansfred, Abbé de Préaux, laissa plusieurs monumens de son savoir, en mourant le 30 janvier 1131 (1132 n. s.). Ses manuscrits, conservés à Préaux pendant plusieurs siècles, disparurent vers 1630 : il n'y rentra que quelques fragmens gâtés par la pluie et à peu près illisibles; quelques autres se trouvaient à l'abbaye de Saint-Germain-des-Prés, incendiée le 18 auguste 1794. Ces écrits consistaient en commentaires latins 1° sur la Genèse; 2° sur l'Exode et le Lévitique; 3° sur les Nombres; 4° sur les Paraboles de Salomon; 5° sur le Deuteronome, l'Ecclésiaste, le Cantique des Cantiques, les Juges, Josué, Ruth; 6° sur la Sagesse (qui pourrait bien être le même livre qu'il appelait les Paraboles); 7° enfin sur les quatre grands Prophètes, ouvrage que l'on a attribué à un moine de Troarn.

HUGON, évêque de Lisieux de 1050 au 17 juillet 1077, époque de sa mort, joignit à l'éloquence et à la littérature le goût des livres et des entretiens avec les savans dont il aimait à s'entourer. Parmi ces savans on distinguait le doyen Guillaume de Glandville, ainsi que les deux archidiacres Richard d'Angerville et Guillaume de Poitiers, le trésorier Goisfred de Tregville et le chantre Turgis.

Gislebert **MAMINOT**, successeur immédiat de

Hugon, et plus savant encore que ce prélat. Il était médecin du roi (Guillaume-le-Conquérant). C'était déjà une preuve de la science de Maminot qui était éloquent, instruit en littérature et dans les sciences, entre autres dans la médecine que les Sarrasins avaient ressuscitée, et dans l'astronomie pour laquelle il avait un attrait particulier. Le palais épiscopal continuait d'être une véritable académie où le prélat se plaisait à réunir à sa table et dans son intimité les hommes les plus éclairés. S'il composa quelques ouvrages ils ne sont point parvenus jusqu'à nous : car l'oraison funèbre de Guillaume-le-Conquérant n'est pas de lui, comme l'a dit l'abbé Fleury, mais bien de Gislebert, évêque d'Évreux (Histoire Littéraire de France, T. VII; p. 83). Sa mort eut lieu en auguste 1101.

GUILLAUME de Poitiers, parcequ'il fit ses études en cette ville, naquit à Préaux, vers 1020. Après avoir été quelque tems militaire, il se livra aux mathématiques, à la littérature, à l'histoire et à la philosophie : il fut nommé archidiacre de Lisieux par l'évêque Hugon, et était en outre chapelain de Guillaume-le-Conquérant, dont il écrivit l'histoire, non pas après sa mort, comme le prétend l'Hitoire Littéraire de France. On a imprimé ce qui nous reste de Guillaume de Poitiers d'après le manuscrit de la Bibliothèque Cottonienne qui, quoique le plus complet de ceux que nous connaissions tant en Angleterre qu'en France, ne va pas au-delà de 1035 à 1070 : les premiers feuillets ainsi que les derniers ont été perdus. Cet ouvrage se trouve dans la collection latine des Historiens de Normandie, de Du Chesne. C'est un livre curieux, bien fait, et d'autant plus digne de confiance que l'auteur avait vu ce qu'il raconte ; mais on a eu tort, notamment Orderic Vital, de le comparer à Salluste dont il n'a, comme on s'en doute bien, ni l'énergique concision, ni le coloris vigoureux, ni la profondeur habile. Traduit en français pour la collection des Mémoires relatifs à l'Histoire de France de M. Guizot, le travail de Guillaume de Poitiers y occupe la fin du vingt-neuvième volume, pages 327 à 439. Orderic Vital attribue à notre Guillaume quelques poësies latines dont on peut contester l'élégance qui n'est pas du tout le caractère des vers de cette époque, même de ceux de notre bon Orderic. Sa mort arriva vers 1100.

ORDERIC VITAL. Après avoir, au commencement de 1799, sauvé à Laigle, où l'on avait jeté en tas dans un grenier les manuscrits de l'abbaye de Saint-Évroul, le précieux autographe d'Orderic Vital, nous fîmes connaître notre découverte avec quelques détails curieux sur ce monument dans le Magazin Encyclopédique de l'an VIII, en même tems que nous lisions sur ce savant bénédictin une Notice littéraire au Lycée d'Alençon que nous venions de fonder. Nous avons depuis cette époque fait imprimer l'article Orderic Vital dans le tome XXXII de la Biographie Universelle, et ajouté quelques détails bibliographiques en tête du 1er volume de notre traduction de cet auteur en 1825. Comme on peut consulter facilement ces deux derniers ouvrages, nous réduirons à ce qu'il doit être l'article actuel, auquel nous joindrons quelques renseignemens nouveaux.

Le manuscrit autographe dont nous venons de parler est conservé à la bibliothèque d'Alençon ; les commencemens du manuscrit se trouvent à Paris dans la bibliothèque royale.

Lorsque Du Chesne fit imprimer Orderic dans sa collection des Historiens Normands (1619 : p. 319 à 925), il n'eut pas connaissance des manuscrits dont nous venons de parler. Aussi cette première édition, de même que les longs extraits donnés dans le Recueil des Historiens de France, contient-elle un grand nombre d'erreurs et de lacunes, auxquelles nous avons remedié en collationnant les textes imprimés avec les divers manuscrits qui nous restent. C'est sur ce travail qu'en 1825 nous fimes notre traduction qui occupe les tomes XXV à XXVIII de la collection des Mémoires sur l'Histoire de France publiés par M. Guizot : traduction accompagnée de notes, alors fort difficiles à faire.

Le texte latin d'Orderic que nous avions eu le désir et non le tems de faire réimprimer, a trouvé un savant éditeur dans M. Auguste Le Prévost qui, des quatre volumes dont cette édition sera composée, a déjà donné les deux premiers en 1838 et 1840 et va mettre au jour le troisième.

Comme on a cité quelquefois notre traduction en l'attribuant à M. Guizot, nous allons établir nos droits par la citation textuelle d'un passage de sa notice dans le tome XXV de sa collection, page 9. Ce passage dû à la bienveillance sera, toute modestie à part, cité textuellement. Le voici : « L'Histoire d'Orderic Vital n'avait jamais été traduite ; la version que nous publions est l'ouvrage de M. Louis Du Bois, de Lisieux, savant aussi laborieux que modeste, qui s'est voué à l'étude de tout ce qui peut intéresser la Normandie, sa patrie, et déjà connu par d'utiles travaux sur les antiquités et la statistique de cette belle province. L'une des principales difficultés que présente la lecture d'Orderic Vital réside dans le grand nombre de petits faits, d'allusions et de noms géographiques qui appartiennent à la Normandie : il importait donc que la traduction fût faite sur les lieux mêmes, au milieu des souvenirs, et par un homme capable d'expliquer, dans des notes courtes mais multipliées, les obscurités pour ainsi dire locales du texte. M. Du Bois a bien voulu se charger de ce minutieux travail : c'est à lui qu'il convient d'en rendre compte, et nous terminerons cette notice par l'insertion textuelle des renseignemens qu'il a rédigés sur les manuscrits de l'historien de Saint-Évroul, sur les travaux dont il avait été l'objet et sur les recherches auxquelles il s'est lui-même livré ». Ces renseignemens occupent à la fin de la notice les pages 10 à 18. Notre traduction qui est la seule qui ait jamais été entreprise d'Orderic Vital fut, dans le Journal des Savans de 1828, pages 151 à 160, l'objet d'une honorable et bienveillante Notice du savant Daunou, si bon juge en matières historiques comme en littérature, lequel qualifie d'excellente notre version qui « représente, dit-il, avec une fidélité scrupuleuse, toutes les idées, tous les détails, quoiqu'en les revêtant d'une diction plus pure et beaucoup plus élégante ».

Orderic, né en Angleterre en 1075, entra dès l'âge de dix ans à l'abbaye de Saint-Évroul où il mourut simple religieux après 1141 puisqu'il a conduit son travail jusqu'à cette année. Son histoire universelle qu'il intitula : *Historia Ecclesiastica* remonte aux plus anciens tems du christianisme (le Nouveau Testament, et quelques légendes); elle raconte avec d'importans détails les événemens qui concernent la Normandie, l'Angleterre et la France, les croisades mêmes, la conquête de l'Angleterre et celle du royaume de Naples, et révèle une foule de faits qui sans lui ne seraient pas connus : aussi est-il cité sans cesse par tous les meilleurs historiens français, anglais, italiens. Auteur consciencieux, chroniqueur exact, il inspire d'ailleurs la plus grande confiance parcequ'il a vu ou entendu ce qu'il rapporte, et qu'il a vécu à l'époque des grands événemens des XIe et XIIe siècles. Le savant M. Guizot s'exprime ainsi sur l'histoire d'Orderic : « Aucun livre ne contient, sur l'histoire des XIe et XIIe siècles, sur l'état politique, civil et religieux de la société en Occident, sur les mœurs féodales, monastiques et populaires, tant et de si précieux renseignemens ».

La bibliothèque de roi, ainsi que celle de Rouen, possèdent des copies de l'ouvrage d'Orderic. Je regarde comme certain que les trois vol. in-4° du premier de ces dépôts font partie des quatre du manuscrit original sur lequel, au commencement du XVIe siècle, on fit les copies que nous connaissons : ce manuscrit avait été mentionné, comme complet et divisé en quatre volumes, dans un catalogue de l'abbaye dressé vers 1150. Il ne s'agirait donc pour mettre les choses en règle que de réunir le volume d'Alençon aux trois de Paris qui ont été, dans le XVIIIe siècle vraisemblablement, distraits de la bibliothèque de Saint-Évroul à laquelle ils appartenaient comme le quatrième tome.

GAUFRID ou Geoffroi, probablement le même que celui qui fut le troisième prieur de Sainte-Barbe-en-Auge et qui mourut le 16 novembre dans le XIIe siècle, est auteur de lettres latines qui presque toutes finissent par des vers dans la même langue. On voit, dans les lettres VII et XXI qu'à cette époque une bibliothèque, importante alors, était à vendre dans la ville de Caen. Les lettres de Gaufrid ont été recueillies dans le *Thesaurus nov. Anec.* de Martène, T. I; col. 494.

PIERRE de Dives, ou Pierre d'Auge. Il était moine de Sain-Pierre-sur-Dive. Ce fut, à la recommandation de Milon Crispin, Abbé du Bec, qu'il entreprit de mettre en vers latins l'histoire des Abbés de ce monastère. Martène dans sa *Collectio amplissima,* tome VI; col. 94, a imprimé ce poëme composé de quatre cent dix-huit vers. Le dernier Abbé dont parle Pierre était Roger de Bailleul, qui administra de 1149 à 1179.

ROGER de Pont-l'Évêque fut en 1154 nommé archevêque d'York où il siégea jusqu'à sa mort arrivée, suivant Robert du Mont, le 20 novembre 1182. Comme légat, il sacra Henri II, roi d'Angleterre, et fut durant trente ans au moins chargé des affaires les plus importantes du royaume. Ce prélat se montra trop courageusement contre les prétentions séditieuses de l'arrogant Thomas Becket, pour n'avoir pas mérité les injures des partisans du despotisme papal. Au surplus ses ennemis mêmes ne lui contestent ni l'habileté, ni l'éloquence. Ce qui reste de lui est relatif aux troubles occasionnés par Becket; le jésuite Alford nous a conservé en outre, dans ses Annales Ecclésiastiques des Bretons, des Saxons et des Anglais, une lettre de Roger à Hugon, évêque de Durham, laquelle paraît être de 1172.

ARNULPHE ou Arnoul, évêque de Lisieux. Ce savant prélat a été l'objet d'un article détaillé dans notre tome I; page 383 à 391. Nous parlerons ici de ses ouvrages. Le premier fut un traité sur le schisme contre Girard qui était évêque d'Angoulême et légat du pape : D'Achéri l'a inséré dans son Spicilége. T. II, et Muratori l'a employé dans son grand recueil des Affaires d'Italie. Sa correspondance avec le roi Henri II, les papes et d'autres grands personnages roule en général sur les affaires du tems et présente de curieuses et importantes particularités. Nous avons cité quelques-unes de ses lettres : il en est une entre autres qui l'intéresse plus particulièrement comme évêque : le prélat se plaint au pape Alexandre III « des désordres effroyables des moines d'une abbaye de son diocèse, qui étaient allés si loin qu'il s'était commis plusieurs meurtres parmi eux ; il avait chassé les homicides ; mais il souhaite que tous les moines de cette abbaye soient dispersés dans des monastères reglés, et que des chanoines réguliers soient mis en leur place » : (Du Pin, Histoire des Controverses ecclésiastiques 1696). Dans une autre lettre, Arnulphe annonce que les prélats romains, envoyés pour terminer l'affaire de Henri II, relative à Becket, n'ont pas été favorables à la paix ; il dit ailleurs aux légats Albert et Théodin qu'il ne convient pas de donner les bénéfices ecclésiastiques aux fils de prêtres, de peur que ces faveurs injustes ne soient nuisibles au bon ordre. Dans sa dix-septième lettre Arnulphe qui se trouvait, en 1157, à Tours aux conférences entre les rois de France et d'Angleterre (Louis VII et Henri II), dit qu'il sera de retour à Lisieux le 1ᵉʳ mars (1157) : c'est à tort que le *Gallia Christiana* fixe cette entrevue en 1144 ou 1145. Robert du Mont, auquel il faut recourir, dit qu'elle eut lieu le dimanche après la purification en 1156 (février 1157). L'évêque lexovien nous fait connaître dans sa vingt-huitième lettre, qu'il ne fit point partie de la députation envoyée à Rome en 1166 par Henri II, relativement à Becket, parceque ce monarque craignit de l'exposer aux embûches des ennemis du pape Alexandre III, qui infestaient les chemins d'Italie.

Arnulphe nous apprend dans sa première lettre que c'est lui-même qui fit le recueil de ses lettres. Tirées de la bibliothèque d'Eudes Turnèbe, elles furent publiées, au nombre de soixante-onze, avec ses poësies latines et quelques autres écrits du même auteur, en 1585, un volume, par les soins de Claude Mignaut (Minos). Les éditeurs de la *Bibliotheca Patrum* les reproduisirent dans leur XXIIᵉ volume, et les donnèrent plus correctes; mais il négligèrent d'y réunir les lettres éparses dont nous allons parler. Outre cette collection on trouve du même prélat quelques lettres dans le Spicilége de d'Achéri, dans le Recueil des Historiens de France, dans le *Gallia Christiana*, dans les *Opera sancti Cypriani* (Oxford : 1682). On a encore de lui deux Discours et un Sermon, imprimés à la suite des Lettres de l'édition de 1585, puis dans la *Bibliotheca Patrum*, et dans le Tom. X de la collection des Conciles de Labbe.

Quant à ses seize pièces de vers latins, elles font partie de l'édition de ses lettres, et de la *Bibliotheca Patrum*, ainsi que du recueil de divers poëtes, imprimé à Leipzig en 1652, in-8°. Pour donner une idée de ces vers, nous allons citer les suivans dans lesquels on voit que le prélat avait eu jadis une réputation de poëte célèbre, en Normandie et même en France, et qu'il résigne à son neveu les Muses et le Saint Hélicon et les douces ondes de la fontaine Aganippe :

> *Olim me celebrem Normannia tota poetam*
> *Duxit, vix que dabat Gallia tota parem ....*
> *Ergo tibi Musas Sanctumque Helicona resigno,*
> *Et dulces sacri desero fontis aquas.*

On doit présumer que le manuscrit intitulé : *Arnulphus de Divisione scientiarum*, est aussi un ouvrage de l'évêque Arnulphe : il fait partie de la bibliothèque du collège de Merton à Oxford.

Le savant Baluze avait eu le dessein de donner une nouvelle édition correcte et complète des écrits d'Arnulphe : elle est restée en projet; mais on en a conservé les matériaux parmi les papiers de Baluze à la bibliothèque du roi.

ALEXANDRE de Bernai. On l'a souvent appelé Alexandre de Paris parce qu'il s'y était fixé. Né à Bernai vers 1150, il brilla à la cour de Philippe-Auguste avec les poëtes Hélinand et Chrestien de Troies. Quelques auteurs lui attribuent le vers Alexandrin ou de douze syllabes : cette mesure, la plus noble de notre poësie française, était connue avant lui, et avait été employée par le trouvère Wace, auteur du roman de Rou, mais elle n'était désignée par aucun nom particulier. Ce nom lui vient sans nul doute de notre poëte, et du *roman* rimé d'*Alexandre* qu'avait commencé Lambert Li Cors, et auquel donnèrent des suites plusieurs poëtes des XIIe et XIIIe siècles. Il en existe plusieurs manuscrits à la Bibliothèque Royale. Ce fut de 1180 à 1210 que le travail de Li Cors et d'Alexandre de Bernai parut et fut reçu avec de justes applaudissemens : il renferme de beaux vers, de sages maximes, des récits naturels, qui malheureusement n'ont pas assez servi de modèle à ses continuateurs ; et sa réputation s'établit si bien qu'il fut traduit en italien et en espagnol. Dans le XVe siècle, Jean Fauquelin le mit en prose française, et l'ouvrage fut imprimé (sans date au commencement du siècle suivant, à Paris, chez J. Bonfons, in-4° sur caractères gothiques) sous le titre de « Histoire du très noble et très vaillant roi Alexandre-le-Grant, jadis roi et seigneur de tout le monde, avec les grants proesses qu'il a faictes en son temps ». Alexandre de Bernai avait commencé à attirer sur lui les regards du public par le *roman d'Élène mère de saint Martin,* et par le *roman de Brison,* qu'il composa pour plaire à Loyse de Créqui-Canaple, car les belles dames ont toujours plus ou moins heureusement inspiré nos trouvères normands; le *roman d'Atys et Prophylias* précéda aussi l'Alexandriade : comme elle, ces romans sont tous trois en vers français. Un autre trouvère, presque contemporain et voisin d'Alexandre de Bernai avait été moins heureux que lui : resté sous la domination Normanno-Britannique, Luc de La Barre, fils de Simon seigneur de La Barre, s'était avisé de chansonner Henri I qui en 1124 lui avait fait crever les yeux.

JEAN de Saint-Évroul, chancelier de l'église de Paris, doyen de celle de Lisieux, mort le 21 mars 1256 (1255, v. s.) composa plusieurs sermons en langue latine *(Sermones de sanctis et de tempore),* et une Glosse latine sur les livres bibliques. Je crois que c'est celle qui se trouve en grande partie parmi ceux des manuscrits de l'Abbaye de Saint-Évroul que je pus recouvrer en 1799 à Laigle et que je fis transporter à la bibliothèque d'Alençon où ils sont conservés.

L'ANONYME, Abbé de Préaux, écrivit vers cette époque au plus tard deux Lettres à ses moines sur le relâchement introduit dans la discipline du couvent. Trigan en donne un extrait en français dans le Tom IV de son Histoire Ecclésiastique de Normandie. Elles ont été imprimées en entier dans le *Thesaurus novus Anecdotorum*, Tom I; col. 762.

ORESME (Nicolas) né à Allemagne près de Caen, évêque de Lisieux depuis 1377 jusqu'à sa mort arrivée le 11 juillet 1382. Ce prélat qui, comme nous l'avons dit Tom I; p. 410, occupa de brillans emplois, fut un des hommes les plus instruits de son siècle. En 1363, il prononça devant le Sacré-Collége, à Avignon, un Discours très hardi sur les déréglemens du haut clergé. Cette courageuse harangue a été imprimée dans le *Catalogus testium veritatis* publié sous le pseudonyme de Flaccius Illyricus par Francowitz en 1556 et dans les éditions subséquentes de cette collection dirigée contre les abus du clergé : elle a paru à part en 1604 à Wittemberg, par les soins de Salomon Gessner. Les principaux ouvrages d'Oresme imprimés après sa mort (car l'imprimerie n'était pas alors découverte), sont des traductions, telles que la Morale d'Aristote : 1488, in-f°; la Politique du même philosophe 1489,

2 vol. in-f°; les livres du Ciel et du Monde, du même; les Remèdes de l'une et de l'autre fortune, traduits du latin de Pétrarque; outre ces versions dont la première lui fut ordonnée par Charles V, Oresme composa en latin un livre sur la communication des idiomes, et 115 sermons etc. Quant à un livre, latin aussi, contre l'Ante-Christ, que lui attribuent Martène et Durand qui l'ont imprimé dans leur Très-Ample Collection, il est reconnu qu'il n'est pas de notre prélat pas plus que la traduction de la Bible qui paraît être de Raoul de Presles (Voir le Mercure de France d'oct. 1750 et notre article Oresme dans la Biographie Universelle).

BASIN (Thomas). L'un de nos plus illustres évêques et celui d'entre eux qui éprouva le plus d'adversités, fut Basin dont la conduite à l'égard de Louis XI ne fut pas loyale et fut sévèrement punie par ce dur, implacable et dévot monarque, qui ne pardonna pas plus au prélat son empressement à entrer en 1465 dans la Ligue du Bien Public qu'un Advis par lequel il engageait le roi à réduire l'armée française. Nous avons dit (Tom I; p. 429) que Basin avait continué de jouir, pendant sa proscription « des revenus de son évêché »: c'était seulement de ses revenus casuels puisque ses terres, même patrimoniales, avaient été mises sous le sequestre. Disons aussi que les premiers griefs de Basin contre Louis XI provenaient de ce que le prince interdissait l'exercice de la chasse aux prélats d'église et demandait au clergé le dénombrement de ses biens, quelle qu'en fut la provenance. M. Beuchot, dont l'article Basin dans la Biographie Universelle renferme presque autant d'erreurs que de lignes, s'est trompé en fesant naître ce prélat à Rouen : il reçut le jour à Caudebec. Nous avons (Tom I; p. 426 à 431) parlé de l'évêque : disons ce que nous savons du littérateur et du chroniqueur, qui fut docteur en droit tant civil que canonique.

Ses ouvrages sont 1° un long Mémoire latin contre la condamnation de la Pucelle d'Orléans, qu'il rédigea vers 1453, sur la demande de Charles VII avec lequel il eut de fréquens rapports : ouvrage qui se trouve à la Bibliothèque royale : mss. n° 5970 etc; 2° Mémoire pour la réforme de la procédure *(Libellus de optimo ordine forenses lites audiendi et definiendi)* en 1455 : travail important qui lui fut confié par la commission royale instituée à Paris « pour adviser aux procès », alors fort nombreux en Normandie comme dans le reste de la France : car, malgré la réputation de chicane, faite par quelques badauds aux Normands et aux Manseaux, il est bien prouvé que le Dauphiné, l'Auvergne etc. comptent une plus grande quantité de procès, toutes choses égales d'ailleurs, que la Normandie et le Maine; 3° Advis de monseigneur de Lysieux au roi : imprimé depuis, à la suite du *Liber pœnitentialis* de Théodore de Cantorbéry. Paris, 1677, in-4°; 4° *Apologia* etc. Apologie pour la défense de Basin contre Louis XI, composée à Trèves en 1475. Bibl. Roy. mss. n° 5970. A. in-4° vélin; 5° *Breviloquium peregrinationis* : Bref discours du pélerinage et des quarante deux stations de Thomas évêque de Lisieux pendant soixante-seize ans. Mai 1482; 6° Lettre *(Epistola ad Davidem)* à David, bâtard de Bourgogne, évêque d'Utrecht, contre les écrits d'un Chartreux de Ruremonde; en 1485; 7° Vers 1489, Traité contre les erreurs de Paul de Middelbourg ; 8° *Historia Caroli VII* ; et 9° *Historia Ludovici XI* : composées pendant son séjour à Trèves, de 1470 à 1475. Ces deux Histoires et le *Breviloquium* sont à la Bibliothèque royale où ils passèrent de la bibliothèque d'Étienne Baluze qui les avait obtenus de Guillaume Le Rebours, vicaire-général de Lisieux auquel ils avaient été remis par les neveux de Basin. Ces deux Histoires de Charles VII et de Louis XI offrent un grand intérêt, font connaître plusieurs particularités curieuses qu'on ne trouve point ailleurs. Elles sont les plus importantes et les plus connues des ouvrages de notre évêque que l'on n'en croyait pas l'auteur : elles furent long-tems attribuées à un prêtre liégeois nommé Amelgard qui n'y a pas du tout travaillé ; cette composition restée manuscrite appartint à cet ecclésiastique qui y écrivit son nom comme propriétaire, et qui n'eut pas le projet de se la faire attribuer : ce que ne manquèrent pas de faire ceux qui en empruntèrent des passages. Enfin Ant. Meyer, M. de Barante et surtout M. Jules Quicherat (Bibl. de l'Ec. des Chartes Tom. III; p. 313) ont rendu à Basin l'honneur d'avoir produit cet ouvrage curieux. On en lit d'intéressans extraits dans les Mélanges curieux de Labbe, dans l'Histoire de la maison de Montmorenci par Du Chesne, dans le Tom. IV de l'*Ampliss. Collect.* de Martène, et dans le tome Ier des Notices des mss. de la bibliothèque du roi, pour lesquels La Porte du Theil analisa ce qui concerne Charles VII.

Les documens et les raisonnemens de M. Quicherat établissent d'une manière irréfutable que l'histoire dont il s'agit ne peut-être l'ouvrage que de Thomas Basin : c'est une de ces démonstrations à l'évidence desquelles les bons esprits ne sauraient se refuser.

Si nous nous sommes un peu étendus sur l'article de Basin, auteur, c'est qu'on ne lit à son sujet sous ce rapport, que des notices aussi incomplètes qu'erronnées dans toutes nos biographies sans exception.

LE HUEN (Nicolas), né à Lisieux, quoi qu'en dise l'auteur de la Bibliothèque des Carmes qui lui assigne Baïeux pour patrie, fut Carme à Pont-Audemer, et confesseur de Charlotte de Savoie, femme de Louis XI. On lui doit 1° l'A B C des langues grecques, chaldaïque, arabique etc ; 2° Le Grant Voyage de Jérusalem, imprimé à Lyon en 1488 in-4°, et à Paris en 1522 dans le même format. L'abbé Lenglet du Fresnoi, qui l'appèle mal à propos Le Heven, prétend que ce carme « était ignare comme un moine ».

BOSSARD ou Bessard (Toussaint) naquit dans le Pays-d'Auge. Suivant Masseville, il fut un grand voyageur et de son temps l'un des meilleurs pilotes de nos côtes de Normandie qui en produisaient tant. En 1574 il publia l'Art de découvrir les longitudes par la déclinaison de l'aimant. Guillaume-le-Nautonnier fit réimprimer cet ouvrage en 1603 sous le titre de Mécométrie de l'aimant. En 1611, il parut un livre intitulé : Confutation de l'invention des longitudes ou de la Mécométrie de l'aimant, de Guillaume-le-Nautonnier, par Dounot, de Bar-le-Duc. L'ouvrage de Bossard est cité dans le Rapport sur la montre à longitudes de Louis Berthoud, lu au Lycée de Paris le 3 mai 1793.

GONNEVILLE (Binot Le Paulmier de). « Des Normands, et particulièrement ceux du diocèse de Lisieux, dit l'historien Masseville, T. V; p. 46, équippèrent un vaisseau à Honfleur, dont ils donnèrent la conduite au capitaine Gonneville. Nicolas Le Fèvre, curieux et homme de savoir, se mit de la partie sur le pied de volontaire ». Au mois de juin 1503, onze ans après la découverte de l'Amérique, ils mirent à la voile; après avoir découvert le cap des Tourmentes que nous appelons aujourd'hui le cap de Bonne-Espérance, ils furent assaillis d'une tempête affreuse qui les poussa très loin au sud. Ils découvrirent les Terres-Australes (l'Australie) que Gonneville appela les Indes méridionales, comme on avait appelé d'abord l'Amérique Indes occidentales : préoccupé que l'on était de la recherche d'un passage dans l'Inde et pour se conformer aux dénominations portugaises. Bien accueillis par les naturels du pays où ils débarquèrent, nos Argonautes normands passèrent six mois avec eux. C'étaient, dit Gonneville dans la déclaration authentique qu'il fit le 19 juillet 1505, et qui fut signée par les principaux de ses compagnons de voyage, des « gens simples ne demandant qu'à mener joyeuse vie, sans grand travail, vivant de chasse et de pêche et de ce que leur terre donne de soi », comme auraient bien voulu faire sans doute nos navigateurs, si la cupidité et l'ambition n'avaient stimulé leur ardeur. Le prince qui gouvernait ce canton se nommait Arosca, et ses états renfermaient une douzaine de villages : c'était un vrai royaume d'Yvetot. Gonneville et ses marins y passèrent l'hiver ; puis, au lieu de suivre les conseils de leur capitaine, ils voulurent reprendre la route de Normandie, après avoir, suivant l'usage, planté une grande croix le jour de Pâques, 7 avril 1504, avec beaucoup de pompe, au bruit des trompettes, des tambours et de l'artillerie. On prit ainsi possession du pays, et Le Fêvre composa ce distique qui, avec d'autres inscriptions, fut gravé sur la croix :

HIC saCra PaLMarIVs posVIt GonIVILLa BInotVs,
GreX soCIVs parIter, NeVstraqVe progenIes.

Ce chronogramme indique en chiffres romains l'an MCCCCCIII. 1504. Nos voyageurs partirent le 5 juillet de cette année, accompagnés du fils du roi et de son domestique, qu'ils promirent de ramener au bout de quelques mois. De grandes tempêtes accueillirent le vaisseau qui fut sur le point de périr. Le domestique d'Essomeric (c'est le nom que Gonneville donne au prince) périt de maladie ainsi que Jean Bicherel, chirurgien du bâtiment, lequel était de Pont-l'Évêque. Essomeric lui-même faillit mourir; dans cette extrémité, Gonneville, qui le fit baptiser le 14 septembre et fut son parrain, dit qu'alors « il semble que le dit baptême servit de médecine à l'âme et au corps, parce que d'en puis il fut mieux et se guérit ». Peu après les navigateurs tombèrent près de Jersey entre les mains d'un corsaire anglais qui les prit et les dépouilla. Ce dénoûment fâcheux désenchanta l'expédition et le capitaine, tandis que, dit avec raison Masseville, « si Gonneville avait exposé les présens que le prince Arosca fesait au roi, avec les pelleteries, les drogues pour la teinture, et les autres marchandises qui furent pillées, cela aurait pu inspirer le dessein d'un armement plus considérable que le premier ». Quant au jeune Essomeric, qu'il n'y avait pas moyen de reconduire chez lui, Gonneville tâcha de le dédommager de ce malheur en lui fesant épouser une de ses parentes et en instituant son héritier. La relation de ce voyage fut sans doute la proie des pirates. Il ne nous reste que la Déclaration que le capitaine, rendu à la liberté, passa le 19 juillet 1505 au greffe de l'amirauté de Honfleur. Gonneville était seigneur de Gonneville-sur-Honfleur. Sa famille est éteinte depuis long-tems.

GONNEVILLE (l'abbé Binot Le Paulmier de), chanoine de Lisieux, résidant du roi de Danemarck en France. Arrière-petit-fils et dernier descendant d'Essomeric qui avait pris le nom de Gonneville et qui mourut en 1583, âgé de 94 ans environ, l'abbé de Gonneville publia des « Mémoires touchant l'établissement d'une mission chrétienne dans le troisième monde, autrement appelé la Terre-Australe méridionale, antarctique et inconnue, dédiés au pape Alexandre VII, par un ecclésiastique originaire de cette même Terre-Australe ». Paris, 1663, in-8°, avec une carte. L'auteur, dont le pape ne s'occupa nullement, inséra dans son livre la Déclaration de 1505 dont nous avons parlé dans l'article précédent, et dont Flacourt en 1661 avait donné le Précis dans sa relation de l'île de Madagascar. L'original de la Déclaration ayant été perdu, et Masseville s'étant borné à l'extraire légèrement, nous avons donc une grande obligation à l'abbé de Gonneville de nous en avoir conservé le texte presque entier. Le savant M. Eyriès dit que la Terre de Gonneville a long-tems été placée au hasard sur les cartes géographiques ; que quelques personne l'appelaient la Terre-des-Perroquets ; que Bouvier de Lozier la chercha en 1739 ; qu'en 1771, Kerguelen reçut ordre de tout faire pour la retrouver ». Il ne la retrouva pas, et comment y fût-il parvenu, autrement que par un prodige, puisque Gonneville n'en avait pas déterminé la position même approximative? De Brosses place la Terre de Gonneville dans l'Amérique méridionale ; M. Eyriès croit qu'il s'agit de Madagascar. Dans le Dictionnaire historique de Prudhomme, un compilateur ignorant a fait, du chanoine Le Paulmier, Myer (Paul), et il a trouvé de bonnes gens qui ont répété sa bévue. L'abbé de Gonneville mourut vers 1669.

ESNAUDERIE (Pierre Le Monnier de). Ce gentilhomme, né à Auvillars, mourut à Caen vers 1520. En 1515, il écrivit le Matrologe de l'Université dont il fut deux fois recteur. On lui doit les ouvrages suivans : 1° Traité latin sur les Droits et les Priviléges des Docteurs ; 2° un autre, en latin aussi, sur la Vie Contemplative ; 3° un livre en français à la louange du mariage et des femmes vertueuses ; 4° une exhortation à la vie active, dans laquelle il fait l'éloge de l'union conjugale ; 5° un opuscule sur l'Université de Caen.

BROCHARD (Bonaventure), cordelier du couvent de Bernai où il était né, vers 1500. En 1533 il entreprit avec Greffin Arfagart de Courteilles le voyage de la Palestine dont il publia le récit sous le titre de « Relation du voyage de Jérusalem et du Mont-Sinaï ». Jean Le Clerc imprima, à la suite de son *Onomasticon* d'Eusèbe de Césarée, une description latine de la Terre-Sainte du moine Brochard : 1707, in-folio. Cette édition fut réimprimée à Cologne en 1724, in-8°, sous le titre de *Palestina seu descriptio terræ sanctæ*. Il mourut vers 1540.

DROSAI (Jean de), seigneur de Sainte-Marie-aux-Anglais, mort vers 1550, professeur de droit à l'Université de Caen, savant en hébreu, en grec et en latin. En 1544 il publia une Méthode pour étudier la jurisprudence.

HAGUELON (Pierre), né à Lisieux, mort vers 1570. Antiquaire.

GERVAIS (Laurent), né à Lisieux, mort à Dijon dans le XVIe siècle, se distingua dans l'Université et dans l'ordre des Dominicains ; il fut chargé d'opérer à Cologne la réforme des études. On a vanté son instruction dans la doctrine de saint Thomas dont il avait approfondi la Somme, sur laquelle il laissa quelques lourds et obscurs écrits, estimés autrefois par les amateurs de ces sortes de subtilités de métaphysique ascétique.

MARESCOT (Michel), né à Lisieux le 20 août 1559, mourut à Paris en octobre 1605.

Orphelin à l'âge de 8 ans, il fut envoyé à Paris, et dix ans après il fut nommé professeur de philosophie au collége de Bourgogne où il eut pour disciple le célèbre de Thou. Élu recteur de l'Université de Paris le 16 décembre 1564, il se livra ensuite à l'étude de la médecine et reçut le grade de docteur le 17 octobre 1566, et en 1588 le titre de doyen de la Faculté de Paris. Henri IV l'avait nommé son médecin, et sa grande réputation lui avait donné pour cliens la cour et les notabilités de la capitale. Il publia sur la saignée un livre intitulé, sous un voile pseudonyme : *Léonardus Botallus de curatione per sanguinis missionem*. Papyre Masson a composé l'éloge de ce savant médecin dont le fils, né à Paris, fut également distingué dans les sciences médicales. Gui Patin a attribué à Michel Maresco le Discours (anonyme) sur le fait de Marthe Brossier, prétendue démoniaque. Paris, 1599, in-8°.

MARIN, né à Lisieux, artiste habile. On lui doit l'invention de l'arquebuse à vent ou fusil à vent : découverte qui lui valut l'honneur d'être présenté à Henri IV, devant lequel les premières expériences furent faites.

Le savant Rivault de Flurance, qui vit le fusil à vent de Marin en 1607, et qui, l'année suivante, en publia la description, s'exprime ainsi sur le compte de Marin, bourgeois de Lisieux : « C'était un homme du plus rare jugement en toutes sortes d'inventions, de la plus artificieuse imagination, et de la plus subtile main à manier un outil de quelque art que ce soit qui se trouve en Europe... sans avoir appris d'aucun maître, il est excellent peintre, rare statuaire, musicien et astronome ; manie plus délicatement le fer et le cuivre qu'artisan que je sache ». En effet, il avait composé pour Louis XIII un globe qui représentait parfaitement les divers mouvemens du soleil, de la lune et des astres ; il avait fait pour le même prince une table d'acier poli où se trouvait un portrait du roi très beau et surtout très ressemblant, exécuté sans ciselure, sans peinture, et par le seul effet du feu donné si à propos, qu'il produisait les nuances nécessaires du clair et de l'obscur. Flurance, que nous avons cité, ajoute que Marin « s'est inventé à lui-même une musique par laquelle il met en tablature, à lui seul connue, tous airs de chansons, et les joue après sur la viole, accordant avec ceux qui sonnent les autres parties, sans qu'ils sachent rien de son artifice, ni lui qu'il entende aucune note de leur science ».

DU VAIR (Guillaume). C'est le LIV de nos évêques et l'un des hommes les plus illustres de son époque : Voir notre T. I ; p. 449 à 452. La meilleure édition de ses œuvres est celle qu'il avait préparée et qui fut imprimée à Paris en 1625, in-folio de plus de 1200 pages. On y trouve 1° plusieurs traductions du grec et du latin, telles que le Manuel d'Epictète, les deux Harangues de Démosthène et d'Eschines sur Ctésiphon, le Discours de Cicéron pour Milon etc. ; 2° des Traités philosophiques ; 3° un grand nombre d'Oraisons funèbres, des Discours pour l'ouverture des Parlemens de Provence, de Bordeaux, de Paris ; 4° huit Arrêts prononcés en robes rouges ; 5° un Discours sur la négociation de MM. de Bouillon et de Sancy en Angleterre, pour le fait de la ligue contre l'Espagne, en 1596. Son traité « De la constance, et consolation ès calamités publiques » avait paru sous le voile de l'anonyme en 1594, ainsi que vers 1600 ce même traité suivi de la « Philosophie morale des stoïques » etc. Tous ces ouvrages sont bien pensés et bien écrits. On conserve ses lettres à Henri IV, et ses négociations politiques.

AMBROISE (le Père), procureur-général des pénitens, naquit à Lisieux, et mourut à Rome le 23 novembre 1630 : il est auteur de *Lampas accensa in evangelia et epistolas*.

LE MICHEL (Jérôme-Anselme). Né à Bernai,

bénédictin de Corbie en 1621, mort en 1644, il laissa manuscrite une Histoire de l'abbaye de Marmoutiers que l'on y conservait.

COSPÉAN (Philippe), évêque de Lisieux de 1635 à 1646, époque de sa mort. En 1622 il mit au jour à Nantes, dont il occupait alors l'évêché, plusieurs ouvrages latins qui ont aujourd'hui perdu tout leur intérêt. Cospéan, prédicateur distingué, eut le mérite de remplacer dans la chaire, par des citations de la Bible et des auteurs ecclésiastiques, celles des poëtes latins, souvent indécentes et déplacées. Il est auteur d'une Oraison funèbre de Henri IV ; Paris, 1610 ; in-4°. J'ai vu et récensé à la Bibliothèque de Lisieux en 1794 un manuscrit in-4° intitulé : *Commentarii breves D. Cospeani in Isagogen et Aristotelis philosophiam.*

HAMEL (Marin), chirurgien fort instruit à Lisieux, fit imprimer à Rouen en 1638, in-12, un « Discours sommaire et méthodiste de la cure et préservation de la Peste ». Il se proposait de donner au public plusieurs autres compositions du même genre, qui n'ont pas vu le jour. C'était avec autant de courage que d'habileté qu'il avait donné ses soins à ses concitoyens pendant ces épidémies qui en 1635, 1637 et 1651 affligèrent si cruellement la ville de Lisieux.

LE VAVASSEUR (Nicolas), né à Bernai vers 1658, était organiste à la cathédrale et remplit le même emploi dans l'église Saint-Pierre de Caen. Ce fut dans cette ville qu'il fit imprimer plusieurs airs de sa compostion. Il mit en musique les Psaumes de David et le Cantique des trois enfans, traduits par Godeau, et publia à Paris chez Ballard plusieurs chansons dont il avait composé les airs.

DU MOULIN (Gabriel), curé de Maneval, aux portes de Bernai, mort en 1660. C'est tout ce que l'on sait de la biographie de ce laborieux écrivain auquel nous sommes redevables de deux ouvrages fort importans : 1° « l'Histoire générale de Normandie » ; Rouen, 1631 ; in-f° ; 2° « Les Conquêtes et trophées des Norman-Français aux royaumes de Naples et de Sicile, aux duchés de Calabre, d'Antioche, de Galilée et autres principautés » ; Rouen, 1658 ; in-f°.

ZACHARIE DE LISIEUX. Les capucins n'étaient pas tous indignes comme on l'a dit et comme ils se qualifiaient eux-mêmes dans une humilité qui n'était pas sans quelque orgueil : ainsi qu'on le voit dans les pieux sobriquets qu'ils prenaient : frère Ange, frère Séraphin etc. Tous n'étaient pas non plus sans esprit et sans lettres. Notre compatriote Zacharie en est la preuve : il publia vers le milieu du XVIIe siècle quelques compositions latines qui annoncent l'esprit d'observation, une certaine connaissance du monde et une gaîté décente autant qu'ingénieuse. En 1582, il naquit à Lisieux d'une famille distinguée, mais dont nous n'avons pu découvrir le nom. Nous avons lieu de croire qu'il habitait Honfleur en 1657, et nous lisons dans le Moréri de 1759, qu'il mourut le 10 novembre 1661. Prédicateur en renom, Zacharie eut l'honneur de prêcher devant Louis XIII duquel il reçut des témoignages de satisfaction. Attaché durant une vingtaine d'années à la mission catholique en Angleterre, il y avait obtenu peu de succès : 40,000 protestans venaient d'être massacrés en Irlande, imitation de notre Saint-Barthélemi et qui eut lieu 69 ans après elle ; et l'on se souvenait qu'en 1605 les Jésuites avaient, dans la conspiration des poudres, essayé de faire sauter à la fois le roi et le parlement. Rentré en France, il se retira aux Capucins d'Évreux ; c'est là qu'il mourut à l'âge de 79 ans. Son bagage littéraire se compose des ouvrages suivans : 1° Philosophie chrétienne : Paris, 1637, in-8° ; nouv. édit. augm. 1644 ; 2 vol. in-4° ; 2° la Monarchie du verbe incarné : Paris, 1642-1646, 2 vol. in-4° ; 3° *Sœculi genius*, composé dès 1653, mais imprimé en

1659, à Paris, in-12 ; 4° *Gygès gallus*, imprimé aussi en 1659, in-12, à Paris ; 5° *Somnia sapientis*, composé en 1657 comme le précédent, et, comme lui, imprimé en 1659, à Paris, in-12. Ces trois derniers ouvrages parurent sous le pseudonyme de *Petrus Firmianus*. Le Gygès fut traduit en français en 1663, et les Songes du Sage (en 1664) par le capucin Antoine de Paris ; l'un et l'autre ouvrage imprimé à Paris in-12. Dans son volume de novembre 1779, la Bibliothèque des Romans, p. 7 à 12, donna un extrait du Génie du siècle, puis en décembre suivant un extrait plus long (p. 7 à 42) du Gygès français, lequel fut suivi d'une addition de 15 p. dans le volume de février 1780 : double travail de l'abbé C.... (Coupé). Ces compositions morales, dont la dernière est une application des songes de saint Hermas aux moines du XVIIe siècle, ont été plusieurs fois réimprimées ; le Gygès surtout eut les honneurs de la réimpression à Lyon, 1660, in-8° et in-4°, et même à Ratisbonne en 1736, chargé des notes de Gabriel Lieibheit. Changeant de pseudonyme, Zacharie, sous le nom de Louis Fontaine sieur de Saint-Marcel, livra à l'impression sa Relation du pays de Jansénie, in-8° en 1660, puis en 1664. A la plus grande gloire des Jésuites, le bon capucin s'arme de toutes pièces contre les Jansénistes auxquels il lance force injures, avec plus de violence mais moins d'esprit que n'en avait fait briller Pascal contre les enfans d'Ignace. Quoi qu'il en soit, la capucinade satirique de Zacharie fut réimprimée (en 1688) in-12, avec additions et figures, sous le titre d'Anti-Phantome du Jansénisme, et, qui plus est, fut réfutée par Antoine Arnauld, dans la Morale pratique des Jésuites. Compagnons de Jésus, compagnons de saint François d'Assise s'étaient cotisés de faux esprit et de malicieuses intentions pour décrire à leur manière le pays de Jansénie, de Calvinie, et même de Libertinie, c'est-à-dire, dans l'acception d'alors, de liberté de penser et de parler. Les six ouvrages du capucin Zacharie furent suivis, l'année même de sa mort, du *Christus patiens*, in-4°, imprimé à Paris comme le suivant qui parut posthume en 1662 avec cet intitulé : *Sylva sacrorum varii argumenti multiplicem theologiam continens* : c'est aussi un grave in-4° qui se ressent de la vieillesse d'un capucin.

QUINET (Louis), Abbé de Barberi, né vers 1596 à La Houblonnière, mort à Barberi, le 2 janvier 1665. Il fit imprimer 1° Éclaircissemens sur la règle de saint Benoît, Caen, 1651, in-8°; 2° Trésor de piété, Paris, 1651, in-12 ; 3° les

États pénibles et humilians de Jésus-Christ sur la terre; Caen, 1651, in-12; 4° le Noviciat des bénédictins; Paris, 1653; in-12.

LE PAULMIER de Grenteménil (Jacques) naquit près de Sainte-Barbe-en-Auge le 15 décembre 1588, et non le 5 décembre comme l'a dit Nicéron; sa mort arriva à Caen le 1er octobre 1670. On conserve de lui en manuscrit à la Bibliothèque royale « *Philopatris* ou le Normand pour son pays », in-f° 27 p. : requête adressée au cardinal de Richelieu (février 1640) en faveur de la Normandie et principalement de la ville de Rouen où les traitans avaient été attaqués par le peuple. Ses ouvrages imprimés sont 1° *Kritikon epikciphema, sive pro Lucano apologia.* Leide, 1704, in-8° (édition posthume); 2° *Exercitationes in optimos autores græcos.* Leide, 1658, et Utrecht, 1694, in-4° comme la première édition; 3° *Græciæ antiquæ descriptio* : Leide, 1678; in-4°, en tête de laquelle on lit une vie de l'auteur par son neveu, Étienne Morin, ministre protestant à Caen. Tels sont les titres de recommandation de ce savant antiquaire philologue : nous ne dirons rien, parce qu'elles sont au-dessous du médiocre, de ses poésies grecques, latines, françaises, italiennes, espagnoles.

VATTIER (Pierre), né aux environs de Lisieux,

probablement à Monnai ; médecin de Gaston d'Orléans ; mort vers 1670. Savant dans les langues orientales, il traduisit de l'arabe 1° le Traité des Insomnies de Gabdorrachman ; 2° l'Histoire mahométane ou les quarante-neuf califes etc. ; Paris, 1657, in-4°; 3° l'Histoire de Tamerlan ; Paris, 1658, in-4°; 4° l'Egypte de Murtadi ; Paris, 1666; in-12, etc. En 1659, il mit au jour les « Nouvelles pensées sur la nature des passions », in-4°. Il avait terminé une traduction latine d'Avicenne, qui n'a pas été imprimée non plus que la Géographie orientale des lieux dont parle Elmachin.

LAUGEOIS (Antoine), né à Lisieux ou près de cette ville, successeur en 1642, à la cure du Ménil-Jourdain, du fameux Mathurin Le Picard, condamné comme ayant abusé des ursulines prétendues possédées de Louviers. On peut consulter, sur cette affaire scandaleuse au plus haut degré, ce que nous avons dit en 1843 dans nos Recherches sur la Normandie, p. 1 à 54. Laugeois composa, pour réhabiliter la mémoire de Le Picard, un factum intitulé : « L'Innocence reconnue ou Défense de Mathurin Picard etc., par Laugeois, son successeur immédiat ». M. Auguste Le Prévost est possesseur d'une copie de ce travail, faite avec exactitude en 1787 sur l'autographe qui était alors entre les mains de M. d'Acquigni. C'est un ouvrage consciencieux, divisé en neuf chapitres, qui a pour objet de disculper Le Picard, mais non pas son vicaire Boullay, brûlé vif à Rouen avec le cadavre de son curé le 22 auguste 1647. Disons que Laugeois, en homme judicieux, ne regarde pas comme possédées du diable les malheureuses nonnes de Louviers. Cet ecclésiastique fit imprimer 1° en 1664, in-12, l'Idée de la foi, ou Poëme spirituel contenant l'explication du symbole; 2° des Moralités chrétiennes sur les évangiles du carême, in-4°. Toutes ses compositions n'étaient pas sérieuses, car, tout en fesant des vers latins, il consacrait ses élucubrations à élaborer des anagrammes.

BARIL (Jean), né à Saint-Pierre-sur-Dive, professeur de médecine à l'Université de Caen. Il est auteur du « Livre de la Physiologie et de la Pathologie de l'homme, digéré par tables synoptiques. Caen, 1653.

THIREL (Louis), de Lisieux. Cet abbé remporta plusieurs prix au palinod de Rouen ainsi qu'aux puis de Dieppe et de Douai, pour des poësies soit latines, soit françaises, qu'il recueillit en 1658, 1 vol. in-12, sous ce titre : « La muse sans artifice par L. Th. D. d'Env. ». (Louis Thirel, doyen d'Envermeu.)

BUGNOT (L.-Gabriel), prieur des bénédictines de Bernai où il mourut vers 1680. Il composa en vers latins les Éloges des personnages les plus distingués de l'ordre de Saint-Benoît.

MORIN (Robert) d'Écajeul, conseiller du roi au bailliage de Caen, composait des vers latins; il avait aussi entrepris de traduire en vers français la Thébaïde de Stace. On ignore ce que sont devenus ses manuscrits.

LE MARCANT (Jean), chanoine de Lisieux, curé d'une des portions de Saint-Germain-la-Campagne, est connu par un gros in-4° qui fut imprimé à Caen en 1679 sous le titre de « Encyclopédie Sainte de la Foi », dans laquelle une approbation de docteurs, datée de 1676, « a remarqué une morale si nerveuse et si pleine de suc qu'elle la juge très digne d'être mise en lumière ».

LANGE, médecin, résidant à Lisieux, publia à Paris en 1689, in-12, un « Traité des vapeurs où leur origine, leurs effets et leurs remèdes sont mécaniquement expliqués ». Cette production obtint l'éloge des principaux médecins de la capitale et de la Société Royale de Médecine à laquelle Lange appartenait. En 1717, il fit imprimer à Lisieux, chez du Roncerey, « l'Histoire de la fille maléficiée de Courson, in-8° de 32 p. » : c'était une pauvre fille, prétendue maléficiée, de la peau de laquelle on fit l'extraction d'un grand nombre d'épingles et d'aiguilles. Lange mourut vers 1735.

MORIN (Étienne), né à Caen le 1er janvier 1625, fut pendant quinze ans ministre protestant à Saint-Pierre-sur-Dive et à Saint-Sylvain réunis, et ensuite pendant vingt-un ans à Caen, que la persécution le força de quitter avant la révocation de l'édit de Nantes en 1685. Savant dans l'hébreu et dans les autres langues orientales, Morin se retira à Amsterdam où il fut nommé professeur de ces langues et ensuite ministre. Il fut l'éditeur des ouvrages de Samuel Bochard, et de ceux de Jacques Le Paulmier, oncle de sa femme; il fit précéder ces savantes publications d'excellentes préfaces et de la biographie de ces deux érudits. Ce fut surtout sur des sujets d'antiquités chrétiennes qu'il écrivit les ouvrages profonds qu'il fit imprimer tant à Genève qu'en Hollande : tous sont en latin, excepté sa « Lettre sur l'origine de la langue Hébraïque ». Il mourut le 5 mai 1700.

MORIN (Henri) fils du précédent ; né à Saint-Pierre-sur-Dive en 1655. Arraché des bras de ses parens par l'effet des mesures tyranniques que Louis XIV prit à l'occasion de la révocation de l'édit de Nantes et dont plusieurs la précédèrent, Henri fut retenu à Caen pour y être rendu catholique de par le roi. Membre de l'Académie des Inscriptions, il finit par quitter Paris où il s'était fixé, et vint mourir à Caen le 16 juillet 1728. On trouve de savantes dissertations de cet auteur dans les Mémoires de l'Académie à laquelle il appartenait : Tom I, II, III, IV et V.

ANSELME (le père), capucin de Lisieux. Prédicateur renommé, il devint gardien du grand couvent de Rouen et publia en 1687 à Paris un volume in-4° de Sermons sur le Saint-Sacrement, avec ce titre : « Les combats de la victoire et triomphes obtenus par Jésus-Christ, sur le ciel, la terre et les enfers ».

D'ARGENCES, conseiller du roi, et lieutenant au bailliage de Pont-Audemer, prononça une harangue en présence de Jacques II, roi détrôné d'Angleterre, qui fit dans cette ville la revue de ses troupes le samedi 21 juin 1692.

DES LONDES (Gabriel), né à Lisieux le 25 octobre 1654, dominicain, obtint beaucoup de réputation dans son ordre, probablement parce qu'il grava les principaux chants de l'église catholique. Son portrait fut gravé in-8° par Des Rochers pour être placé parmi les hommes illustres. On lit ce quatrain au bas du portrait :

> Après ses grands écrits, le Docteur Angélique,
> Fit l'office divin du très Saint-Sacrement ;
> Par un semblable esprit, après sa Sorbonique,
> Des Londes de l'église a gravé tout le chant.

Son office du Saint-Sacrement par Saint-

Thomas d'Aquin, est regardé comme l'un des plus beaux du bréviaire romain. La Sorbonique était une des trois thèses que les bacheliers devaient soutenir dans la maison de Sorbonne, pendant leur licence : cette thèse devait durer douze heures entières.

FOUQUES (Guillaume), né à Bernai en 1651, bénédictin à Lyre en 1671, mourut à Compiègne le 10 février 1702 : il traduisit en français les Heures bénédictines à l'usage des frères convers de la congrégation de Saint-Maur.

LE FEBVRE (Jean), né à Lisieux vers 1650, mort à Paris en 1706. Cet astronome distingué, étant simple tisserand dans sa ville natale, s'adonna aux calculs les plus compliqués en s'occupant de compter les fils de sa toile. La Connaissance des Tems paraissait depuis 1679, calculée par nos plus savans astronomes, lorsque l'Observatoire de Paris la confia à Le Febvre. Ce fut sur la recommandation du Lexovien Pierre, professeur de rhétorique au collége de Lisieux à Paris, que le célèbre Picard appela près de lui Le Febvre qui, lorsqu'il laissait reposer sa navette, lisait des livres d'astronomie ; il avait même donné quelques calculs d'éclipses qui s'étaient passablement accordés avec les observations. On fut si satisfait du calcul qu'il fit d'une table du passage de la lune par le méridien, qu'on lui accorda une pension pour continuer la Connaissance des Tems. Ce fut en 1682 qu'il quitta Lisieux. D'après une lettre que La Hire lui écrivit au mois de septembre de cette année, il accompagna cet illustre astronome en Provence ; l'année suivante Le Febvre le suivit encore pour le travail de la méridienne, puis en 1684 et 1685, pour le nivellement de l'Eure. On voit, par les registres de l'Académie des Sciences que Le Febvre observa avec La Hire l'éclipse de lune du 10 décembre 1685. De La Lande (Bibliog. Astron. p. 313) s'exprime ainsi sur Le Febvre : « Il eut des disputes avec La Hire à l'occasion de ses Tables astronomiques ; il disait hautement que La Hire les lui avait volées ». Ces deux savans se brouillèrent, et la Connaissance des Tems de 1701 fut la dernière que rédigea Le Febvre qui avait donné celles de 1684 à 1701 ; La Hire, protégé par Pont-Chartrain, triompha injustement de son adversaire qui fut même, sous un futile prétexte, rayé de la liste des membres de l'Académie des Sciences à laquelle il appartenait et qu'il honorait. « Ce fut, dit encore De La Lande, une perte pour l'astronomie ; il calculait mieux les éclipses que La Hire, parce qu'il employait la période de dix-huit ans, qu'il tenait peut-être de Roëmer ». Il y a lieu de croire que ce fut de chagrin qu'il mourut, cinq ans après son malheur.

CALLY (Pierre). Vers le milieu du XVII° siècle, il naquit au Ménil-Hubert; et mourut à Caen en 1709 principal du collége des Arts de cette ville. Une édition de Boece *(De Consolatione philosophiæ)* avec un commentaire, 1680, in-4° *(ad usum Delphini)*, et un livre bizarre intitulé : « Durand ou l'accord de la philosophie avec la théologie touchant la transsubstantiation », 1700, in-12, sont les seuls ouvrages de Cally.

VALLEMONT (Pierre Le Lorrin de), né le 10 septembre 1649 à Pont-Audemer où il mourut le 30 décembre 1721. Cet abbé publia 1° La Physique occulte ou Traité de la baguette divinatoire, 1693 etc., ouvrage ridicule qu'en 1732 réfuta ridiculement le père Le Brun ; 2° Élémens de l'Histoire, 1696, 2 vol., et dont la meilleure édition est la septième, celle de 1758, 5 vol. in-12 ; 3° Curiosités de la nature et de l'art sur la végétation des plantes, 1705, in-12, et quelques autres ouvrages, tant sur les médailles que sur plusieurs points de théologie.

SACHÉ (Étienne), professeur à Lisieux vers la fin du XVII° siècle, mort vers 1724, fit imprimer dans cette ville chez Remi Le Boullenger, 1° « Traité des tons de l'église selon l'usage romain, dans lequel la gamme ancienne et nouvelle est mise au commencement, 1699, in-12; 2° *Nova et methodica accentuum graecorum synopsis*. 1701, in-12.

BOYVIN (Louis) né à Montreuil-l'Argilé le 20 mars 1649, mourut à Paris le 22 avril 1724. Son père, avocat à Montreuil-l'Argilé, avait épousé Marie Vattier, sœur de Pierre Vattier (ci-dessus : p. 258), de laquelle il eut Louis et Jean Boyvin. C'est dans les Mémoires de l'Académie des Inscriptions (Tom II et IV) à laquelle il appartenait que l'on trouve les savantes dissertations qu'il composa. Un grand travail qu'il avait entrepris sur Flavius Josephe est resté manuscrit : on le conserve à la Bibliothèque Royale.

BOYVIN de Villeneuve (Jean), frère du précédent, né comme lui à Montreuil-l'Argilé, le 28 mars 1663, mourut aussi à Paris, le 28 octobre 1726. Il fut également membre de l'Académie des Inscriptions; il l'était en outre de l'Académie Française : il fut garde de la Bibliothèque Royale. Ses premiers ouvrages furent écrits en latin; il traduisit de la langue grecque en vers français la Batrachomyomachie attribuée à Homère et fit de la même langue plusieurs versions importantes; le Conservateur de février 1757 contient de lui un poëme latin et français sur la Chronologie; et les

Mémoires de l'Académie des Inscriptions plusieurs dissertations savantes, Tom. I à VII.

MONTMOREL (Charles Le Bourg de), né à Pont-Audemer, devint aumônier de la duchesse de Bourgogne et mourut Abbé de Launoi vers 1730. Prédicateur estimé, il fit imprimer ses Homélies à Paris en 1695 : 10 vol. in-12 qui furent réimprimés en 1719.

LE PRÉVOST (Jean), chanoine de Lisieux, et promoteur du diocèse, mourut à Lisieux le 17 avril 1742. Outre quelques matériaux qu'il fournit à l'abbé Chastelain pour son Martyrologe universel : 1709, in-4°, Le Prévost fit imprimer in-12 à Lisieux, chez J. A. du Roncerey, sans date (vers 1740), les « Vies des Saints, patrons du diocèse de Lisieux, précédées des Réglemens etc. de la charité de Tiberville. On y trouve quelques notions utiles sur le diocèse. Comme cet auteur était judicieux et fort instruit sur la matière, il est à regretter qu'il n'ait pas réalisé le projet qu'il semble avoir conçu d'écrire l'Histoire ecclésiastique et civile du diocèse lexovien, pour laquelle il dit, p. 186, qu'il « préparait des mémoires ».

DAGOUMER (Guillaume), né à Pont-Audemer, mourut à Courbevoie près de Paris en 1745, après avoir été professeur de philosophie au collége de Harcourt, dont il devint principal ; il fut ensuite recteur de l'Université. Son cours de philosophie et ses écrits sur la fameuse bulle *Unigenitus*, sont depuis long-tems oubliés. Dans son roman de Gil-Blas, Le Sage a désigné l'ergoteur Dagoumer sous le nom de Guyomer.

BELLENGER (François) naquit, non pas à Saint-Germain de Lisieux, mais à Saint-Gervais-d'Anières, vers 1687, et mourut à Paris le 12 avril 1749 et non pas le 22. Cet érudit très distingué a composé plusieurs ouvrages fort remarquables, tels que 1° la Traduction du grec en français des Antiquités romaines de Denis d'Halicarnasse : Paris, 1723 ; 2 vol. in-4° réimprimés en 1807 à Paris, en 6 vol. in-8° ; 2° des « Essais de critique » contre Rollin, La Martinière etc., qu'il publia en 1740, ainsi que leur supplément en 1741, sous le pseudonyme de Van-der-Meulen. On fait beaucoup de cas de son édition annotée du latin des Psaumes de David qu'il mit au jour en 1729 in-4°, en se désignant par les initiales suivantes : V. E. S. F. P. D. F. B. P. L. qui signifient *Unus è sacræ facultatis parisiensis doctoribus, Franciscus Bellenger, presbiter lexoviensis.*

RENOU (Jean-Julien-Constantin), né à Honfleur en 1725, auteur d'une tragédie et de quelques comédies, dont celle qui a pour titre : Le Caprice, en trois actes et en prose, 1762, fut bien accueillie.

JOBEY, avocat au bailliage d'Orbec, est auteur d'un curieux « Mémoire sur le droit d'Atrier établi à Évreux » inséré dans le Journal de Verdun de novembre 1761.

FRÉARD (Étienne-Antoine), chanoine de Lisieux, fournit de bons matériaux pour l'article du diocèse dans le T. XI (en 1759) du *Gallia Christiana*.

BELLEY (Augustin) naquit à Mont-Gomeri (Sainte-Foi) le 19 décembre 1697, et mourut à Paris le 26 novembre 1771, l'un des membres les plus savans de l'Académie des Inscriptions dans les Mémoires de laquelle on a inséré plus de soixante de ses dissertations qui ont pour objet une foule de points tant historiques que géographiques, les médailles, les pierres gravées etc.; il avait commencé ses études à Lisieux, et entra à l'Académie des Inscriptions en 1744.

BRÉANT (Jacques-Philippe), né le 10 novembre 1710 à Bernai où il mourut le 15 février 1772. Parmi ses poésies, on remarque l'Art de peindre, poëme en quatre chants qu'il lut à l'Académie de Rouen en 1766. On lui a attribué deux petites pièces en vers de cinq syllabes : le Printems, et l'Été, qui ont été quelquefois imprimées dans les œuvres de Bernard, auteur de l'Automne, et de l'Hiver.

HERVIEU de La Boissière (Simon), né à Bernai le 21 juin 1707, mort à Paris le 27 auguste 1777. Cet ecclésiastique est auteur de six ouvrages de polémique religieuse, dont le plus connu est intitulé : « Contradictions de la Philosophie de la Nature » (de Delisle de Sales) in-12 (1775).

BACHELEY (Jacques), né à Roncheville, mort à Rouen en juin 1781, graveur distingué. Auteur de plusieurs vues de Rouen, d'une vue du Havre, des portraits de Cideville et de Le Cat, etc.

ÉLIE DE BEAUMONT (Anne-Louise Morin du Ménil, épouse d') reçut le jour à Caen en 1729 et mourut à Paris le 12 janvier 1783. Elle participa avec son mari à l'institution de la Rosière de la commune de Canon. Son ouvrage le plus connu a pour titre : « Lettres du marquis de Roselle » 1764, 2 vol. in-12, plusieurs fois réimprimées et traduites.

ÉLIE DE BEAUMONT (Jean-Baptiste-Jacques), avocat célèbre, défenseur des Calas, membre de plusieurs académies, intendant des finances de Monsieur (depuis Louis XVIII), né en octobre 1752, mort à Paris le 10 janvier 1786. Ses Mémoires eurent beaucoup de succès. Les éditeurs de Voltaire ont conservé trente-trois lettres que ce grand homme lui adressa. Son fils unique avait épousé une des filles du célèbre président Du Pati : de ce mariage est sorti M. Élie de Beaumont, savant géologue, membre de l'Institut.

ALIX, né à Honfleur, mort à Paris en 1794, graveur distingué. On a de lui de charmantes eaux-fortes.

THOURET (Jacques-Guillaume). Cet avocat célèbre naquit à Pont-l'Évêque le 30 avril 1746; il fut guillotiné le 22 avril 1794. Membre de l'Assemblée constituante, président du Tribunal de cassation, connu par d'excellents rapports, de sages discours et de bons ouvrages historiques, il fut une des plus regrettables victimes de la démagogie de 1794.

LOISEL DE BOISMARE (Jean-Baptiste-Michel), né vers 1755, mort à Lisieux le 15 juin 1795. Avocat, puis président du tribunal de district, il avait occupé avec distinction plusieurs fonctions publiques, et mourut généralement regretté. On lui doit quelques Mémoires spirituels, et un Dictionnaire du droit des tailles : Caen, 1787, 2 vol. in-12.

MÉNIL-DURAND (François-Jean de Graindorge d'Orgeville, baron de), tacticien distingué, né à Lisieux le 9 novembre 1729, mourut pendant l'émigration à Londres le 31 juillet 1799. Nous avons, dans le Supplément de la Biographie Universelle, donné une notice détaillée sur ce savant et sur les ouvrages remarquables qu'il avait publiés.

JARDIN (Jacques-Louis-César), né à Lisieux le 27 octobre 1774, mort à Paris en 1802. M. de Marguerit, qui lui a consacré un article dans la Biographie Universelle en 1841, a commis sur Jardin plusieurs erreurs dont nous allons redresser les principales. « Après de bonnes études, le jeune Jardin, neveu et non fils de celui qui tenait l'hôtel d'Angleterre, s'enrôla en 1792 comme volontaire, puis dès le commencement de 1793 déserta et ne se décida, avec Bénard de La Couture et moi, à contribuer au renversement du comité de surveillance que parceque les membres de ce comité le poursuivaient à cause de sa désertion. Naturellement emporté vers les extrêmes, il passa au parti royaliste, participa à la rédaction du Courrier Républicain, feuille quotidienne de huit pages in-8°. Il ne servit point dans la Vendée, il ne rédigea ni n'imprima aucun ouvrage pour les Vendéens. Au 18 Fructidor (4 septembre 1797), Jardin fut déporté, et dans le trajet de Paris à Rochefort, il s'échappa et rentra dans la capitale où l'on dédaigna de le faire arrêter. Vivant constamment dans les mauvais lieux, il fut attaqué de maladies causées par son inconduite, qui le forcèrent d'entrer à l'hospice des Capucins où l'art fut impuissant pour lui rendre la santé, et où il mourut après six mois de souffrance » : c'est M. de Marguerit qui nous apprend ces particularités qui sont exactes. Jardin avait plus d'esprit que de talent ; d'ailleurs nulle conviction ne justifiait ses écarts ni ses emportemens. Il était mésestimé dans son propre parti. Il n'a composé aucun ouvrage que l'on puisse citer : ses écrits se bornent : 1° à un feuilleton intitulé : J. L. C. Jardin à l'opinion publique, 1795, in-8°; 2° à une pièce de vers contre Robespierre, même année et même format ; 3° aux articles qu'il fournissait au Courrier Républicain.

GRAINVILLE. (Jean-Baptiste-Christophe) naquit le 15 mars 1760 à Lisieux où il mourut le 19 décembre 1805, membre de diverses académies, auteur élégant de plusieurs traductions en prose de poëtes latins, italiens et espagnols. Ami de Grainville et confident de ses ouvrages, je donnai en 1817 sa notice dans la Biographie Universelle. En 1806, le fabuliste Le Bailly fit imprimer une notice sur Grainville dans les Quatre Saisons du Parnasse, Tom IV; p. 178.

FORMAGE (J.-Ch.-Cés.), né à Coupsarte le 16 septembre 1749, mort à Rouen le 11 septembre 1808. Professeur au collége de Rouen, puis au lycée de la même ville, et membre de plusieurs académies ; il publia à Rouen des Fables choisies en 1800 ; 2 vol. in-12.

THOURET (Michel-Augustin), frère du célèbre constituant, et né, comme lui, à Pont-l'Évêque. Celui qui est le sujet de cet article naquit le 5 septembre 1749, et mourut au Petit-Meudon le 19 juin 1810. Ce médecin distingué, qui fut directeur de l'École de Médecine et membre du Tribunat, est auteur de plusieurs ouvrages estimés.

FROMAGE DES FEUGRÉS (Charles-Michel-François) reçut le jour à Viette le 31 décembre 1770, fut professeur au collége de la ville de Lisieux, puis s'étant livré avec distinction à l'étude de la médecine vétérinaire, devint professeur à l'École d'Alfort. Vétérinaire en chef de la garde impériale, il mourut, à la fin de 1812, dans la désastreuse retraite de Russie. On lui doit quelques brochures sur son art et de bons articles dans le Cours d'Agriculture de Buisson.

MUTEL de Boucheville (Jacques-François) naquit le 25 mars 1730 à Bernai où il mourut le 4 février 1814. Auteur de quelques poësies, membre de plusieurs académies, il fit imprimer à Bernai en 1807 (2 vol. in-8°) ses divers ouvrages parmi lesquels figurent une tragédie et un poëme en six chants.

JOUENNE du Long-Champ (Thomas-François-Ambroise) vit le jour à Beuvron le 30 novembre 1761, et mourut exilé à Bruxelles le 29 février 1818. Député à la Convention Nationale, puis au Conseil des Cinq-Cents, il fut compris dans une proscription momentanée de soixante députés, qui suivit l'attentat du 19 Brumaire; il occupa quelques fonctions sous le gouvernement impérial, et lors de la seconde restauration il fut exilé et se retira à Bruxelles. Outre quelques bons rapports faits dans nos assemblées représentatives, Jouenne fit, avant et surtout pendant son exil, imprimer plusieurs traductions d'ouvrages de médecine empruntés à l'Italie et à l'Angleterre. Il avait épousé Mlle Victoire-Adélaïde Boessey qui reçut de Van-Spaëndonck des leçons de peinture, et de Nadermann des leçons de musique : on lui doit quelques jolis tableaux qui attirèrent l'attention dans les expositions de Paris et de Bruxelles : c'est surtout dans la peinture des fleurs que cette dame a marqué sa supériorité.

JARRY (Pierre-François-Théophile) naquit à Saint-Pierre-sur-Dive en mars 1764, embrassa l'état ecclésiastique, devint curé d'Écots, émigra et fut ensuite vicaire-général d'Auxerre et tréfoncier de l'église de Liége ; il mourut à Lisieux le 31 auguste 1820. Auteur de quelques brochures de polémique théologique, il s'attacha surtout à attaquer, sous le voile du pseudonyme Valméron, l'évêque Fauchet qui dédaigna de lui répondre quoiqu'il lui imputât des *crimes dévoilés*.

LÉGER (François-P.-A.), acteur et auteur dramatique, naquit en 1765 à Bernai (et non pas à Paris, comme le dit la Biographie Universelle); il mourut à Paris le 27 mars 1823. Ses vaudevilles, dont quelques-uns, joués avec succès, furent faits en société avec plusieurs de ses amis. On lui doit aussi quelques chansons spirituelles.

BASTON (Guillaume-André-René) reçut le jour à Pont-Audemer le 29 novembre 1741 et mourut près de cette ville le 26 septembre 1825. C'est à tort que la Biographie Universelle le fait naître à Rouen. Nous avons (T. I; p. 238) parlé de sa polémique relative au mandement qu'avait donné en 1773 l'évêque Condorcet. Le 14 avril 1813 l'empereur le nomma évêque de Seès, nomination qui ne fut point approuvée par le pape. Baston a publié un assez grand nombre d'écrits qui presque tous concernent des discussions théologiques. Cet ecclésiastique était un homme d'esprit, un littérateur agréable, mais d'un caractère irascible et emporté.

LA PLACE (Pierre-Simon de). Ce savant illustre et peut-être le plus remarquable de notre époque, naquit à Beaumont-en-Auge le 22 mars 1749, et cessa de vivre à Paris le 5 mars 1827 : précisément un siècle après Newton qui mourut le 20 mars 1727. D'abord professeur provisoire à l'école militaire de Beaumont, il quitta bientôt cet étroit théâtre pour aller s'établir à Paris où il ne tarda pas à signaler sa haute capacité. Membre de l'Académie des Sciences, il le devint de l'Institut et des plus illustres compagnies savantes de l'Europe. Les ouvrages qui principalement éterniseront la mémoire de cet homme de génie sont la Mécanique céleste et l'Exposition du Système du Monde. La Place fut un moment ministre de l'intérieur sous le consulat, et entra au sénat conservateur.

LANDON (Charles-Paul), peintre et littérateur spirituel et gracieux, né à Nonant en 1760, mort à Paris le 6 mars 1826. Ses jolis tableaux de La Leçon maternelle, du Bain de Paul et de Virginie, de Dédale et Icare, ont été gravés.

FRESNEL (Augustin-Jean) naquit à Chambrais-Broglie le 10 mai 1788. Ce physicien distingué mourut à Paris en 1827.

VAUQUELIN (Nicolas-Louis) naquit le 16 mai 1763 à Saint-André-d'Hébertot où la mort l'enleva aux sciences et à la députation du Calvados le 14 novembre 1830. Membre de l'Académie des Sciences, ensuite de l'Institut et de plusieurs autres Sociétés savantes, inspecteur-général de la Monnaie, cet illustre chimiste a composé un grand nombre d'ouvrages sur diverses parties des sciences qu'il affectionnait.

LEBRET de Saint-Martin (Antoine-Charles), né à Lisieux le 12 novembre 1742, mort à Paris vers 1830. Auteur de quelques petites brochures politiques, il entreprit en 1789 un Journal des Décrets pour les habitans des campagnes, in-8°, qu'il cessa de faire paraître en 1793. On lui doit le Journal du Palais, collection in-8° qu'il publiait périodiquement et que l'on trouve dans la bibliothèque de tous les avocats.

MÉRIMÉE (J.-F.-L.), peintre distingué, habile chimiste, écrivain instruit, né à Montreuil-l'Argilé, mourut à Paris le 26 septembre 1836.

VIERNE (Louis-Charles), né à Pont-L'Évêque le 2 février 1804, mort à Ouilli-le-Vicomte le 19 avril 1834. Écrivain spirituel et consciencieux, il avait composé quelques jolis vers et un petit poëme héroï-comique, qui annonçaient un véritable talent pour la poësie : ils sont restés inédits ainsi qu'un roman qui n'est pas sans mérite. Sa polémique dans le journal Le Patriote (voir notre T. I; p. 330), toujours assaisonnée de malice et d'esprit, toujours piquante, eût gagné à un peu plus de mesure et de modération ; mais on sembla prendre plaisir à aigrir son cœur sensible et bon, et ses opinions, naturellement portées vers le progrès, s'exaltèrent de plus en plus. Vierne avait fait imprimer un Abrégé de l'Histoire de la Révolution, et commencé pour un libraire de Paris, une Histoire de la Restauration qui a été publiée sous le tire d'Histoire de la Révolution française de 1814 à 1830, par Dulaure et Auguis.

LÉPERNAY (Nicolas), né au Sap vers 1778, régent aux colléges d'Alençon, de Vire, etc., mourut à Bélême vers 1838. Il est auteur d'un volume in-18 de poësies diverses, imprimé à Paris en 1828, et d'une traduction en vers de la Pharsale de Lucain; Paris 1834; 2 vol. in-8°.

POUQUEVILLE (François-Charles-Hugues-Samuel). Ce savant médecin, auteur de voyages d'un grand intérêt, naquit au Merlerault le 4 novembre 1770, et mourut à Paris le 21 décembre 1838 ; il était membre de l'Institut et de plusieurs autres académies.

COURTIN (Eustache-Roger-Maurice-Marc-Antoine), né à Saint-Pierre-sur-Dive en 1769, mort près de Paris vers le 22 février 1839. Magistrat sous l'empire, il publia quelques-uns de ses discours, et sous la restauration il devint éditeur de l'Encyclopédie Moderne dans laquelle il inséra plusieurs articles de sa composition. Madame sa mère, née Langueneur du Long-Champ, fit imprimer en 1830 les « Élégies d'une octogénaire sur la mort de sa petite-fille » (Herminie Courtin).

PIEL (Louis-Alexandre), né à Lisieux le 20 auguste 1808, mort à Bosco, en Piémont, le 19 décembre 1841. Architecte, littérateur romantique, puis dominicain.

COESSIN (Francois-Guillaume), né à Mont-Gomeri (Saint-Germain) le 7 novembre 1779, et non à Lisieux en 1782, mourut à Paris le 15 septembre 1843. Auteur de quelques brochures mystiques, thaumaturge-magnétiseur, il fut quelquefois reçu par madame de Genlis qui dit, dans ses Mémoires, T. VII, que « la nature l'avait fait pour être prédicateur ». On lit un long et curieux article sur Coessin dans la Biographie-Rabbe ; malheureusement il s'y trouve quelques omissions et plusieurs inexactitudes. Lorsque Coessin partit en 1797 pour Caïenne, ce n'était point par l'effet d'un refroidissement avec Romme, qui avait été exécuté le 18 juin 1795 : c'était par suite de cet esprit aventureux qui le jeta du jacobinisme dans le despotisme, de l'athéisme dans la mysticité, et le porta un moment vers la diplomatie que les rapports de son père avec l'ambassadeur D'Escorches lui fesaient croire une carrière facile et favorable à l'ambition ; son esprit bizarre lui fit chercher des actions pour dessécher le Zuiderzée, le porta à Rome d'où il crut revenir cardinal, et dans ces derniers tems lui fit hasarder sur la terre de La Dubinerie, à L'Écaude, des expériences agronomiques qui n'eurent pas plus de succès que ses sermons nouveaux et ses anciennes relations avec le comte de Saint-Simon, aussi instruit que lui, plus désintéressé, et qui finit plus malheureusement.

CHAUMONT-QUITRY (Gui-Charles-Victor, comte de) né à Bienfaite le 7 mars 1768, mort à Saint-Jacques de Lisieux le 23 mai 1841. Auteur d'opuscules politiques et littéraires, imprimés in-8°, et d'une traduction en vers des odes d'Horace, restée manuscrite.

CHAUMONT-QUITRY (Jacques-Gui-Georges-Charles-François, comte de), né à Bienfaite le 7 septembre 1770, frère du précédent, mort à Paris le 4 janvier 1844, auteur de quelques brochures politiques. Pendant la révolution, il s'était associé avec son frère pour créer à Évreux une imprimerie qu'ils firent valoir avec succès pendant plusieurs années.

FROMAGE-CHAPELLE (Jean-Baptiste-François-Paul) né à Lisieux le 12 avril 1774, mourut à Paris le 21 janvier 1844. En 1818, il avait pris le nom de Sainte-Chapelle, pour lequel il avait obtenu une ordonnance royale datée du 23 septembre de cette année. Ces additions de saint ou de sainte, à l'apparence nobiliaire, étaient une faiblesse vaniteuse de l'époque : ainsi Romain Toutain avait pris le nom de De Saint-Romain, et Albin Hauvel celui de De Saint-Albin. Quant à Fromage-Chapelle, sous-intendant militaire en retraite, il a fait quelques brochures et publié 3 vol. sur l'administration de la guerre, lesquels n'eurent aucun succès, quoique l'auteur ait fait réimprimer de nouveaux titres portant ces mots : seconde édition.

―――

Lisieux a produit quelques notabilités militaires. Nous nous bornerons au plus remarquables parmi tant de braves qui ont dignement servi leur patrie et mérité l'Étoile d'Honneur.

ROSEY (François, baron) naquit à Lisieux le 21 février 1775. Placé dans le commerce à Paris, il s'y enrôla vers la fin de 1791 dans un des bataillons de volontaires : celui de la section de Molière ; il fit comme lieutenant la première campagne d'Italie ; passé avec Bonaparte en Egypte, il se distingua brillamment au siége de Saint-Jean-d'Acre où il avait le grade d'adjudant-major de grenadiers. Là, chargé d'emporter une redoute sous le feu le plus foudroyant, au milieu des pans de murs écroulés, le jeune guerrier, dans une dernière attaque, resta seul debout au milieu de ses camarades mis en pièces, rappelant parmi

Tous ces jeunes héros, vieux dans l'art des combats,

ces demi-dieux de l'antiquité que les poëtes ont immortalisés dans l'épopée. Rentré en France au printems de 1800, devenu capitaine, il fut en 1804, chargé de remplir à Munich et à Stutgard, contre les agens conspirateurs de l'Angleterre, une mission honorable et délicate dont il s'acquitta habilement. Cette mission n'eut rien de commun avec l'enlèvement criminel de l'infortuné duc d'Enghein à Ettenheim. Rosey fit ensuite les campagnes d'Allemagne, de Prusse, d'Espagne, et de Russie. Ce fut à la suite de la désastreuse retraite de Moscou qu'il fut atteint à Konisberg d'une fièvre nerveuse et d'une fluxion de poitrine qui le précipitèrent au tombeau le 3 janvier 1813. Il était alors maréchal-de-camp, adjudant-général des chasseurs à pied de la garde impériale.

LA FOSSE (Jacques-Mathurin, baron de), né le 10 mars 1757 à Lisieux où il mourut le 7 mai

1824. Le général de La Fosse s'était en 1775 enrôlé dans le régiment de Blaisois et fut en 1791 nommé capitaine dans un des bataillons de volontaires du Finistère où il se trouvait alors. Il s'éleva de grade en grade à celui de colonel qu'il obtint le 4 janvier 1806. Il se distingua par sa bravoure, surtout à l'attaque de Lérida, et mérita le grade de général de brigade ou maréchal-de-camp qui lui fut conféré. Il s'était retiré à Lisieux et y vivait de sa solde de retraite dans une honnête médiocrité que son extrême délicatesse et son désintéressement incorruptible ne lui permirent pas d'élever jusqu'à la richesse, ni même jusqu'à l'aisance.

LIVRE VII.

ADMINISTRATION.

Jusqu'à la révolution de 1789, Lisieux continua d'être à la fois chef-lieu d'un comté et d'un évêché. Lors de la création de nos grands-bailliages qui, quoi qu'on en ait dit, sont postérieurs à Philippe-Auguste, le Pays-d'Auge fut compris dans celui de Rouen, le Lieuvin et le Pays-d'Ouche dans celui d'Évreux. Ces trois contrées étaient les principales du territoire lexovien : le Lieuvin s'étendait à l'est de la ville de Lisieux ; le Pays-d'Ouche au sud ; et le Pays-d'Auge.

à l'ouest. Le Lieuvin se trouvait enclavé entre la mer, la Charentone, la Rîle, la Touque et l'Orbiquet ou rivière d'Orbec. Antérieurement, Cambremer, qui depuis appartint à l'évêché de Baïeux, et qui est dans le Pays-d'Auge, fesait partie du Lieuvin : c'est ce que prouve un testament (18) cité par M. Le Prevost dans l'Annuaire Historique de 1838. Le Pays-d'Ouche, qui tirait son nom de la forêt d'Ouche (*Uticum*), comprenait le terrein qui se trouve borné au sud par l'Orne et la Rîle, à l'est par la Charentone, et au nord par le Lieuvin. Quant au Pays-d'Auge, il avait pour limites la mer au nord, la Touque à l'est, le diocèse de Seès au sud et à l'ouest jusqu'à Mésidon au-dessous duquel il était borné par le diocèse de Baïeux. (Voir ce que nous avons dit de nos divisions topographiques, T. I; p. 28 et 351).

Conformément à l'édit rendu par Louis XIII au mois de mai 1636, Lisieux devint le chef-lieu d'une des neuf élections de la généralité ou intendance d'Alençon. Bernai le fut d'une autre de ces éléctions. Celles de Pont-Audemer et de Pont-l'Évêque fesaient partie de la généralite de Rouen.

(18) *Cambrimarum in pago Lexoino*. Peut-être pourtant, *Pagus Lexoïnus* est-il là pour *diœcesis Lexoviensis*. Il faut alors supposer que Cambremer a jadis appartenu au diocèse de Lisieux. On est à cet égard, comme à tant d'autres, réduit à des hypothèses.

Les hautes-justices de Lisieux ressortissaient au bailliage royal d'Orbec. La haute-justice de l'évêché fut érigée en bailliage vicomtal. Il existait en outre une haute-justice du chapitre. On peut citer encore l'élection proprement dite, le grenier à sel, la recette des tailles, le contrôle des actes, la direction des aides, l'entrepôt des tabacs etc.

Les formes administratives ont, comme partout, varié beaucoup en France.

Dans les Gaules républicaines, Jules-César trouva les cités gouvernées par des sénats et présidées par le vergobret dont le nom (*Fear-gor-breith*) signifie homme qui rend des jugemens, parceque ce magistrat était à la tête de l'administration, des tribunaux et de la police (19).

Les cités gauloises ayant été forcées de se soumettre à Rome, elles reçurent, des codes de la république romaine, le bienfait véritable de la plus sage législation de l'époque. Nous avons parlé de ces grands événemens dans notre premier volume, p. 79. Les Gaulois, divisés en hommes libres, soit propriétaires de fonds de terre, soit artisans, et en esclaves, furent classés en décuries, en pagus ou pays, et en cités : ce qui

---

(19) A Autun pendant long-tems le premier magistrat conserva le nom de Vierg ou Verg, abbréviation de Vergobret.

répond à peu près à nos cantons, à nos districts, ou arrondissemens, et à nos départemens. Les assemblées municipales s'appelaient curies; dix formaient la décurie, comme la centénie était composée de cent délégués des petites localités.

L'établissement des Francs dans les Gaules, par le savant et judicieux abbé Du Bos, nous apprend que, au moment de l'invasion des barbares, les cités gauloises étaient gouvernées chacune par son sénat et sa curie; que chaque cité avait ses revenus privés, entretenait une milice bourgeoise, et que les cités se fesaient représenter dans les assemblées générales par des délégués ou députés chargés de défendre les intérêts publics. Telle était l'administration intérieure subordonnée à l'autorité des empereurs, exercée par des officiers civils et militaires.

Ainsi, au bout de cinq siècles de soumission à Rome, les Gaules étaient véritablement devenues romaines, quand, à la tête de ses Francs-Saliens, le conquérant Clovis (Hlodowich) vint changer cet ordre de choses pour y substituer l'arbitraire de la conquête.

Un Lieutenant de Clovis remplaça le gouverneur ou recteur dans chaque province des Gaules qui en comptait dix-sept.

Un Comte, subordonné au recteur ou gouverneur, continua, sous le même titre, à veiller aux détails de l'administration de la justice, de la police, et des finances.

Des Ducs ou généraux commandèrent en chef, comme sous l'empire romain, la milice de chaque province. Dès le tems des empereurs, quand il fallut s'opposer aux attaques des barbares, soit entre autres les pirates Saxons dans le Ve siècle, soit les Hommes-du-Nord dans le IXe, on avait établi de grands commandemens militaires : notre Normandie fit partie de celui de l'Armorique qui embrassait cinq grandes provinces.

Les revenus de l'état avaient plusieurs sources : le fermage des fonds de terre appartenant au gouvernement ; les subsides ou contributions, tant foncières que personnelles (*capitatio*) la gabelle (impôt sur le sel) dont les empereurs fesaient la vente), la recette tant des droits de péage que de ceux des douanes, enfin le casuel des amendes, des confiscations, et autres produits des corvées, des dons prétendus gratuits, et des réquisitions en nature.

Reprenons le régime municipal à son origine connue sous la domination romaine.

Malgré sa résistance à l'envahissement de César, il y a lieu de croire que, vu son importance, Noviomagus obtint le privilége des municipes, c'est-à-dire le droit d'être gouverné sous ses lois particulières par des magistrats tirés de la classe notable de ses habitans ; mais toujours sous l'autorité d'un proconsul ou président romain (*Digest*. Liv. XIX). Il s'ensuivrait que notre cité municipale possédait un sénat composé de Décemvirs et de Décurions : c'était, suivant Du Bos, ce que depuis on a appelé le Corps-de-Ville. Ainsi la juridiction ordinaire appartenait au magistrat romain, la juridiction municipale aux officiers lexoviens. Le Digeste qui est plus positif que les conjectures semble ne faire du proconsul romain qu'un simple président du corps municipal.

Quoi qu'il en soit, les villes municipales des Gaules avaient un Défenseur (*Defensor civitatis*) ; ce magistrat, qui représente à peu près nos procureurs du roi, tenait le premier rang après les Décemvirs et les Décurions (Code : Liv. I ; tit. 55). Le défenseur, à ce qu'il paraît, exerçait la justice correctionnelle, et jugeait en matière civile jusqu'à la somme de 50 sous d'or (412 fr.) compétence qui, par le code théodosien publié en 435, (Liv. VII; tit. 16), fut élevée jusqu'à 300 sous d'or (environ 2,475 fr.). Cette importante magistrature existait encore à l'époque de l'invasion des

Francs : c'est ce que prouvent les Formules de Marculphe.

La conquête des Francs vint substituer à ce mode protecteur des intérêts des peuples, le régime militaire qui peu à peu devint le gouvernement féodal. Il éleva les soldats francs à la classe nobiliaire et fit descendre les citoyens au rang de vassaux soumis à l'orgueil, à l'oppression, à toutes les exigences des parvenus qui s'établirent et se fortifièrent dans des châteaux : c'est à peu près ce qui arriva à la fin du XIe siècle en Angleterre après la conquête des Normands.

Les Décemvirs firent place aux Maires, aux Scabins (échevins) et aux Racimbourgs ou juges bourgeois. On n'osa pas d'abord supprimer les Défenseurs qui subsistèrent encore quelque tems, ainsi que le mode électif pour les diverses magistratures. L'évêque prit rang parmi les officiers conservés et présida cette assemblée municipale que Grégoire de Tours désigne sous le nom de tribunal civique *(judicium civium)*. Un tel corps semble avoir été à la fois une municipalité et un tribunal, par conséquent une autorité hétérogène.

Les anciennes cités, devenues villes épiscopales, formèrent chacune un comté qui était divisé en centénies, subdivisées en dizainies : modifications du système romain, attribuée à Clotaire II en 595. Nous remarquerons que le principal officier de la centénie formait avec douze jurés un tribunal qui jugeait les affaires de justice et de police : c'est à peu près notre jurie ou jury, qui remonte au reste jusqu'à la république romaine, et n'est dû ni aux Hommes-du-Nord ni aux Anglais. Dans les cités, le comte était investi du gouvernement militaire, de la police et des finances, et présidait la cour supérieure de justice civile dans la ville de sa résidence et les malles (sessions ou assises) pour les causes criminelles. Les Baillis, qui furent chargés des tribunaux subalternes, étaient supérieurs aux vicomtes. Ces baillis hauts-justiciers de l'évêque, à Lisieux, portaient aussi le nom de Sénéchaux : ils exerçaient en sous-ordre la police et prononçaient sur les contraventions en matière de fabrique et de commerce, commises soit dans la ville et les communes voisines telles que Fervaques, Tordouet, et autres.

. Sous les Carlovingiens (de 752 à 987), des commissaires royaux *(Missi dominici)* reçurent l'inspection des magistratures, et même la faculté de destituer les magistrats prévaricateurs que l'élection remplaçait aussitôt.

La Neustrie et ses villes étaient passées sous la domination normande depuis le traité de Saint-

Clair-sur-Epte en 911, et le territoire lexovien un peu plus tard, vers 923, avait été cédé au duc Rollon. Alors la cour du comte prit le titre d'Assise des Nobles; et la juridiction du vicomte et des bourgeois, de Seconde Assise. Il n'est plus question de commissaires royaux : pour réprimer les vexations des magistrats et entendre les réclamations, un Sénéchal ou Maire du palais parcourait le duché tous les trois ans. A l'époque de la réunion de la Normandie par Philippe-Auguste, la cour du duc, devenue depuis quelque tems l'Échiquier, éprouva une altération considérable par l'introduction que le roi y fit de plusieurs prélats et barons de sa cour qui dominèrent les décisions et réduisirent cet ancien tribunal suprême à n'être plus qu'une commission déléguée, sans nationalité, sans indépendance, sans garantie de responsabilité, même morale. Un ancien rôle de 1061 prouve que, dès cette époque, l'Échiquier enregistrait les contrats d'aliénation consentis par le duc. Ainsi, soit les états de la Normandie, soit l'Échiquier, composés des sommités de la noblesse et du clergé et même un peu du tiers-état, s'occupaient de délibérations politiques et se formaient, au besoin, en corps de magistrature souveraine, sans « l'avis et le consentement » desquels le prince ne pouvait rien faire d'important.

Attachés à leurs droits et fiers de leur liberté, les Normands imposaient (1215) en Angleterre la Grande-Charte, après avoir en 1155 obtenu de Henri II une charte dont l'art. 38 porte que nul homme libre ne sera saisi, emprisonné ni dépouillé de son bien etc., qu'en vertu ou d'un jugement légal rendu par ses pairs, ou de l'application des lois du pays.

Depuis Philippe-Auguste, en 1204, jusqu'à François I*er*, « les tribunaux du second-ordre, les chevaliers et les bourgeois avec les baillis et les vicomtes et les pairs des fiefs dans les justices seigneuriales, continuèrent de rendre la justice » (Constitution du duché de Normandie, p. 129), tandis que l'Échiquier, exerçait ses prérogatives jusqu'à ce qu'il fût converti en Parlement de Normandie par François I*er* le 14 février 1514.

Les députés à l'Échiquier qui appartenaient au territoire lexovien étaient 1° *parmi le clergé* : l'évêque de Lisieux, le doyen de Lisieux, les Abbés de Préaux, de Grêtain, de Cormeilles, de Mont-Dée, de Saint-Pierre-sur-Dive, de Barberi, de Sainte-Barbe-en-Auge, de Saint-Évroult, de Bernai ; 2° *parmi les barons et autres nobles* : le vicomte de Roncheville, le vicomte de Fauguernon, les barons de Beuvron, de Ferrières (aujourd'hui duché de Broglie), de Gacé, de Montreuil-l'Argilé, d'Échaufour, de Nonant, et de Mont-Gomeri.

La Normandie qui, avant d'être démembrée de la France en 912, envoyait des députés aux assemblées générales de la nation, ne cessa pas d'en faire assister aux États du duché qui se réunirent tantôt à Rouen, tantôt à Caen etc., avant et après la réunion par Philippe-Auguste en 1204.

Ce fut aux États tenus à Rouen en 1582 que l'ancienne Coutume de Normandie fut réformée et remplacée par celle qui a régi la province jusqu'à la révolution. Les États furent supprimés en 1666, par Louis XIV, qui ne voulait pas de limites à sa puissance et qui, libre désormais dans son despotisme, multiplia de nouveaux impôts, tels que le contrôle (l'enregistrement), la capitation, le centième denier, le dixième denier etc.

Nous avons parlé (T. I; p. 113) du droit de haute-justice dont jouissait en partie l'évêque de Lisieux en sa qualité de comte. Ce droit, appelé en latin *placitum spatæ*, portait le nom de Plet de l'épée. Dans notre Grand-Coutumier, il est ainsi défini pour ce qui concernait le prince : la connaissance « de roberie, de meurdre, d'homicide, de treves fraintes, de assault, de félonie, et de tous les torts faits à sa dignité », et de la monnaie etc.

Pendant le moyen-âge les évêques-comtes de

Lisieux concédaient aux corps de métiers de la ville les Statuts qui les régissaient : on trouve plusieurs de ces actes aux archives départementales à Caen.

Parmi les droits donnés aux villes après la conquête de Philippe-Auguste, il faut citer le droit de cloche pour les convocations des habitans, et pour leur appel à marcher contre les brigands : on concéda donc le privilége d'un béfroi pour faire le guet. Nous avons vu (T. I; p. 325) que l'on avait à cet effet fondu l'Échauguette en 1285.

Plus tard la véritable et ancienne municipalité française avait en quelque sorte disparu : ses attributions avaient été usurpées par le roi qui les avait confiées soit à son lieutenant ou prévôt, soit aux comtes et à leurs baillis et sénéchaux. Ainsi la municipalité fut dépouillée de la juridiction propre et ordinaire qui, en toutes matières, l'avait établie arbitre du droit privé.

Nous nous bornerons à dire que, depuis Louis VII (vers 1140), quelques villes avaient acheté de leurs seigneurs le droit d'élire des maires et des échevins; que Philippe-Auguste concéda par chartes ce droit à quelques autres villes; qu'en 1256 Louis IX rendit deux ordonnances concernant ces chefs de l'administration municipale, dont l'élection se fesait le 25 mars, et qui, en Normandie, dans les villes importantes, telle que Lisieux, devaient faire choix de trois prud'hommes ; qu'en 1447, les Lexoviens obtinrent de l'évêque, en sa qualité de comte, une transaction qui leur assura quelques droits, mais qui maintint les juges du prélat dans l'exercice des fonctions d'officiers municipaux et dans la présidence, à l'hôtel-de-ville, tant des réunions générales que du tribunal chargé de la police et des manufactures ; qu'en auguste 1669 un réglement modifia les attributions du bailli dont nous avons parlé plus haut, en ce qui concernait les métiers, en départit quelques-unes aux maires, et ne laissa à ce fonctionnaire que la connaissance des affaires litigieuses qui naissaient dans les corporations des arts et métiers proprement dits ; que des édits créèrent en auguste 1692 des maires perpétuels avec titre de conseillers du roi, et des assesseurs de maire, puis en mai 1702, des lieutenans de maire, et en décembre 1706 des maires et lieutenans alternatifs et triennaux qui furent supprimés dès 1708. A cet égard la législation varia plus ou moins jusqu'en 1764.

Sous Louis XV, lorsque commençait à prospérer l'économie politique et à se développer la science administrative, un édit du mois d'auguste

1764 donna un réglement pour l'administration des villes et principaux bourgs du royaume ainsi que des corps et des communautés. A ce moyen ces localités purent emprunter, vendre ou acquérir, régir leurs biens communaux, etc. En conséquence il fut pourvu par les notables (dans les XVe et et XVIe siècles : les ménagers) à l'élection des maires, des échevins et autres officiers municipaux, à l'exception des procureurs ès hôtels-de-ville qui furent supprimés par l'édit de 1758. Cette forme reçut sa dernière modification, de l'ordonnance du 5 décembre 1776 : avant le décret de 1789, le bureau de l'hôtel-de-ville de Lisieux était formé du maire et de quatre échevins, du procureur du roi et d'un greffier; deux des échevins étaient renouvelés tous les deux ans. Le 24 décembre 1787, finirent les procès élevés entre la ville et l'évêque-comte, c'est-à-dire son bailli vicomtal qui avait la prétention de se qualifier « seul juge de police » : conformément aux dispositions des édits, la ville triompha, et ses maires devinrent «juges des manufactures ».

Par décret du 14 décembre 1789, l'Assemblée constituante donna aux trente-huit mille municipalités du royaume une nouvelle organisation, assura aux communes leur individualité, et étendit beaucoup la base d'élection. Aux assemblées populaires par métiers, professions ou corporations, furent substituées des assemblées générales de citoyens actifs, c'est-à-dire propriétaires. Les nouvelles municipalités furent composées d'un maire, de plusieurs officiers municipaux et d'un procureur de la commune. Cette forme, comme tout ce que fit l'Assemblée immortelle qui la donna, était marquée au coin de la sagesse et subsista jusqu'en 1795, à l'époque de la constitution de l'an III. Alors on supprima les municipalités : elles furent remplacées par les administrations cantonales, composées de la réunion des agens élus par chacune des communes, au chef-lieu de canton, à des époques déterminées. Le ministère public que l'on conserva sagement était exercé par un commissaire du directoire exécutif. Les villes seules obtinrent une administration municipale lorsqu'elles comptaient plus de cinq mille habitans : telles furent Lisieux, Pont-Audemer, et Honfleur dans tout le territoire lexovien.

Le 18 Brumaire en donnant une nouvelle organisation à la France ramena, par la loi du 28 pluviose an VIII (17 février 1800), les mairies et les maires, comme en 1789, mais supprima le ministère public, ravit aux communes leur droit d'élection et livra le maire et ses adjoints au choix du gouvernement. Ainsi furent pour chaque commune remplacés les agens municipaux et leur adjoint.

Depuis la révolution de juillet 1830 l'élection, enlevée avec une cauteleuse adresse au peuple français par le despotisme impérial, fut rendue à la nation; mais le ministère public des procureurs-syndics ne fut pas rétabli. Leurs attributions passèrent aux nouveaux maires choisis par le gouvernement dans les conseils municipaux.

Nous remarquerons que, avant l'établissement des maires, le corps municipal de Lisieux fut présidé en 1423 et durant le reste de ce siècle, comme dans le suivant, tantôt par le sous-sénéchal de l'évêque, tantôt par le lieutenant-général du sénéchal; mais que les sénéchaux ayant été supprimés par lettres-patentes de février 1524 (enregistrées au parlement de Normandie le 12 auguste de la même année) leurs fonctions furent données savoir : celles du sénéchal en titre au vicomte, celles du sous-sénéchal ou lieutenant-général du sénéchal, au bailli qu'on appela bailli vicomtal, et qui avait aussi un lieutenant-général, lesquels alors et ensuite présidèrent les séances municipales.

En 1692 les corps municipaux ayant reçu une nouvelle organisation, le premier maire de Lisieux paraît avoir été Claude de Mongouin qui figure en 1696 et qui, après Rioult de Bois-Hébert et Cuidorge de Rudemont, reparaît en 1709.

Après l'édit de juillet 1766 le premier maire élu fut De Voyne de Formanel qui fut nommé par le roi le 12 janvier 1767. Le dernier maire de Lisieux fut Thillaye du Boulay élu le 16 juillet 1782 et nommé par le roi le 8 auguste suivant.

D'après l'organisation municipale de 1789 les électeurs portèrent leur choix, le 19 février 1790 sur Le Roy de Beaulieu qui, depuis, fut député à l'Assemblée Législative. En conséquence de la Constitution de l'an III (1795) les citoyens élus à l'Administration municipale choisirent pour leur président le 11 novembre 1795, Michel Bloche qui fut aussitôt installé. La loi du 17 février 1800 ayant rétabli les fonctions de maire, Jean-Jacques Nasse, père de M. le sous-préfet actuel, fut nommé le 26 avril suivant et installé le 15 mai de la même année. Le premier maire depuis la révolution de 1830 fut M. Le Roy de Beaulieu, fils du premier maire de la révolution de 1789.

Nous avons, dans nos Faits Historiques, fait connaître les divers sous-préfets de Lisieux, et les principales autorités de l'arrondissement.

Voici quels étaient avant 1789 les principales autorités et leurs titulaires à Lisieux.

Évêque et comte : Ferron de La Ferronnays.

Gouverneur-particulier de la ville : le duc de Brancas-Céreste, colonel de la milice bourgeoise de la ville, dont les gouverneurs étaient colonels-nés.

Bailliage royal d'Orbec (auquel ressortissaient les Hautes-Justices de Lisieux) : Des Périers de Frênes, lieutenant-général civil et criminel.

Haute-Justice de l'Évêché, érigée en bailliage vicomtal au mois d'auguste 1669 : Paysant de Saint-Vaast, bailli-vicomtal.

Haute-Justice du chapitre : Boessey, bailli.

Élection : Maillet, président. Cette élection avait dans son ressort 147 communes, y compris les villes de Lisieux et d'Orbec. En 1572 on en avait séparé Pont-Audemer pour former une élection à part.

Subdélégation de l'intendance : La Roche de Perteville, successeur de Bourdon de Beaufi.

Grenier à sel : La Roche de Perteville, receveur.

Son arrondissement embrassait, outre la ville, quatre-vingt-quatre communes.

Tribunal des maréchaux de France : De Bellemare de Saint-Cyr, lieutenant à Bernai.

Ponts-et-Chaussées : Méniguet, ingénieur du département de Lisieux.

Receveur des tailles : Le Bas de Fryhardel.

Maréchaussée : Hémery, lieutenant.

Lisieux appartenait à l'intendance ou généralité d'Alençon dont le titulaire était Jullien ; au gouvernement de la Normandie, dont le lieutenant-général était le duc d'Harcourt; au parlement de Normandie qui siégeait à Rouen et dont le premier président depuis 1782 était Camus de Pont-Carré; à la Cour des Comptes Aides et Finances de Normandie érigée en 1580, et dont le premier président depuis 1767 était Le Couteulx.

Capitaines-Gouverneurs de Lisieux :

Cette liste, aussi complète qu'il est possible de la faire, a été recueillie dans les registres de la ville par M. Dingremont qui la fit insérer en 1819 dans les n°s 27 et 29 des Annonces Affiches de Lisieux. Nous n'avons eu à y faire que quelques additions.

1097. *Gaultier*, seigneur de Cormeilles, n'était vraisemblablement pas capitaine en titre d'office; mais il fesait le guet à l'évêché.

Les premiers capitaines ou gouverneurs dans les villes épiscopales sont d'une date plus récente: il n'est question de ces officiers que vers 1200.

1439. *Talbot* (pour les Anglais). — 1447. Richard *Redhon*. — 1467. Robert *de Mannoury*. Après avoir vivement et long-tems contrarié l'évêque Basin, il mourut avant octobre 1469. — 1469. Philippe de *Clinchamp*, chambellan du roi,

vicomte de Vire. — .... Raoul *Pran de Varans*.
— 1474. Georges de *Bissipat*, qui passait pour
appartenir à la famille impériale des Paléologues,
fut nommé par le roi, le 1ᵉʳ novembre 1474, capitaine de Lisieux et d'Orbec; il l'était aussi de
Touques en 1460, en 1477 et en 1490. — 1475.
Jean *de Mannoury*, frère de Robert et comme lui
fort dévoué à Louis XI, nommé par le roi le 23 janvier. — 1486. Jean *Carrey*, son lieutenant. —
1500. Étienne du *Mont-de-la-Vigne*, capitaine de
Lisieux, d'Évreux et d'Exmes.—1506. Charles *Le
Veneur*, baron de Tillières ainsi que le suivant.
— 1521. Jean *Le Veneur*.— 1551. Jean de May-
nemares, seigneur de *Bellegarde*, succéda le 8
mai au précédent, qui était son cousin, — 1554.
Gui du Long-Champ, seigneur de *Fumichon*,
nommé par Bellegarde, le 12 septembre, pour
prendre en son absence le commandement de la
place.— 1555 *Bellegarde*, confirmé par lettres-
patentes le 11 mai. — 1562. Louis *Le Pellerin*,
seigneur de Gouville, nommé par lettres du duc
d'Aumale, datées du camp de Cormeilles le 11
juillet; remplacé la même année, le 22 juillet, en
vertu de lettres du même duc qui se trouvait
au camp devant Honfleur, par le suivant : — Jean
de *Moy*, gentilhomme ordinaire de la chambre
du roi, capitaine de cinquante hommes d'armes.

Il eut en même tems le commandement de Honfleur, de Pont-Audemer et de leurs environs. — *Bellegarde* reparaît encore. Sur la démission de Bellegarde, Fumichon est nommé le 28 octobre 1562. Toujours dans la même année, Guillaume de Hautemer de *Fervaques* (qui devint maréchal de France) fut chargé de remplacer Fumichon qui cependant conserva son titre et ses droits jusqu'en 1587. — 1568. Guillaume de *Bonnechose*, seigneur du Breuil, commande en l'absence de Fervaques dont il était le lieutenant. — 1587: Jean du Long-Champ de *Fumichon*. — 1589. Jean *Lambert* de Fromentin, lieutenant du capitaine. — 1590. De Saint-Denis de *Mailloc*, mestre de camp, pourvu, par Henri IV, du commandement de Lisieux et de Conches. — 1593. *Fervaques* commande de nouveau à Lisieux, et reparaît encore en 1605. — 1597. Jean du Long-Champ de *Fumichon* reprend le commandement ; il est encore question de lui en 1631. — 1653. César d'Oraison, marquis de *Livarot*. C'est la première fois que le commandement de Lisieux, à quelque titre que ce soit, se trouve dans les mains d'un seigneur de Livarot, quoi qu'en ait dit avec la plus impertinente assurance l'honnête Guilmeth qui n'est, bien entendu, ni compilateur, ni ignare, ni aventureux, malgré les nombreuses bévues de l'informe croquis qu'il a intitulé : Notice sur Lisieux et ses environs. Ainsi, à l'époque de la Saint-Barthélemi, un capitaine Livarot ne commandait pas Lisieux, et n'y put demander la tête des protestans : mais le sieur Guilmeth n'est difficile ni en procédés ni en anachronismes. — 1673. Jean d'Oraison, marquis de *Livarot*, fils du précédent. Il fut nommé au commandement de Lisieux, par Léonor I de Matignon le 23 janvier et confirmé par le roi pour trois ans le 9 décembre de la même année. — 1721. Hyacinthe de *Brancas*, comte de Céreste, lieutenant-général des armées, ambassadeur en Espagne. — 1754. Louis-Paul de *Brancas*, comte de Céreste, maréchal de camp, neveu de l'évêque qui le nomma le 16 mai : nomination qui fut confirmée par le roi le 2 juin suivant. — 1766. Jean-Joseph de *Caritat*, comte de Condorcet, neveu de notre LXe évêque, fut nommé en survivance par lui le 11 décembre, et agréé par le roi le 10 mars 1767; mais il paraît qu'il n'exerça pas.

LIVRE VIII.

VILLES ET COMMUNES.

Nous nous sommes attachés à rétablir la véritable et rationnelle orthographe du nom de nos communes, si étrangement défigurée aujourd'hui par l'altération successive des tems et de l'inadvertance, s'écartant de plus en plus de l'étymologie et même de la prononciation. C'est ce dont se sont toujours plaint avec raison nos plus judicieux écrivains : plusieurs ont même commencé une réforme utile. Ainsi l'abbé Du Plessis, l'abbé Esnault ont cessé d'écrire Fécamp, Séez, etc.

Ainsi on a restitué à Simport son véritable nom qui avait été travesti en Saint-Port. Ce que nous entreprîmes en 1809, avec l'approbation du ministre de l'intérieur, pour tout le département de l'Orne et en 1828 pour la Normandie entière, nous allons le faire pour le territoire lexovien. Ainsi nous supprimons les *y* qui ne sont point étymologiques, comme dans Bernai, Ouilli; les *s* qui trompent soit sur la véritable prononciation des mots, comme dans Mesnil pour Ménil, Escajeul pour Écajeul, soit sur l'origine de ces mots comme dans Vimoutiers pour Vimoutier qui vient du singulier *Vimonasterium*; nous avons toutefois conservé les *r* euphoniques dans les mots Honfleur, Beaufour parcequ'ils se prononcent dans ces noms. Nous avons aussi rectifié les nombreuses erreurs qui se trouvent dans la plupart de nos cartes, même dans celle de Cassini, et quelques autres qui ont beaucoup de crédit. N'est-il pas ridicule d'écrire Le Chesne, Fresne, Torquesne, tandis qu'on orthographie sans *s* le nom des arbres d'où viennent ces dénominations, et d'avoir conservé l'*y* final dans les noms de lieu, tandis qu'il a depuis plus d'un siècle disparu des noms communs? Au surplus nos meilleurs typographes ont admis ces utiles réformes, et nous avons vu le savant M. Le Prévost, membre de l'Institut, remplacer l'*y* par l'*i* dans ses derniers travaux sur les communes du département de l'Eure. C'est aussi pour s'accorder avec l'étymologie qu'il a supprimé l'*h* dans Tiberville et les Teil : suppression que nous trouvons trop judicieuse pour ne pas l'admettre nous-mêmes.

LISIEUX. En 1708, époque à laquelle Bonnefons fournit à Thomas Corneille des notes pour l'article Lisieux dans son Dictionnaire Universel géographique, la ville était encore entourée de fossés et conservait toutes ses fortifications dont il ne reste que quelques murs et quatre tours. Alors existaient le tombeau en bronze de l'évêque d'Estouteville et ceux en marbre blanc des évêques Cauchon et Le Hennuyer.

Hotel-de-Ville. Ce fut en vertu d'une concession de l'évêque Basin en 1447 que la ville obtint la permission de bâtir dans la Grande-Rue, près de la fontaine actuelle, un Hôtel-Commun ou Hôtel-de-Ville. Le fonds qui appartenait à l'évêché fut acquis moyennant une rente de trois livres deux sous six deniers. Cet édifice était destiné aux assemblées des ménagers de la ville, aux archives municipales, et au dépôt des armes et des munitions en cas de guerre. Le même prélat, par une autre charte (30 mars 1448), organisa la municipalité lexovienne, permit à dix-huit bourgeois de se réunir sous sa présidence pour élire quatre notables députés qui formeraient le conseil avec un procureur : plusieurs des principaux ménagers (propriétaires tenant ménage) et un receveur, devant tous s'assembler en présence de la justice de l'évêque.

Un nouvel hôtel-de-ville, plus digne de Lisieux, fut en 1771 acheté de La Roque de Cerquigni moyennant la somme de vingt-neuf mille deux cents francs y compris mille deux cents francs de pot-de-vin (voir nos FAITS HISTORIQUES, Tom. I; p. 232). Il a depuis servi aux réunions municipales et même pendant quelque tems aux séances de l'administration du district, et aux audiences du tribunal de Commerce.

PLACES. La ville compte huit places publiques; ce sont 1° la place Saint-Pierre ou de l'Évêché, à laquelle on a donné successivement divers autres noms, tels que, le 23 octobre 1790, place de la Fraternité; le 2 septembre 1809, place de la Sous-Préfecture et des Tribunaux; et enfin, le 3 septembre 1810, *Place-Matignon*. Toutes ces dénominations ne valent pas celle de l'évêché qui rappèle le palais épiscopal qui en fesait avec la cathédrale le principal ornement. Toutefois le dernier nom donné peut se justifier par la reconnaissance que la ville doit aux deux évêques Matignon à cause des établissemens de haute importance dont ils dotèrent cette ville.

2° La *Place Royale*. En 1798, l'église Saint-Germain ayant été mise en vente par le gouvernement, 116 citoyens de Lisieux en firent l'acquisition pour la démolir (voir nos Faits Historiques, Tom. I; p. 314). C'est sur son emplacement et celui du cimetière qui s'étendait à l'est et au nord, que fut dressée la place actuelle qui, n'ayant rien de royal, aurait dû prendre le nom de place Saint-Germain pour rappeler l'édifice auquel elle a succédé.

3° La *Place Hennuyer* ou plutôt Le Hennuyer. C'est l'ancien Friche aux Chanoines, que, par abréviation, on appelait le Friche, parce que ce terrain était négligé, non sablé, et ne produisait que de chétives graminées. Sous aucun rapport le nom de l'évêque Le Hennuyer ne convient à cette place qui porta quelque tems, à partir de 1791, le nom de Place-d'Armes. Le seul nom qui lui appartienne raisonnablement est celui de *Friche-aux-Chanoines,* qu'elle portait de tems immémorial et qui rappèle qu'elle était partout entourée d'habitations de ces ecclésiastiques. Le 2 septembre 1809, cette place fut nommée Place-Matignon, puis en 1810 Place-Hennuyer.

4° La *Place de la Couture-du-Milieu*. Cette dénomination est trop longue. Pourquoi ne pas l'appeler Place-de-la-Poissonnerie, puisque depuis le 30 décembre 1811 elle est affectée au marché du poisson ?

5° La *Place du Marché-aux-Chevaux*. Autrefois on l'appelait la Grande-Couture parce que, comme les deux rues inférieures, ce terrain était en culture *(cultura)*, que l'on traduisit d'abord par Coulture, mot que l'on trouve (la Couture) à Bernai, et à Paris (rue Culture-Sainte-Catherine). En 1791, cette place fut nommée Place-de-la-Confédération, puis de la Fédération, parce que l'on y fêta le 14 juillet de cette année la commémoration de la prise de la Bastille, dans une réunion de plusieurs gardes nationales de Lisieux et des environs. Le 23 octobre 1794 elle reçut le nom de Place-de-la-Liberté, parce qu'on y célébrait les fêtes nationales. Ce ne fut que le 2 septembre 1809 qu'on lui imposa le nom du marché que l'on y tient.

6° La *Place du Marché-aux-Bœufs*. Après l'enlèvement des ossemens et des terres du cimetière Saint-Jacques, qui s'élevait fort au-dessus du sol adjacent, la ville acheta ce terrain pour six mille francs le 9 auguste 1810 et y plaça le marché aux bœufs.

7° La *Place de la Victoire*. Ce terrein, seul reste des anciens fossés de la ville, et qui servait de réceptacle aux immondices, fut comblé et applani de 1792 à 1794. On l'appelait communément la Lanterne, parceque, sur la partie des murs de l'évêché qui le domine, se trouvait un kiosque que le peuple et les gens de l'évêque appelaient la Lanterne comme à Athènes on nomme Lanterne de Démosthène une petite fabrique qui en effet a un peu l'apparence de cette sorte de fanal. Les victoires de Fleurus (16 et 26 juin 1794) ayant rétabli notre supériorité militaire, on célébra ces succès par des fêtes patriotiques, et la *Lanterne,* consacrée pour ces commémorations, prit le nom de *Place-de-la-Victoire.*

8° La *Place des Mathurins*. Cette place destinée à une nouvelle Poissonnerie a été réservée sur l'emplacement de l'ancien hôpital.

Ponts et Rues. Nous ne parlerons que des quatre ponts principaux. Traversée par les rivières de Touque et d'Orbiquet, ainsi que par les routes de Paris à Cherbourg, et de Honfleur à Orléans, la ville avait besoin de plusieurs ponts. Elle en possédait depuis long-tems deux dans le faubourg Saint-Désir : le premier en pierre sur l'Orbiquet, le second en bois sur la Touque. En 1821 on construisit, sur cette dernière rivière, à la

Barre, un pont en pierre pour ouvrir le faubourg Saint-Désir, vers son centre, à une communication devenue nécessaire avec la partie orientale de la ville.

L'Orbiquet est couvert d'un second pont en pierre, dans la rue Pont-Mortain; l'ancien, qui était en bois, fut rebâti tel qu'il est aujourd'hui, et ouvert au public le mardi 4 octobre 1541. Le pont de pierre de la rue aux Fèvres est de la même époque.

Le Plan que nous joignons à notre Histoire de Lisieux fait connaître cette ville dans tous les détails de la distribution de ses rues et de ses principaux édifices. Quant aux rues, nous restreindrons ce que nous en devons dire à celles dont l'étymologie est peu connue. 1° la rue au *Char* tire son nom de l'enseigne d'une ancienne auberge qui depuis long-tems a disparu et qui n'avait rien de commun avec l'hôtel de La Rose établi il y a quarante ans environ dans la maison du chanoine De La Varende, vendue comme bien d'émigré; 2° la rue du *Bouteiller* reçut sa dénomination du séjour qu'y fit le bouteiller ou échanson de Henri Ier; 3° la rue *Cardin-Martin* avait, lorsqu'elle n'était qu'un impasse, emprunté son nom à un propriétaire qui l'habitait dans le XVIe siècle. Il est à regretter que l'on ait changé ce nom, qui était ancien et qui figure dans plusieurs actes, en celui de Condorcet qui ne l'habita pas ; 4° la rue de *Bon-Ange* était appelée ainsi parce qu'on avait bâti autrefois à son extrémité une chapelle consacrée à l'ange gardien, au bon ange : c'est aujourd'hui la rue de Beaumont, parce qu'elle conduit à Beaumont-en-Auge ; 5° la rue de *la Barre*, et 6° la rue de *la Chaussée* furent ainsi nommées parce qu'elles aboutissaient, la première à un barrage sur la Touque, la seconde à une chaussée au moyen de laquelle on passait à pied sec pour gagner le Grand-Jardin ou Parc-aux-Bœufs et le quai sur la Touque d'où les gabarres emportaient du merrain et des cidres à Pont-l'Évêque et à Touques ; 7° la rue *Pont-Mortain* s'appelait la rue Saint-Agnan, avant la reconstruction du pont actuel ; elle tire son nom du Mortain ou Mortin, sorte de laine de qualité très inférieure que l'on y vendait en pelures, de ce point à la Petite-Couture qui a long-tems porté le nom de Couture-aux-Moutons. 8° la rue aux *Fèvres* emprunta son nom aux ouvriers en fer *(Fabri)* qui l'habitaient.

PROMENADES. Avant la restauration du beau jardin de l'évêché, la ville ne possédait d'autres promenades que ses boulevards et la route de Pont-l'Évêque.

En 1780, le gouverneur de la ville, le marquis de Brancas Céreste, vendit une partie des murs et des fossés. Les murs furent conservés par les acquéreurs; mais les fossés furent comblés, desséchés et convertis en jardins. Une partie des boulevards fut plantée vers 1783 à partir de la porte de Paris jusque vers la porte d'Orbec, comme l'autre partie, vers l'orient, l'avait été en 1776 lorsque l'on eut ouvert la route de Pont-l'Évêque. La plantation du boulevard des bains à l'occident de la ville est la dernière de nos avenues. Elle eut lieu en

Ce fut en 1771 qu'en commençant les travaux pour la confection de la route de Pont-l'Évêque on trouva, sur le terrain de M. Boudard, une pierre en forme de Cippe ayant appartenu à un tombeau romain; l'inscription était ainsi conçue : Villaorix. Intin. Caes. Fil. v. a. xviii. (Villaorix, fils d'Intinus, César. Il a vécu dix-huit ans). Cette expression César ne saurait ici désigner un prince impérial : si elle a été bien lue, elle désignerait peut-être l'un des fils d'Agrippa (Caïus César, et Lucius César), tous deux morts dans leur jeunesse. Encore est-il vrai de dire que le mot *Intin* est très propre à dérouter les conjectures. Quant à Villaorix il doit être un personnage gaulois, à en juger par la finale de son nom.

Nous ne parlerons pas de la numismatique lexovienne parce que, à notre connaissance, elle n'offre aucune médaille rare parmi quelques centaines que nous avons examinées.

FONTAINES PUBLIQUES. La ville, dans le XIIIe siècle, avait mérité que Guillaume le Breton lui reprochât de n'avoir qu'une eau bourbeuse à partager avec les crapauds :

> . . . . . *Lexovœa, fontis egena,*
> *Quæ pro fonte maras gaudet potare lutosas.*
> . . . . . . *Bufoni bufo cohæret.*

cet état de choses a bien changé depuis. Dans le XVe siècle, on mit à profit les belles sources qu'on a depuis appelées les Rouges-Fontaines ; on en conduisit les eaux dans les principaux quartiers de Lisieux, au moyen de onze canaux souterreins.

Les fontaines, au nombre de 10, sont situées 1° au haut du faubourg de Paris ; 2° sur l'emplacement de la Porte de Paris ; 3° à l'entrée de la rue du Paradis ; 4° sur la place Matignon ; 5° vers le bas de la Grande-Rue ; 6° vers le milieu de la rue du Bouteiller (construite en 1784, inaugurée en 1785); 7° sur le marché aux Bœufs, (reconstruite en 1769, en vertu d'une délibération de la ville datée du 26 octobre 1768, autorisée par arrêt du conseil du 9 janvier 1769, puis rebâtie de nouveau en 1809); 8° sur la place de la halle aux Grains ; 9° sur la place des Boucheries ; 10° près de la halle aux Frocs (construite en 1837).

En 1834 quatre pompes furent établies : deux dans la rue de Caen, une dans la rue de Livarot, et une à l'entrée du chemin du Champ-Rémouleux. Une borne-fontaine existe sur le boulevart de la Chaussée, près de la rue Condorcet.

Outre ces fontaines, la ville a livré plusieurs prises d'eau à l'hospice et à quelques propriétés particulières.

Halles. Les halles, surtout celle qui était consacrée à la vente des grains, remontent à une grande antiquité ; tombées en ruines, et sans doute devenues trop étroites depuis que la ville s'était agrandie des trois Coutures et que l'accroissement de l'aisance générale avait favorisé l'augmentation de la population, nos halles furent en 1745 reconstruites aux frais de l'évêque Brancas. La partie orientale servait pour les Grains, la partie occidentale pour les Frocs. En 1819, le préfet et les principales autorités posèrent la première pierre de la nouvelle halle destinée à la vente des Frocs et des Toiles, sur l'emplacement des anciennes Providentes, au bout de la place de la Poissonnerie. Cette construction donna les moyens de réunir l'ancienne halle aux Frocs à la halle aux Grains, pour l'embellissement de laquelle deux façades furent élevées aux deux extrémités de l'édifice en 1820.

La halle dite des Merciers, terminant au nord les Boucheries, vieux et incommode bâtiment du plus mauvais goût, fut démolie en 1832 et remplacée par un nouvel édifice. Ce fut aussi en 1832 que fut bâtie la halle aux Laines.

Un abattoir public fut bâti en 1840 et ouvert le 19 janvier 1841.

Château des Loges, et Palais Épiscopal. Cet élégant et magnifique château, qui depuis le milieu du XVIIe siècle tombait en ruines après avoir pendant de nombreuses années servi de maison de plaisance aux évêques, fut reconstruit à neuf de fond en comble de 1765 à 1770. L'évêque Condorcet qui exécuta cette construction fit accompagner le château qui était vaste, élégant et magnifique, de superbes jardins paysagers, peut-être un peu trop parés, et qui étaient ornés de charmantes fabriques du meilleur goût, de kiosques, de chaumières, de statues en terre cuite peintes de manière à faire illusion sur les figures et les costumes. Malheureusement un lexovien ayant surenchéri fort mal à propos lors de la vente qui fut faite, au commencement de la révolution, de cette belle propriété, empêcha un riche capitaliste anglais d'en faire l'acquisition pour s'y fixer confortablement : une nouvelle adjudication eut lieu, et en peu de tems, château, parc, potagers, jardins, décors, tout disparut comme par un enchantement des Mille-et-une-Nuits. La ville y perdit un de ses principaux ornemens, tandis qu'une chûte de planchers mutila le Palais Épiscopal et réduisit la partie qui fesait face au jardin en déplorables ruines sur lesquelles on a bâti quelques pièces beaucoup moins élevées et moins belles que la construction de Matignon.

Le Palais Épiscopal était avec raison cité comme l'un des plus beaux du royaume. Son escalier était justement remarqué par sa hardiesse et son élégance. Outre le mérite de son architecture, de son étendue, de sa noble apparence et de sa convenable et riche distribution intérieure, ainsi que de ses ameublemens, il était précédé d'une vaste place, et réunissait à ses deux cours de magnifiques jardins qui s'étendaient du voisinage de la porte de Paris à la porte de la Chaussée et possédaient des fontaines, des jets d'eau et des pièces d'eau. Dessiné par le célèbre Le Nostre auquel Louis XIV devait les jardins de Versailles, le jardin de l'évêché jouissait d'une agréable vue sur la vallée de la Touque entre les côteaux de Roques et du Ménil-Asselin. Deux belles avenues de marronniers d'Inde, devenus gigantesques, et qui furent abattus en 1794, encadraient à l'est et au couchant les parterres au milieu desquels s'élevait d'une belle pièce d'eau un jet d'eau d'une grande hauteur.

L'administration municipale a eu la sagesse de ressusciter en majeure partie ce beau jardin qui a été refait avec beaucoup de goût et qui est entretenu avec un soin digne d'éloges. Il fut ouvert au public le 18 juin 1837.

Les tableaux de l'évêché, et plusieurs autres qui étaient d'une grande valeur, avaient été vendus à vil prix, quoiqu'un décret eût prescrit leur conservation. Quelques-uns avaient été jetés sous des hangars, lorsque Grainville et moi fîmes connaître à l'administration que de telles ventes la compromettraient. Au haut des jardins de l'évêché, autour des fontaines, on avait jusqu'en 1793 conservé les bustes en marbre blanc de quelques philosophes ou législateurs grecs, entre autres de Lycurgue et de Socrate : ils furent brisés. On conçoit qu'à cette époque, les sept sages dont les Matignons avaient orné leurs jardins ne pouvaient pas trouver grâce devant des hommes pour qui, ainsi que l'a dit Voltaire,

Bâtir est beau, mais détruire est sublime.

Junius Brutus, malgré son nom, eût éprouvé le

même sort, s'il n'eût été placé dans une des salles du palais épiscopal, où furent également conservés deux beaux tableaux : l'invention du feu, de je ne sais quel maître, et le martyre de saint Sébastien que l'on attribuait à Annibal Carrache. Les statues en terre cuite, du jardin des Loges, n'avaient pas non plus échappé à la destruction, pas plus que l'Orphée et la Minerve en marbre blanc de l'évêché. Un tableau de saint Jérôme dans le désert, quelques portraits d'évêques, avaient été mutilés. La contre-table de l'église Saint-Germain (la Présentation de Jésus au Temple) due au pinceau de Laurent de La Hire, estimée 12,000 francs, avait disparu ainsi que la Descente de Croix de l'église Saint-Jacques, et le Christ du maître-autel du grand séminaire. Ce fut dans le bûcher de l'évêché que je retrouvai la belle table composée de 149 pièces de marbres différens, bordée de marbre noir et longue d'un mètre six cent vingt-cinq millimètres (cinq pieds) sur une largeur de quatre-vingt-un centimètres (2 pieds six pouces).

Je retrouve ces détails dans un Rapport que le peintre Henri-Christiern-Fréderic Spindler et moi fimes à l'administration du district le 25 brumaire an III (15 novembre 1794).

Commerce. Depuis que les Lexoviens, au lieu

de rebâtir leur ville sur le plateau de Néomagus, avaient eu le bon esprit de descendre entre l'Orbiquet et la Touque, un peu au-dessus de leur confluent, ils possédaient une position tout-à-fait propre à l'établissement de plusieurs fabriques. Aussi c'est à un tems immémorial que remontent nos tanneries et nos fabriques de laines. Les autres branches de notre commerce doivent aussi être fort anciennes. Les toiles Crétonnes qui, dit-on, tiraient leur nom d'un fabriquant nommé Créton, remontent aussi fort haut. En effet, dans une contrée fertile et industrieuse, les besoins de la vie trouvaient facilement moyen de se satisfaire et de livrer au commerce d'abondans produits manufacturés. Tordouet, auquel nos frocs avaient emprunté leur dénomination, trouvait ses matières premières dans les laines du pays, comme nos toiles dans les lins du Lieuvin et les chanvres du territoire lexovien, dont les bouchers livraient à la tannerie les cuirs des animaux qu'ils avaient abattus. La rue aux Fèvres annonce en outre que les ouvriers en métaux y exerçaient leur industrie, et s'y trouvaient en grand nombre.

Les colléges d'artisans du tems des Romains avaient dans le moyen-âge été remplacés par des confréries et des corps de métiers, qui, forts du principe d'association, se protégeaient contre les oppressions féodales. Cette institution des corps d'arts et métiers était, après la chûte complète de la féodalité, devenue féconde en entraves et dut tomber quand la révolution abolit tous les priviléges et détruisit les jurandes.

Les évêques de Lisieux en leur qualité de Comtes donnaient des réglemens protecteurs ou ratifiaient ceux que les corporations leur proposaient.

M. Henri Formeville l'a judicieusement remarqué, dans une savante Notice sur la manufacture de laines de Lisieux ; si les corps de métiers de cette ville ne se sont constitués en jurandes que vers la moitié du XVe siècle, c'est que le régime municipal ne s'y développa que fort lentement, et qu'on ne put s'occuper beaucoup de régler des fabriques quand l'occupation anglaise (de 1417 à 1449) paralisait tout essor, tremblant devant de continuelles avanies. L'évêque Basin, dont l'esprit était supérieur à son époque, ne se borna pas à organiser à Lisieux un meilleur régime municipal en 1447 : dès l'année suivante il développa cette nouvelle institution en autorisant la rédaction de réglemens pour chaque industrie en particulier. C'est ce qui donna lieu à des « Ordonnances sur des corps de métiers de la ville de Lisieux », dont le registre qui les contenait fut perdu quelques années avant la révolution. Fabricans de frocs, foulons, tanneurs, tondeurs, teinturiers, fileuses de trames, marchands de chardon à bonnetier, étaient régis par ces statuts.

Comme notre objet n'est pas de donner ici la statistique de l'industrie lexovienne, nous renvoyons à l'excellente Notice de M. Formeville (1837; in-8° 110 p.), et pour ces derniers tems à l'Enquête commerciale faite en 1836 par l'Association Normande dans la ville de Lisieux.

Au surplus nous dirons que dès le XVe siècle et probablement avant cette époque les marchands de Lisieux se rendaient aux foires d'Anvers et à d'autres plus voisines; et que, dans l'ordonnance du 8 janvier 1474, Louis XI cite la ville de Lisieux (et celle de Bernai) parmi les cités manufacturières qui portaient à Paris « la plupart du fait et marchandise de la draperie qui s'y rendait ».

Outre cette branche de commerce, les pêcheurs de nos côtes maritimes, les herbagers de la Vallée-d'Auge, les brasseurs de cervoise (bière), et de cidre, mettaient en circulation une notable quantité de denrées de première nécessité.

La ville de Lisieux, toujours active et industrieuse, n'est pas restée indifférente au grand mouvement commercial de notre époque. Elle a soutenu ses anciennes industries, et créé plusieurs grands établissemens. Nous citerons entre autres les filatures de laine de MM. Fournet, Méry-Samson, Bordeaux-Fournet, Dubois, Vallée et Hamel; les filatures de coton de MM. Guiot, et Huchon; l'établissement d'apprêts de frocs et la fabrique de peignes ou rots de M. Gillotin et Cie.; les filatures de fil de MM. Lambert, et Dubois; la fabrique de tissage de toile de M Dulong, etc.; et les divers établissemens de MM. Fournet, Laignel, Barbel, Roney, etc., situés dans l'arrondissement.

La première filature de laine à Lisieux, fut établie en 1821, sur le boulevard des Bains, par M. Douglas : elle appartient aujourd'hui à M. Jus.

IMPRIMERIE. L'imprimeur le plus ancien dont j'ai pu découvrir le nom s'appelait Jean Clémence : il demeurait en 1608 vis-à-vis de la fontaine Saint-Pierre. — Remi Le Boullanger imprimait en 1674 et encore en 1701; — Jacques Aulnay-du-Roncerey, vers 1750. — Sa veuve continua et maria sa nièce, Melle Pain, à François-Bonaventure Mistral, son prote, lequel lui succéda.

Conformément à l'arrêt du Conseil du 21 juillet 1704, Lisieux n'avait eu qu'un imprimeur (qui fut maintenu par l'arrêt du conseil du 31 mars

1739), jusqu'en 1790, époque à laquelle la liberté ayant été rendue à toutes les industries, Jean Delaunay, jusqu'alors libraire, fonda une seconde imprimerie. Ayant cessé en 1796 d'être occupé par les autorités que supprimait la constitution de l'an III, il céda la place et toute concurrence à Mistral qui eut pour successeur Tissot, seul imprimeur jusqu'à la révolution de juillet 1830. Alors M. Paul Brée fonda une imprimerie qui passa en 1834 aux mains de M. Durand. L'imprimerie de M. Pigeon fut créé dans la même année.

Couleurs et Armoiries. Tandis que le bleu (bleu de roi) était la couleur des rois de France, ainsi que le blanc avant la révolution de 1789, le drapeau des Normands au XIIe siècle était de drap rouge (Wace, Tom. I; p. 201); leurs armoiries, qui sont devenues celles de l'Angleterre depuis la conquête de 1066, offraient deux chats ou léopards.

Quant au prétendu coq gaulois, c'est une grave erreur de l'attribuer aux habitans des Gaules qui ne firent sur leurs monnaies figurer que le cheval. Le coq *(gallus)* n'a été adopté à l'époque des croisades, dans le XIIe siècle, que comme homonyme de *Gallus* (français); et ce jeu de mots se justifie parfaitement par les qualités du coq qui, comme nos compatriotes, est beau, courageux et galant. Au reste, dès les tems anciens, les peuples avaient adopté des emblêmes qui ne provenaient aussi que d'un jeu de mots : ainsi les Phocéens avaient choisi le phoque, les Rhodiens une rose, etc. C'est ce qui fit dire à Passerat :

Hic idem invictis populis mavortius ales
Præclarumque simul tribuit tibi, Gallia, nomen.

(ô France, comme aux peuples invincibles, l'oiseau de mars t'a donné son nom brillant).

Le coq resta toujours l'emblême de la France jusque sous l'empire, époque à laquelle Napoléon, qui le croyait mal à propos un emblême républicain et qui cherchait en tout à imiter les Romains, fit adopter l'aigle que nous avons eu raison de ne pas conserver. Laissons aux monarques du Nord cet oiseau de proie, de sang et de brigandage.

Quand aux armoiries lexoviennes, les deux clés en sautoir, cantonnées de quatre étoiles, avec la couronne de comte, ne sont pas nos armes : ce sont celles des évêques de Lisieux dont l'église cathédrale et le diocèse étaient placées sous l'invocation de saint Pierre qui est toujours représenté avec deux clés : celle du paradis et celle de l'enfer. Ce sont à peu près les mêmes armes que celles de Rome (deux simples clés en sautoir) blazon fort rationnel puisque l'église de Rome revendique saint Pierre pour son fondateur.

Ainsi la ville de Lisieux n'a pas réellement d'armoiries, même avec les trois fleurs de lys d'or, posées en fasce, accordées à l'évêque Basin lorsque la ville se rendit à Charles VII. Elle reprit toutefois ces armes en 1817, après qu'une ordonnance royale du 26 septembre 1814 eut autorisé les villes à reprendre leurs anciennes armoiries, et qu'elle eut obtenu à cet effet des lettres-patentes datées du 19 avril 1817.

Dès 1809 un décret impérial du 17 mai avait permis aux communes de se faire autoriser à prendre des armoiries. Le 12 septembre de la même année, le conseil municipal présenta et n'obtint pas un écusson, pourtant assez convenable : c'était un mouton reposant sur deux faisceaux de lin vert : emblême de ses principaux objets d'industrie, les frocs et les toiles.

Cérémonies. Avant la révolution et de tems immémorial on célébrait à Lisieux une fête pompeuse et qui avait autant d'élégance que de grâce. D'après quelques accords faits avec l'évêque-comte de la ville, les chanoines, qui quelquefois avaient eu avec lui des débats par rapport à des droits dont le prélat s'était emparés et qu'ils revendiquaient, avaient obtenu certaines concessions dont ils usaient à l'époque de la fête Saint-Ursin, durant deux jours entiers (les 10 et 11 juin).

Le chapitre élisait dans son sein, tous les ans, deux chanoines qui prenaient le titre de Comtes et se trouvaient pendant deux jours investis du droit de représenter l'évêque. Le 10 juin à midi le son de toutes les cloches, mises en vol, annonçait la cérémonie. Trois heures après, les deux Comtes temporaires, disposés à recevoir les honneurs du comté dans la ville et sa banlieue, se rendaient solennellement à la cathédrale où ils montaient par le grand escalier de la place de l'évêché que l'on a depuis appelée place Matignon. L'ordre de la marche était ainsi établi : 1° les tambours de la ville; 2° les vassaux du doyen du chapitre ou leurs représentans, marchant deux à deux, armés de toutes pièces de pied en cap, pot-en-tête, cuirasse, brassards, cuissards et autres armures (c'est ce que le peuple appelait les Hommes de Fer), portant la hallebarde sur l'épaule et le glaive au côté; 3° les deux appariteurs du chapitre, vêtus de leur surplis, décorés d'une bandoulière des plus belles fleurs de la saison, laquelle allait de l'épaule droite au côté gauche, tenant à la main droite leur bâton revêtu d'argent et à la main gauche un ample bouquet de fleurs ; 4° deux chapelains en surplis et en aumusse blanche tigrée de noir, parés aussi de bandoulières et de bouquets; 5° les deux Comtes, décorés comme les deux chapelains ; 6° les officiers de la haute-justice du chapitre, en robes noires sur lesquelles ne brillait que mieux la bandoulière de fleurs, portant comme les autres figurans un bouquet à la main. C'étaient ces six officiers qui fermaient la marche, au milieu d'un nombreux concours qui ne manquait jamais de venir admirer la CÉRÉMONIE DE LA COMTÉ, fête charmante, surtout lorsque le tems était beau : ce qui arrivait presque toujours à cette époque de l'année, et que la multiplicité des plus brillantes fleurs égayait et parfumait d'autant plus grandement que les citoyens de la ville et principalement les chanoines se livraient avec goût à leur culture.

Ce gracieux cortége entrait ainsi dans la cathédrale dont les murs, un peu nus ordinairement, étaient ce jour-là décorés de tentures. Les armoiries des deux Comtes qu'ils n'avaient pas oublié d'arborer sur la porte de leur hôtel, se fesaient remarquer sur ces tapisseries, ainsi que sur le grand portail de la basilique. S'avançant avec leur cortége sur des tapis de pied, ils allaient prendre leur place de chaque côté du chœur.

Quand le premier psaume des vêpres avait été chanté avec l'harmonieux accompagnement de l'orgue, les Comtes revenaient avec leur cortége au perron dont ils descendaient les marches. Là ils montaient sur un cheval, véritable dextrier qui n'était pas indigne de porter de tels dignitaires; autant en fesaient les deux appariteurs, les deux chapelains et tous les officiers de la haute-justice du chapitre. Puis, dans l'ordre que nous avons indiqué, les princes de la fête et leur suite allaient, avec toute la solennité convenable, prendre possession des quatre portes de la ville dont on leur remettait les clés. Les Comtes temporaires plaçaient à chacune de ces portes quelques-uns de leurs hommes armés de pied en cap, pour les garder ce jour et le lendemain. Dans sa marche ce cortége, traversant la rue du Bouteiller pour se rendre à la porte de Caen, s'arrêtait un moment devant le collége dont il fesait ouvrir les classes : là, pour que tout le monde prit part à la fête, les Comtes donnaient congé aux écoliers.

Après avoir parcouru les rues, de la porte de Paris à la porte de Caen, et de la porte de la Chaussée à la porte d'Orbec, on s'arrêtait au prétoire du comté et on y prenait place d'après les dignités et les grades : les Comtes occupaient la place d'honneur, présidaient aux réglemens de police, ainsi qu'au jugement des causes, et continuaient ainsi le lendemain qui était le propre jour de la fête Saint-Ursin. Pendant les deux journées de cet empire passager, toute la juridiction civile et criminelle appartenait aux Comtes, ainsi que les droits de coutume perçus pour la foire Saint-Ursin qui s'ouvrait ce jour-là et durait une semaine comme aujourd'hui.

Après les honneurs et les fatigues de cette cérémonie les Comtes donnaient chacun un grand repas aux quarante chanoines, tant distributifs que non distributifs, qui composaient le chapitre de la cathédrale de Lisieux que le pape Innocent III avait désigné comme un sacré-collége éminemment illustre. A ces banquets assistaient aussi tous les membres de la justice. Cet acte de libéralité était accompagné d'une distribution faite à chacun des convives et qui consistait en deux pots de vin (quatre litres) et quatre livres de pain (deux kilogrammes).

Le 12 juin, l'évêque reprenait le titre et les droits de Comte; et les chanoines rentraient dans leur position subordonnée comme auparavant, après un règne de deux jours.

Sic transit gloria mundi !

(ainsi passe la gloire du monde).

Pour exercer la jeunesse au maniment des armes et au tir plus parfait de l'arquebuse, le gouvernement favorisait, dans plusieurs de nos provinces, les compagnies de l'arquebuse et du Papegai ou Papegaut.

A Lisieux on tirait le Papegai : c'est-à-dire que le point de mire était un oiseau en carton ou autre matière peinte. Le papegai dans la langue romane signifiait un perroquet et venait de l'arabe Babaga, dont les Grecs modernes firent Papagaz et les Languedociens Papogai. Ce nom, dans le Roman de la Rose de Jean de Meun né vers 1280, est écrit tantôt Papegaulx, tantôt Papegault. On trouve, dans les archives de la ville de Lisieux, des lettres-patentes de nos rois, pour y encourager l'exercice du Papegai. M. Dingremont a fait imprimer dans l'Almanach de Lisieux de 1845, celles de Henri III, qui furent confirmées par celles de Henri IV en février 1594, par Louis XIII en mai 1614 et le 21 janvier 1615, et enfin par Louis XIV au mois de juin 1652. Le premier de ces monarques s'exprime ainsi : Afin que « les jeunes gens marchands et autres bons bourgeois et citoyens soient plus adroits et capables de nous faire service et à la république; afin que les armes d'arquebuses qu'ils ont achetées à grands frais ne leur demeurent à l'avenir inutiles, ils nous ont supplié de leur donner permission de s'exercer quelque tems de l'année à tirer à la butte et au Papegault, et à faire quelque grâce et libéralité à celui d'entre eux qui aura abattu le dit Papegault ainsi qu'il a été accordé par nos prédécesseurs et nous à plusieurs habitans des villes et lieux de notre pays de Normandie : leur avons permis de s'exercer le premier dimanche du mois de mai ou autre jour; permettant à celui qui aura abattu le dit papegault, de pouvoir vendre ou faire débiter soixante tonneaux de cidre durant un an, à commencer du premier janvier ensuivant, sans que pour ce il soit tenu nous payer aucun droit, droit de quatrième, ni aide, et aussi demeurera exemt de nous payer aucuns tributs, impôts, aides-de-ville, emprunts et tous autres subsides quelconques durant le dit an : pourvu que l'arquebuse dont il aura tiré soit à lui; et pourra davantage faire sonner le tambour quand bon lui semblera, pour assembler les dits arquebusiers, sans que pour ce il soit tenu demander permission aux juges et officiers ni autres de la dite ville ».

Costumes. Le bonnet des simples bourgeoises et des paysannes des environs de Lisieux est la seule partie du costume qui diffère de celui des autres contrées de la France. Ce bonnet si élégant et si pittoresque est différent aussi des coeffures de la Normandie qui offre plus de cent variétés de cette parure, par conséquent, plus pour cette seule province, que n'en comptent nos autres provinces réunies. Vers 1820, sur notre recommandation, La Mésangère, qui rédigeait le Journal des Modes, fit dessiner 125 des costumes des femmes normandes, qu'il publia coloriés en 1825 (un volume in-f°). Pour la plupart dessinés par M. Lanté, ils furent gravés par M. Gatine. Le costume lexovien occupe dans cette collection les n°ˢ 40 et 41. Le dessinateur a eu soin de faire figurer dans le dernier de ces numéros l'ignoble et hideux bonnet de coton qui fait un si remarquable contraste avec la beauté du bonnet lexovien.

Cette coeffure, dont on retrouve une forme approximative dans celles des bourgeoises de Schweinfurt en Franconie, avait été portée au commencement du XIV° siècle par Marguerite de Flandre, femme de Jean de Mont-Fort-sur-Meu, duc de Bretagne. Maillot (en reproduisant dans ses Recherches sur les Costumes la gravure donnée dans les Monumens de la Monarchie Française par Mont-Faucon qui en avait emprunté le dessin à un manuscrit de Froissard) appèle cette belle coeffure Bonnet à la Syrienne, parce qu'en effet il avait été apporté de l'Orient par les Croisés.

Une miniature du portefeuille de De Gaignières, offrant le portrait en pied d'Euriant, femme du comte de Nevers, sous Charles VII (XV° siècle), lui donna pour coeffure le même bonnet, duquel, comme le précédent, pend par derrière un long voile qui produit un bon effet.

Qui croirait qu'à l'époque de Marguerite de Flandre, un honnête Carme breton eut la niaiserie de proscrire en chaire le bonnet conique qui commençait à prendre faveur dans le pays où les bonnets plats et les *poupettes* coeffent si mal les Basses-Brètes. Au reste la difficulté de porter notre belle coeffure et le prix qu'elle coûte n'en permettaient guère l'usage aux femmes de la Bretagne, dont au surplus, après le départ du Carme, les plus riches reprirent la mode. Ces dames, dit Paradin dans son Histoire de Bourgogne, « relevèrent leurs cornes et firent comme les limaçons, lesquels, quand ils entendent quelque bruit, retirent et resserrent tout bellement leurs cornes : ensuite, le bruit passé, soudain ils les relèvent plus grandes que devant. Ainsi firent ces dames ». Il faut conclure de ce passage historique que les prédicateurs qui dans ces tems-là s'attaquaient aux têtes féminines n'avaient pas plus de succès que les curés de nos jours qui avaient avec raison essayé d'empêcher nos paysannes de se défigurer du bonnet de coton, emprunté aux valets d'écurie et aux geindres de boulangeries. Cette invasion du bonnet de coton ne date que du commencement de notre siècle; il ne fut d'abord porté qu'avec une sorte de honte par quelques servantes de bas étage et par quelques paysannes décrépites, par principe d'économie et surtout par goût de paresse.

La gravure que nous donnons ici est due au crayon de M. Ménier.

CANTON DE LISIEUX.

(1re division).

BEUVILLIER sur Orbiquet. C'est à tort que quelques personnes écrivent Beuvillers, car assurément tout le monde prononce Beuvillier. D'Anville écrit Beuvilliers dans sa Carte du diocèse de Lisieux, et l'auteur du Pouillé général de l'archevêché de Rouen (en 1648, dans ses Bénéfices du Diocèse de Lisieux) orthographie Beuvillier avec plus de raison. En effet, on le lit ainsi dans les « Mémoires pris sur les originaux des diocèses et les Registres du Clergé de France, ainsi qu'ils ont été ordonnés en l'assemblée de Mantes l'an 1641 » etc. On n'aurait pas l'excuse de prétendre que les deux *l* se mouillent : ce qui n'a lieu que dans les mots qui en latin offrent ces deux *l* suivies d'un *i*. Or Beuvillier vient de *Villare*, au pluriel *Villaria*, dérivés de *Villa* : ferme, métairie. On sait d'ailleurs que les deux *l* ne se mouillent ni dans ville, ni dans village etc. Quand à l'étymologie du nom de la commune dont nous parlons, elle provient du vieux mot roman Buef, Beu (bœuf) et du latin *Villare* : le village des bœufs, parce qu'en effet sa vallée présente de gras paturages.

CANTELOUP (Saint-Hippolyte). Cette commune à laquelle on avait joint Saint-Pierre-de-Canteloup en 1825, a été en 1841 réunie à l'Hôtellerie, Marolles et Fumichon. Un Robert de Canteloup figura, comme beaucoup d'autres seigneurs et leurs hommes (les vilains), dans la première croisade de 1096. Le nom de cette commune, comme celui de Chanteloup, de Cantalupo, tient à son ancienne position au milieu des bois où venaient *chanter* les *loups*.

COURTONNE-LA-MEURDRAC. Cassini écrit : Meudrac. Ce surnom vient d'une ancienne famille, puissante dans notre territoire, dans la Basse-Normandie, et en Angleterre. Elle existait dès le milieu de XIe siècle.

Un Robert de Meurdrac souscrivit en 1080 à une charte de Guillaume-le-Conquérant en faveur de l'abbaye de Saint-Évroul. M. de Gerville qui a fait les plus profondes recherches sur nos antiquités Normano-Britaniques, a retrouvé les Meurdrac dans l'arrondissement de Coutances.

Ces surnoms ont une origine analogue dans Saint-Julien-le-Foucon, Livet-Tournebu etc. Courtonne vient du latin *Chors, Cortis*, (cour pour les troupeaux, et par extension, métairie).

En 1413 le château de Courtonne-la-Meurdrac appartenait à l'évêque d'Estouteville qui l'avait fait bâtir et qui y mourut vers l'année suivante. — En 1417 le duc de Clarence s'empara du château dont la garde fut confiée aux Anglais en 1421.

FAUGUERNON. Des mots romans Fau (hêtre) et Guern (aune), parce que sans doute autrefois ces essences de bois y étaient plus communes qu'ailleurs. Fauguernon était jadis une place fortifiée, dont quelques débris de murs et la position attestent l'ancienne importance, même à l'époque de la féodalité où presque tous les seigneurs de village possédaient des donjons et des tours, en un mot des châteaux (*Castellum* : fortification). Parmi les débris du château de Fauguernon, on remarque encore des pans de murs fort épais, les restes d'une tour, et des souterrains, partie nécessaire de ces sortes d'établissemens militaires. Les vicomtes de Fauguernon siégeaient à l'échiquier de Normandie et exerçaient une haute-justice.

Le château de Combrai était un fief de la même commune.

En 1137, Geoffroi, comte d'Anjou, dont nous avons parlé dans nos FAITS HISTORIQUES, Tom. I; p. 106 et 108, assiégea le château de Fauguernon pendant trois mois : il le prit et le fit raser. Rétabli ensuite il fut encore l'objet de plusieurs attaques. En 1449, ce fut de là (le samedi 16 auguste) que l'armée de Charles VII, après la prise de Pont-Audemer, marcha sur Lisieux qui se rendit le même jour, n'ayant pour garnison qu'une centaine de piétons anglais et pour défense que de mauvaises murailles en ruines, sans boulevards et presque sans fossés. Les Français y entrèrent le lendemain, dimanche 17. Ces détails nous sont fournis par notre évêque Basin, dans son Hist. lat. de Charles VII : liv. IV ; chap. 17. Il ajoute qu'il eût pu se défendre contre l'armée française, avec ses chapelains, dans un château très fort à deux lieues de la ville : c'est de Fauguernon qu'il veut parler, ou peut-être de Mailloc.

A la fin du XVIe siècle ou au commencement du siècle suivant, sous le règne de Henri IV, ce château fut définitivement rasé, comme tous les autres repaires du brigandage féodal.

FIRFOL. Il possédait un prieuré de l'ordre de Saint-Benoît.

FUMICHON. Cassini écrit Fumechon, appelé Follimichon dans une vieille charte en faveur de l'abbaye de Saint-Évroul. Gui du Long-Champ, capitaine gouverneur de Lisieux, était seigneur de cette commune.

GLOS-SUR-ORBIQUET. Autrefois Gloz et Glots. Glos-sur-Lisieux dans Cassini. Le curé de cette commune avait le droit (dont l'origine est inconnue) de dire la messe, armé, botté et éperonné, au maître-autel de la cathédrale, sur un coin duquel il déposait son faucon. Ce privilége avait probablement pour origine quelque service rendu à l'évêché par un ancien curé de Glos à l'époque où les ecclésiastiques se livraient à l'exercice de la chasse et de la guerre.

HERMIVAL-LES-VAUX. Ainsi nommé depuis qu'on lui a réuni les Vaux le 22 juin 1825. On dérive le nom d'Hermival d'*Hermetis Vallis* (val d'Hermès ou Mercure). Comme le culte de Mercure était très répandu dans les Gaules et qu'on a trouvé en 1830 à Bertouville des bustes et des vases d'argent consacrés à ce dieu, on peut présumer que cette étymologie n'a rien de hasardé comme tant d'autres qu'on tire de ces prétendus termes celtiques dont Bullet a rempli ses in-f° justement décrédités. On trouve en Suisse plusieurs localités qui tirent leur nom d'Hermès, tels que Hermesbuhel (colline d'Hermès), Hermetschwys (village d'Hermès). Dans l'Almanach de 1787, le chanoine Rambaud dit, d'après un vieux manuscrit dont nous avons eu connaissance que, au commencement du XVII° siècle, on trouva vers Hermival, en creusant la terre, « une statue à trois faces de Jupiter, de Vénus et de *Mercure* » : c'est une nouvelle preuve du culte de Mercure ou Hermès dans le territoire lexovien. On lit dans le Journal de Normandie du 3 février 1787, la lettre suivante qui lui fut adressée le 24 janvier précédent par le seigneur d'Hermival :

« Le jeudi 18 janvier, un particulier défrichant le pourtour d'une pièce en labour, environnée, d'un côté, vers le nord et des deux bouts, d'une commune fort escarpée, dont le sol est composé de marne et de glaise, trouva à mi-côte, à deux pieds environ de profondeur, cinq têtes et un grand nombre de débris de l'espèce humaine, la plupart fort décomposés. Ayant creusé un peu vers la montagne, il découvrit un squelette entier; sa longueur est de cinq pieds neuf pouces : les côtes et le thorax étaient entièrement consumés. Une longue lame d'épée, d'un pouce de large, était posée transversalement sur sa poitrine; mais tellement rongée par la rouille, qu'elle se rompit en plusieurs morceaux lorsqu'on voulut la retirer de la fosse. Un large sabre, de deux bons pouces sur trois lignes d'épaisseur, long de seize pouces, sans y comprendre la soie qui en a six, et terminé en pointe, était perpendiculairement le long du côté gauche, la poignée sous l'aisselle, le bras un peu écarté. La pièce de terre en question, quoique sur la paroisse d'Hermival, n'est qu'à deux cents pas de l'église et cimetière des Vaux; elle est dans une gorge étroite, et au bord d'un ravin. Tout indique, particulièrement les armes, que ces squelettes sont déposés en cet endroit dès la plus haute antiquité; et il est présumable que, si on continue la fouille, on en découvrira encore plusieurs. Je désire, monsieur, que ce petit événement soit digne de trouver place dans vos feuilles, et d'exercer le génie de messieurs les antiquaires. J'ai l'honneur d'être, avec des sentimens respectueux.... »

HOTELLERIE (L'). On assure que, sous le règne de Louis VIII qui monta sur le trône en 1223, et mourut en 1226, la reine Blanche, qui se rendait en Normandie, surprise tout à coup des douleurs de l'enfantement, accoucha dans une hôtellerie qui se trouvait sur sa route, et qu'ayant été heureusement délivrée, elle fit élever près de là une chapelle qui prit le nom de l'Hôtellerie d'où la dénomination passa à la commune. Le fait en lui-même est au moins douteux. Quoi qu'il en soit, l'église de l'Hôtellerie est du XIVe siècle et, ce qui est plus certain que les couches de la reine en ce lieu, c'est qu'autrefois on y célébrait à cinq heures du matin une messe basse pour nos marchands de bœufs qui allaient au marché de Poissi. Au reste, l'illustre et belle princesse dont il s'agit a dans nos contrées servi de texte a beaucoup d'histoires fabuleuses depuis qu'en 1226, elle fit faire sous ses yeux le siége de Bélême : ainsi, un point voisin, la Croix Furène, tire, dit-on, son nom du lieu où *fut* la *reine*, tandis que ces mots signifient la Croix des Voleurs (*crux furum*). Il en est de même des lieux appelés Chanteraine qu'on a beau écrire Chantereine et qui n'annoncent pas qu'il y ait chanté ou coassé autre chose que des raines (*ranœ*, grenouilles), lieux qui en effet sont marécageux ou situés sur le bord des eaux. Dans un acte de vente de 1290, l'Hôtellerie est appelée *Sanctus Nicolaus de Hospitelarià*. Son église est encore sous l'invocation de saint Nicolas. Cette commune possédait une des dix-sept Maladreries du diocèse.

MAROLLES.

MÉNIL-GUILLAUME. Ménil autrefois *Man-*

sionile du verbe *manere* d'où on fit d'abord Maisnil, puis Mesnil, et enfin Ménil : habitation de l'homme *(man)*.

MOIAUX. Moiaz dans les chartes de 1035. Les paysans disent encore Mouïas. Bourg d'une haute antiquité sur la voie romaine de Noviomagus à Juliobona (Lillebonne) par Pont-Audemer. D'Anville le fait figurer dans la partie de sa carte qui représente notre territoire du tems des Romains et au premiers tems du comté de Lisieux *(Pagus et comitatus lexoviensis)*. Avant 1789, Moïaux qui a été chef-lieu de canton, possédait une vicomté qui ressortissait au baillage d'Orbec.

OUILLI-DU-HOULEI. Le mot Ouilli qu'on a tort d'écrire Ouillie vient du latin *Ovile* d'où était dérivé le vieux mot roman Oueille : brebis. Plusieurs de nos communes ont emprunté leur nom des bestiaux qu'on y élevait plus particulièrement qu'ailleurs : comme Ouilli, Beuvillier etc. On trouve dans le XIIe siècle *Olleium* et Oillei. Le Houlei fut réuni à Ouilli-la-Ribaude le 25 décembre 1825. Ce surnom vient de l'ancien mot Ribaude : femme débauchée, parceque sans doute autrefois il y avait en cette commune beaucoup plus de libertinage qu'aux environs, ou peut-être ce sobriquet n'est-il qu'une simple taquinerie de voisins fort commune autrefois, même dans le beau monde, même à la cour. En effet, on voit que Louis XV appelait ainsi les princesses ses filles (MM^{es} Adélaïde, Sophie, Louise, et Victoire) Loque, Graille, Chiffe, Coche. La baronnie du Houlei ne datait que du commencement du siècle dernier. Quant à ce mot il avait beaucoup de rapport avec le surnom d'Ouilli : car en roman Houleur et Houlier signifiaient un homme débauché. Au surplus il y a lieu de croire que Houlei et Ouilli sont un même mot diversement traduit du latin *Ovile* : En effet on trouve indistinctement Saint-Léger-d'Ouilli et Saint-Léger-du-Houlei pour désigner la même commune. Le Houleï avait une haute-justice.

OUILLI-LE-VICOMTE, appelé aussi Ouilli-l'Union pendant la révolution. Sa filature de coton sur la Paquine, petite rivière qui dans cette commune se réunit à la Touque, a remplacé celle qui fut dévorée par les flammes le 26 septembre 1838. Sa fête commune (l'Assomption : 15 auguste) est l'une des plus brillantes de l'arrondissement. Cette commune tire son nom de la vicomté qui y était établie. Le 27 septembre 1824 la commune de Boutemont fut réunie à Ouilli-le-Vicomte. M. H. de Formeville découvrit il y a environ quinze ans un tumulus (ou peut-être une simple motte) dans la première de ces communes sur le côteau qui s'étend sur la vallée de la Touque, du côté de Noviomagus.

LE PIN EN LIEUVIN. Il est du nombre des communes qui tirent leur dénomination d'arbres remarquables à l'époque où elle leur fut imposée, comme Courbe-Épine, Le Sap (pour sapin) etc. Le vieux chateau du Pin était situé au sud et à peu de distance de l'église. Dans Orderic Vital (Liv. VIII) il est question d'un Gislebert du Pin, et je crois qu'il s'agit bien du Pin en Lieuvin, qui est peu éloigné des possessions de Roger de Beaumont; ce Gislebert se trouvait en 1090 au siége de Brione où il commandait les assiégeans, presque tous habitans de Beaumont-le-Roger et de Pont-Audemer. Il y fut atteint à la tête d'un trait qui le blessa mortellement.

ROQUE-SUR-TOUQUE. Ainsi appelé de la nature extérieure de son sol, comme Hermival, Monteilles etc. *Roqua* en 1261. On voit encore sur le portail de son église une sculpture informe qui représente une sorte de dragon, reptile ou lézard. Comme on aime à expliquer tout ce dont on ignore l'origine, on rend compte par des fables de ce qui, accrédité aveuglément par la tradition, est adopté ensuite comme vérité par la candeur crédule des bonnes gens. Voici cette tradition qui n'est pas plus absurde que tant d'autres : au tems jadis, probablement lorsque la gargouille infestait les environs de Rouen et que Melusine, changée en serpent, attristait de ses cris la tour de Lusignan, un dragon s'introduisait dans les fosses du cimetière pour y dévorer les cadavres qu'on venait d'y inhumer. C'est ce que ceux qui s'étaient étonnés de voir profaner le dernier asile de leurs compatriotes finirent heureusement par découvrir : le monstre fut mis à mort tout simplement, et les morts ne furent plus désormais que la proie des vers. C'est cet événement qu'on a voulu conserver à la postérité par une sculpture durable, et certes fort authentique, comme la plupart des traditions populaires.

Le bois de Roque, qui appartenait aux évêques de Lisieux, était jadis assez considérable et semble avoir anciennement du nord à l'est entouré la ville de très près, en se joignant à la forêt Ratouin.

CANTON DE LISIEUX :

(2me division.)

BOISSIÈRE (LA). Des bois, dont il reste une faible partie, avaient donné leur nom à cette commune. C'est par erreur que nous avons (dans nos FAITS HISTORIQUES, Tom. I; p. 151) fixé à l'année

1544 l'assassinat d'un curé de La Boissière : ce crime fut commis en 1543.

HOUBLONNIÈRE (LA). Avant l'édit de Charles IX qui proscrivit la culture de la vigne en Normandie, parce que plusieurs disettes successives rendaient nécessaire une culture plus étendue des céréales, le territoire lexovien produisait des vins et des cidres, et fabriquait de la bière que l'on appelait alors cervoise. Pour la confection de cette dernière liqueur, il fallait cultiver le Houblon et c'est de cette plante, que l'on retrouve encore à l'état naturel dans plusieurs de nos haies, qu'est venu le nom de La Houblonnière qui, peu éloignée de la ville, y trouvait facilement le débouché de cette production.

Le château de La Houblonnière dont nous donnons le dessin appartenait aux Templiers qui, proscrits et brûlés comme impies et débauchés, nous ont laissé beaucoup de doutes sur la véracité de leurs accusateurs. Au reste le château actuel pourrait bien être postérieur au XIIIe siècle.

IFS (Saint-Pierre des). Comme Le Pin en Lieuvin. Cette commune tire son nom du bel arbre trop peu cultivé aujourd'hui, qui sous Henri IV, fut planté dans les cimetières où l'on en voit encore de très beaux, qui ont par conséquent plus de deux siècles.

LESSART-LE-CHÊNE. Ce sont deux communes qui, par arrêté du directoire du département du Calvados, en date du 16 février 1791, furent réunies en une seule. Lessart était ainsi appelé parceque son territoire jadis couvert de bois avait été essarté. On ne saurait dériver Lessart ou, mieux encore, L'Essart, du verbe Essarder : dessécher un lieu humide; puisque cette commune est principalement sur un côteau. Le Chêne a laissé son nom au pont qui, construit sur la Vie, sert de passage à la route de Livarot à Saint-Julien-le-Foucon. On lisait sur la voûte de l'église du Chêne : « En 1494, cette voûte fut faicte et le grand autel fut béni et l'église avec tout le cimetière reconciliés par dom Guillaume Chevron, évêque de Porphire ». Ce prélat était un évêque *in partibus*.

LIVET-TOURNEBU, (ou Saint-Germain). Cette commune située sur la rive gauche de la Touque qui la sépare de Livet (Saint-Jean), porta aussi le surnom de Livet-le-Baudoin et prit ensuite celui de Livet-Tournebu, parce que sa baronnie fut possédée par l'ancienne famille des Tournebu, dont quelques membres furent inhumés dans son église où l'on voit encore trois de leurs tombeaux ornés de leurs statues (deux hommes et une femme). Il est difficile de donner l'étymologie du mot Livet, qui quelquefois est écrit Lived, et de ses analogues, comme Livarot, Livaie, Livoie, Livri, à moins de se jeter aventureusement dans le dédale inextricable des radicaux celtiques ou prétendus tels, comme l'a fait ridiculement et d'une manière absurde le sieur Guilmet, qui au reste ne connaît pas mieux la langue des Celtes que notre langue française qu'il outrage si fréquemment dans ses compilations indigestes.

Dans le Musée de Versailles, salle des Croisés, on remarque l'écusson de Gui baron de Tournebu, à la date de 1270.

LIVET (Saint-Jean).

MÉNIL-EUDE (LE). En 1586, un des Tournebu, dont nous venons de parler, était seigneur de Ménil-Eude *(Mansio Odonis)* : il s'appelait Robert, était bailli vicomtal de Lisieux et gentilhomme ordinaire de la reine Catherine de Médicis. La traduction des noms latins du moyen-âge offre des bizarreries fort choquantes, ainsi *Mansio Odonis* : manoir d'Odon, a été traduit par Mésidon et par Menil-Eude.

MÉNIL-SIMON (LE). J'ai peu de chose à dire de cette commune située près du bourg de Saint-Julien-le-Foucon, si ce n'est qu'avant la révolution elle inspirait beaucoup d'effroi à certains voyageurs et aux paysans, surtout pendant les nuits de l'Avent. Ce tems, comme on sait, est celui où le le loup-garou parcourt les chemins et met à mal les audacieux eux-mêmes et les fillettes en personne. Au surplus on le redoutait beaucoup sous le nom de Tarane, dont, chez Nos Pères les Gaulois, l'autel n'était pas moins redoutable à l'humanité que l'autel sanglant de Diane dans la Tauride Scythique. C'est du moins, ce que nous affirme Lucain (Pharsale : 1, 446) :

Et Taranis scyticæ non mitior ara Dianæ.

Ce Jupiter Tonnant des Grecs, des Romains et des Gaulois, est devenu dans notre Pays-d'Auge un dieu fort subalterne. On dit que, au lieu d'y lancer la foudre, il se bornait à se déguiser la nuit soit en belle dame, soit en grand chien, voire même en cheval, et se fesait un jeu malin d'épouvanter les jeunes filles qui ne s'en cachent pas et les *ahuris* qui chantent pour se rassurer et pour faire croire qu'ils n'ont pas peur.

A la fin du siècle dernier florissait tristement et modestement au Ménil-Simon un cultivateur nommé Le Dentu, lequel était cru grand sorcier par quelques bonnes gens qui certes ne l'étaient guère. Or, ce brave homme passait, d'après la commune renommée, pour avoir fait pacte avec le diable qui lui avait octroyé le don de se métamorphoser à volonté, et même de se rendre invisible, liberté grande dont le bon Le Dentu n'a jamais abusé que je sache, quoique j'aie vu, ce qui s'appèle vu, plusieurs villageois du pays qui m'ont raconté l'histoire des variations de ses espiègleries, mais dans lesquelles je dois consciencieusement confesser que tout me paraissait fort innocent, acteurs, spectateurs et auditeurs, tous bénévoles à qui mieux mieux, moi compris. A nos révolutions, au progrès des lumières, Tarane a survécu et, le soir, surtout pendant *les Avents de Noël,* comme disent les doctes du village, le vieux dieu Gaulois fait encore peur aux fillettes. Je ne connais rien de plus effrayant et par conséquent de plus révéré dans la vallée de Saint-Julien-le-Foucon que l'antique Tarane, excepté peut-être la Fourlore, la Chasse Arthur ou Chasse Caïn dont les dogues aboient comme la ceinture de Scylla, le Loup-Garou crotté jusqu'aux oreilles, les Revenans, le Rongeur-d'Os habitué des boucheries et des abattoirs, et quelques autres Esprits, Démons, Farfadets ou Lémures, dont les vieilles femmes effraient l'imagination des enfans et qui font palpiter le cœur des jeunes filles d'un autre sentiment, mais avec autant de vivacité, que celui qu'on doit et qu'on reproche

>A ce beau dieu, qu'on nous peint dans l'enfance,
>Et dont les jeux ne sont pas jeux d'enfant.

MONCEAUX-EN-AUGE (LES). Les paysans prononcent Mouceaux, par l'effet de cette tendance que nous avons à convertir *on* en *ou,* et laquelle a prévalu dans couvent pour l'ancien mot convent qui était plus étymologique : habitude que nous retrouvons plus particulièrement dans Vimoutier pour Vimontier et dans les mots populaires boujou pour bon jour ; touton pour tonton (expression dont se servent les enfans pour désigner leur oncle). Monceaux comme Monteille vient du latin *monticelli,* monticules, petits monts.

MOTE-EN-AUGE (LA). Moat, prononcé Môte, signifie en anglais un fossé, tel qu'on en voit encore autour des anciens châteaux; mais ici il faut recourir à l'acception la plus commune de l'expression *Mota* de la basse latinité dans laquelle la mote signifie une butte ou amoncellement de terre sur laquelle on a élevé une fortification. Aussi l'auteur du poëme manuscrit intitulé : La Bataille des Sept-Arts, dit en parlant d'Aristote :

<blockquote>Qu'il fut fier com Chastel sur Mote.</blockquote>

Disons au surplus que ce mot au singulier a la signification de monticule et, au pluriel, de fossés autour d'un château. Le prieuré de La Motte appartenait à Sainte-Barbe-en-Auge. Cette commune a été réunie à Saint-Pierre-des-Ifs.

POMMERAIE-EN-AUGE (LA). Réunie depuis la révolution à la commune de Saint-Désir, elle est appelée *Villa Promerendum* dans une charte du IXe siècle.

PRÉ-D'AUGE (LE). On exploite dans cette commune une bonne argile plastique avec laquelle on fait une poterie renommée qui se transporte à une assez grande distance. Cette argile dut être employée par les habitans de Noviomagus qui était contigu au Pré-d'Auge. Je présume que les briques romaines et les statuettes que j'ai découvertes dans les ruines de cette Cité avaient été faites au Pré-d'Auge même. Il y existe une fontaine dont l'eau, analisée en 1824, a été reconnue comme renfermant les mêmes substances que les fontaines de Lisieux, c'est-à-dire beaucoup de carbonate et un peu de muriate de chaux en dissolution. Cette antique source fut, aux tems du paganisme, consacrée aux nymphes ou naïades des fontaines soit les Crénées, soit les Pégées. On sait que les anciens chrétiens, ayant brisé les statues des dieux antiques, leur substituèrent les saints de leur culte et ne cessèrent pas de vénérer les fontaines consacrées : ce fut à saint Meen ou Main que l'on dédia la source du Pré-d'Auge, dans laquelle on lave les croûtes laiteuses des enfans que partout ailleurs on guérit tout simplement avec une décoction de guimauve. Ici, on ne doit se présenter qu'après avoir, pour les frais de voyage et pour le paîment d'une messe, quêté l'argent nécessaire à cette petite dépense. Quelques médecins prétendent qu'il est plus convenable de faire sortir par un émollient l'humeur qui donne naissance aux croûtes laiteuses, que de la faire rentrer par de l'eau froide qui n'a nulle vertu dépurative.

PRÊTREVILLE. C'est tout simplement le village, la ferme du prêtre, parceque sans doute quelque ecclésiastique y avait ses possessions.

SAINT-DÉSIR-DE-LISIEUX. Cette commune embrasse une partie du faubourg du même nom qui s'avance jusqu'à l'embranchement de la grande route de Caen avec celle qui conduit à Falaise. En 1840, on trouva plusieurs squelettes, à l'entrée de cette dernière route. (voir nos FAITS HISTORIQUES, Tom. I; p. 337).

SAINT-JACQUES-D-ELISIEUX. Une portion notable du faubourg de Paris se trouve comprise dans cette commune, ainsi que de belles masses d'habitations sur le boulevard de Pont-l'Évêque. Il serait tout-à-fait convenable de réunir à la ville ces parties (tant de Saint-Désir que de Saint-Jacques) qui lui appartiennent en réalité, qui font corps avec elle et qui, profitant des avantages de la cité, devraient en partager les charges.

Sur la terre que possède en cette commune M. Louis Nasse, sous-préfet, on avait en 1829 découvert plusieurs médailles romaines du Haut-Empire : en 1832, des ouvriers trouvèrent un de ces sarcophages en pierre calcaire qui furent consacrés dès le IIe siècle à recevoir les cadavres lorsqu'on cessa de les brûler. On déterre parfois en Normandie et ailleurs de ces sortes de cercueils ou châsses, sur lesquels le savant M. de Gerville, de Valognes, composa il y a quelques années un excellent Essai dans lequel il cite beaucoup de ces monumens curieux, dont l'usage paraît n'avoir entièrement cessé que dans le XIVe siècle. Nous en avons vu de fort anciens dans plusieurs communes, notamment sur le plateau de la Brêche-au-Diable, près du tombeau de l'actrice Joly, à Saint-Quentin-de-la-Roche. On sait qu'il en existe plusieurs autres dans le territoire lexovien tels qu'à Saint-Aubin-sur-Algot, à Carel etc.

SAINT-MARTIN-DE-LA-LIEUE, ainsi nommé parceque le clocher de la paroisse est à une Lieue, (quatre kilomètres environ) de la ville de Lisieux; il était compris dans l'ancienne banlieue, ainsi que Saint-Hippolyte-du-Bout-des-Prés, Roque, Beuvillier, Ouilli-le-Vicomte, Les Vaux, et Livet-Tournebu : en tout, sept paroisses. Le 22 juin

1834 Les Vaux ont été réunis à Hermival, et le 8 janvier 1834 Saint-Hippolyte-du-Bout-des-Prés à Saint-Martin-de-la-Lieue.

CANTON DE LIVAROT :

LIVAROT, autrefois Livarrou, puis Livarrot. Ce bourg, qui a toujours fait un grand commerce de beurres et de fromages estimés, devait être fortifié dès le tems où les Mont-Gomeri avaient bâti leur château qui en est peu éloigné : ainsi il remonterait au-delà du XIe siècle. C'était un fief de Haubert qui comprenait Le Pont-Aleri, Cheffreville, Les Loges et Tonancourt. Gilbert Crêpin qui était seigneur de Livarot, et déjà célèbre par ses exploits guerriers, combattit avec succès à cette bataille d'Hastings (le 14 octobre 1066) qui assura l'Angleterre à Guillaume-le-Conquérant. Le fils de Gilbert Crêpin fut moins heureux le 27 septembre 1106 : il fut fait prisonnier à la bataille de Tinchebrai qui ravit à Robert II, légitime souverain, le trône et la liberté ; il ne fut pas plus heureux en 1119 à la bataille de Brenmule dont tous les historiens ont défiguré le nom sous celui de Brenneville : erreur que nous avons le premier relevée dans le Journal des Savans. Parmi les terres que possédait au XIII° siècle la famille du trouvère Raoul baron de Ferrières, nous remarquons Livarot. En 1356, le château de Livarot fut pris par les Anglais qui le rendirent en 1365. Livarot fut possédé dans le XV° siècle par la famille de Grailli (le Captal de Buch), et le 13 mars 1539 par François de Damart, comme mari d'Isabelle d'Arces, sœur et héritière de François d'Arces. De cette dernière famille la baronnie de Livarot passa dans la famille d'Oraison par le mariage d'André d'Oraison qui épousa Jeanne d'Arces, sa cousine germaine. Le baron de Livarot (fils d'Antoine d'Arces que l'on appelait le Chevalier Blanc), ce d'Arces qui tenait de sa mère, Françoise de Ferrières, la terre de Livarot, fut un des infâmes mignons de Henri III : il fut l'un des six tenans au fameux duel du 27 avril 1578, au marché aux chevaux à Paris. Il fut tué dans un autre duel, à Blois, le 2 mai 1581 par le marquis de Pienne Maignelais (voir nos FAITS HISTORIQUES; p. 187). C'est le cas aussi de répéter ici qu'il est faux, quoi qu'en ait dit le sieur Guilmet, qu'un baron de Livarot commandait à Lisieux à l'époque de la Saint-Barthélemi en 1572. Le premier officier de ce nom, qui figure sur la liste des commandans de la ville, est César d'Oraison en 1653, c'est-à-dire près de 80 ans après le massacre dont il s'agit. Il eut pour fils et successeur Jean d'Oraison qui, comme lui, prenait le titre de marquis depuis que Henri III avait érigé en marquisat la terre de Livarot. Le dernier marquis de Livarot commandait, en 1789, dans la première division (Flandre), comme maréchal-de-camp. Sa sœur avait épousé le baron de Ménil-Durand.

Le fief de La Pipardière dépendait de la terre de Livarot. En 1539 Philippe de La Haye tenait ce fief, comme Jean Thuillier celui de Cheffreville, et Jacques de Neuville celui des Loges où le seigneur de Livarot avait droit de tenir deux foires par an.

Il est déjà question de la foire Sainte-Croix en 1539; celle de Saint-André n'est guère moins ancienne. En 1712, le gouvernement établit des casernes à Livarot; un grenier à sel y fut créé en 1725, en même tems qu'à Lisieux.

Le château de Livarot, qui était encore une place forte en 1364, époque à laquelle Charles-le-Mauvais, roi de Navarre, le rendit à la France, capitula avec Dunois à la fin de 1448. Il ne tarda pas à être rasé. On en voit encore l'emplacement sur la rive droite de la Vie dont l'eau servait à emplir ses fossés.

Ce fut le 24 octobre 1650, que Léonor 1er de

Matignon fit commencer à Livarot la construction du couvent des Bénédictines.

Une filature de fil de lin a été créée à Livarot par M. Fournet auquel la ville de Lisieux doit de beaux établissemens industriels.

La vallée de Livarot est une des plus riches de la Vallée-d'Auge.

Au commencement du XVIIe siècle on imprima une Bacchanale (chanson bachique), qui commence par ces deux vers :

> Je m'en vay à Livarrot,
> Compagnon, tout d'une tire.

Je l'ai insérée dans l'édition des Vaux-de-Vire de Basselin, que je donnai en 1821. Livarot figure encore dans un roman dont Madame Riccoboni fit insérer l'extrait dans la Bibliothèque des romans (Tom. I, d'octobre 1779) : cette fiction, qui a pour titre Aloïse de Livarot, était restée manuscrite depuis 1628 époque où l'auteur la dédia au cardinal de Richelieu. C'est du moins ce que nous assure Madame Riccoboni connue elle-même par de gracieuses compositions en ce genre. Les héros du roman, dont aucun n'est historique pour nous, vivaient au commencement du XVIe siècle et portaient les noms suivans : Thibaut d'Hangest, Gontran de Livarot, Gabrielle de Thuri, sa femme, Aloïse leur fille qui épousa Olivier, fils de Thibaut, après une péripétie de traverses, comme il arrive dans les romans, et qui sans doute furent heureux comme il convient à d'honnêtes amans bien élevés, bien riches et bien beaux : êtres parfaits

> Tels qu'on en voit dans les romans
> Ou dans les nids de tourterelles.

AUQUAINVILLE, d'Auquette, en roman : jeune oie; parceque cette localité voisine de la rivière était très propre à la nourriture de cet oiseau qui, avant l'admission du dindon sur les bonnes tables, au commencement du XVIe siècle, fesait la pièce de rôti la plus remarquable des festins de nos pères. La commune de Saint-Aubin-sur-Auquainville, lui a été réunie le 4 décembre 1831.

AUTELS-SAINT-BASILE (LES). Commune formée de la réunion des Autels-en-Auge et de Saint-Basile-sur-Monne, réunion opérée le 25 décembre 1831. Les Autels, comme les Autieux, viennent d'*Altare* qui, dans le moyen-âge, produisit les mots Autels, Autieux etc., pour signifier une chapelle et même une église.

BELLOU-SUR-TOUQUE. Bellouet, diminutif de Bellou, lui a été réuni le 14 avril 1833.

BREVIÈRE. (LA). Du latin *brevis*, petit, parce que cette commune a peu d'étendue.

CHAPELLE-HAUTE-GRUE (LA).

CHEFFREVILLE. C'est-à-dire le Village des Chèvres.

COURSON (Notre-Dame, et Saint-Pierre de). Ces communes dont les églises ne sont séparées que par un intervalle de quelques mètres, n'en forment plus qu'une depuis l'ordonnance du 4 décembre 1831. Dans une charte de 690 (celle de Wandemir et d'Ercambette) Courson est appelé *Colzo in pago Lexuino* : c'est bien notre Courson, et non celui de l'arrondissement de Vire.

FERVAQUES. On écrivait autrefois Farvaque : ainsi ce mot ne vient pas de *fervidæ aquæ* : eaux thermales. En effet on ne voit pas d'eaux chaudes dans ce bourg ni aux environs. J'avais cru que Fervaques ou Fervaque était ainsi écrit mal à propos, à cause de ses foires à bestiaux *(forum vaccarum)*, mais la foire de Fervaques ne date que de la fin du XVIe siècle époque à laquelle on avait gardé la mauvaise habitude de donner de fausses étymologies latines aux noms de lieu. Ce fut au mois de mai 1599 que Henri IV érigea, par lettres-patentes, Fervaques en bourg et y créa un marché et une foire. Outre ses tanneries, ce bourg était connu par son commerce de frocs dits *Tordouets*.

Le château de Fervaques, bâti à la fin du XVIe siècle par le maréchal qui y reçut Henri IV dont on voit encore le lit bien conservé, a passé des mains des héritiers des premiers propriétaires dans celles de plusieurs personnes distinguées ; dans ces derniers tems il fut possédé par M. le marquis de Custine, petit-fils du général célèbre en 1792 et 1793 : aujourd'hui il est la propriété de M. le marquis de Portes.

Comme le maréchal de Fervaques a été à Lisieux et dans les environs de notre ville, l'objet de fabuleux récits et de rancuneuses calomnies, nous allons parler en peu de mots de cet illustre guerrier sur lequel Pinard surtout nous a donné, en 1760, d'utiles renseignemens dans sa Chronologie historique militaire.

Le maréchal de Fervaques est chez nous une sorte de prototype du beau idéal des faits et gestes du despotisme, un grand seigneur modèle du bon vieux tems. Les récits populaires le présentent, encore aujourd'hui, comme ayant exercé dans ses terres toutes sortes d'atrocités pour le seul plaisir de mal faire : ce ne sont que capucins condamnés par curiosité à périr, les uns de faim, les autres de soif, pour savoir laquelle de ces deux privations fait le plus tôt mourir ; ce ne sont que couvreurs qui dégringolent du haut des toits, sous les coups de son arquebuse ; ce ne sont que femmes mises à mal, en tel nombre que, pour la période du XVIe siècle, nul ne serait sûr d'avoir été le fils de son père. Enfin le pauvre maréchal serait une sorte d'Hercule auquel, à lui tout seul, on attribûrait les exploits de cent autres : c'est toutefois une sorte de cumul dont sa mémoire se passerait à merveilles. Il semble que, parce qu'il avait mal mené quelques chanoines persécuteurs et tracassiers, et commandé le pillage déplorable de la cathédrale dans un tems où

Les lois étaient sans force, et les droits confondus,

on ne doive à cet illustre guerrier ni justice, ni impartialité, ni vérité.

Quoi qu'il en soit, voici le principal de ce que j'avais recueilli pour sa notice biographique.

Guillaume de Hautemer, IVe du nom, chevalier de l'ordre du roi (c'est-à-dire de l'ordre de Saint-Michel, fondé par Louis XI), et ensuite de l'ordre du Saint-Esprit, comte de Château-Villain, baron de Grancei et Thil en Auxois, baron puis comte de Fervaques, seigneur de Mauni etc., naquit en 1537 ou 1538 au château de Fervaques. Comme tous les gentilshommes d'un ordre élevé, Guillaume de Hautemer, voué dès l'enfance à la fatigue comme à la gloire des armes, avait à peine 17 ans, lorsque le 13 auguste 1554 il se distingua à la bataille de Renti. Il ne combattit pas moins vaillamment aux batailles que nous perdîmes à Saint-Quentin le 10 auguste 1557 et à Gravelines le 13 juillet de l'année suivante. Sa bravoure éclata également dans ces guerres impies du fanatisme où sous des mains françaises coula tant de sang français; à Dreux le 19 décembre 1562; à Saint-Denis près de Paris le 10 novembre 1567, et à Moncontour le 3 octobre 1569 : dans ces trois combats Fervaques combattit sous le drapeau des catholiques, auquel il fut toujours fidèle, quoiqu'il eût toujours plus ou moins à se plaindre d'eux. Dès 1562, il commandait dans la ville de Lisieux, dont Henri de La Marck, duc de Bouillon, gouverneur de la Normandie, lui avait confié la défense : il essaya vainement de s'y maintenir, en dépit des habitans, contre le bon et brave Gui du Long-Champ de Fumichon qui, pour prix de 22 ans d'honorables services, avait été chargé du gouvernement de la ville le 19 auguste de la même année, et qui, en 1572, préserva du massacre les protestans lexoviens lors de la Saint-Barthelemi : adversaire loyal des huguenots qu'il combattit toujours au champ d'honneur, mais qu'il ne savait pas égorger. Enfin en 1569, malgré la protection de Charles IV, Fervaques lâcha prise dans sa lutte pour conserver le commandement de Lisieux : il alla reprendre son rang dans l'armée. En mai 1574, il était maréchal-de-camp au siége de Domfront où le comte de Mont-Gomeri fut pris par le comte de Matignon.

Une sorte de parti éclectique, composé de catholiques et de protestans, voulut maintenir l'équilibre entre eux et blâmait les excès qui se commettaient de part et d'autre. Cette réunion de notabilités se rallia à Henri IV dont elle fit la force et qu'elle porta au trône où l'appelaient ses droits. Dans l'indignation que lui fit éprouver le massacre de la Saint-Barthelemi, Fervaques, qui appartenait à ce parti, embrassa d'abord les intérêts de Henri IV, qui n'était encore que roi de Navarre, puis, naturellement versatile, revint à Henri III. Devenu suspect d'attachement au Béarnais, Fervaques eût péri sous les coups du digne frère de Charles IX, sans l'amitié de Crillon qui le prévint de la perfidie de ce monarque.

Au mois d'auguste 1581, Fervaques fut nommé lieutenant-général dans l'armée de Flandre par le duc d'Alençon, François de France, qui le fit grand-maître de sa maison, premier gentilhomme de sa chambre, général de ses armées Flamande et chef de tous ses conseils. Ces honneurs toutefois ne valaient pas la gloire militaire acquise par l'ami du brave Crillon. Ils lui furent peu profitables ainsi qu'au prince dont il était le favori : l'échaufourée sanglante d'Anvers, en 1583, ne fit honneur ni à l'un ni à l'autre, et combla de gloire les Anversois dans les mains desquels Fervaques tomba prisonnier après d'inutiles actes d'intrépidité. En 1587, il figurait honorablement parmi les adversaires de la Sainte-Ligue : il fut défait par Tavannes à Is-sur-Tille en Bourgogne. Le même motif qui l'éloignait des cafards séditieux de la Ligue, l'avait rapproché du Béarnais auquel il s'attacha de nouveau et désormais sans versatilité, parcequ'enfin les positions étaient nettement fixées : Henri de Navarre était devenu Henri IV, roi de France. Pour servir ce prince, qui n'eut que des faiblesses, que le fanatisme combattit si long-tems, et qu'il finit par assassiner après dix-huit tentatives de meurtre, Fervaques lors du siège de Paris en juillet 1590 s'empara du faubourg Saint-Denis, et était même parvenu à s'y retrancher. Il fit aussi des prodiges de valeur au siège de Rouen en 1592 et, le 5 février, contribua puissamment à sauver le roi en soutenant, pendant plus de deux heures, tous les efforts de l'ennemi que commandait le duc de Parme. On le retrouve encore au siége de Honfleur en avril 1594, et à celui d'Amiens en 1597. Ce fut à ce dernier siége (fin de septembre 1597) qu'il fut promu à la dignité de maréchal de France dont ses nombreux services le rendaient si bien digne. Toute sa capacité n'était pas militaire : aussi le roi l'envoya à Rouen, avec Le Camus de Jambeville, président du grand-conseil, pour négocier, le 16 juin 1597, avec le parlement l'enregistrement de l'édit de Nantes. Cette démarche n'ayant pas obtenu le succès qu'on en attendait, le maréchal y fut envoyé de nouveau au mois de mai 1609, il accompagnait le maître des requêtes Viguier : ils étaient chargés d'intimer l'ordre exprès d'enregistrer cet édit purement et simplement : c'est ce qu'ils firent le 16 de ce mois. Toutefois le parlement plein du venin de la Ligue n'obtempéra que le 5 auguste suivant. Fervaques était en 1605 lieutenant général pour le roi aux bailliages de Rouen, Caux, Caen, Évreux et Gisors. Le 11 juillet 1607 Henri IV lui confia le gouvernement de Quillebeuf qui portait alors et ne conserva pas le nom de Henriqueville (Ville-de-Henri), pas plus que le Havre-de-Grâce n'avait gardé celui de Françoiseville que François Ier lui avait donné comme son principal fondateur. Henri IV avait été assassiné le 14 mai 1610; dès le 17, Fervaques, arrivé à

Rouen, s'adressa au parlement en ces termes que M. Floquet nous a conservés, d'après le registre secret dans son excellente Histoire de cette compagnie (T. IV; p. 274) : « Le malheur est si grand d'avoir perdu un roi tel que le nôtre que je ne le puis exprimer, et plût à Dieu que je fusse à sa place! Je ne suis point venu ici pour faire le gouverneur, ni pour employer le pouvoir que j'ai en mon gouvernement, mais au service de Dieu, du roi et de la province. Je ne veux point de ville, de château, ni de forteresse pour mon assurance, et veux employer ma vie et mes moyens pour la défense du pays. Je m'assure que, ayant la volonté et le conseil de la compagnie, il n'y a homme qui ose lever la tête. Je veux concerter mes actions avec celles de la compagnie, et n'avoir avec elle qu'un même but et intention, pour s'opposer aux mauvais desseins et remûmens contre le service de Sa Majesté et le repos public ».

A la fin de 1612 Marie de Médicis, régente du royaume, confia la charge de l'un des lieutenans-généraux du gouvernement de la Normandie au maréchal de Fervaques, qui avait, l'année précédente, fait ériger en duché-pairie son comté de Grancei.

Le vieux maréchal touchait au terme de sa laborieuse carrière, après avoir vécu sous sept rois : il mourut à 75 ans, le 14 novembre 1613.

Dans nos FAITS HISTORIQUES nous avons déjà eu occasion de parler de ce grand personnage, T. I : p. 157; 159 à 162; 165 à 167; 172 à 175; 184 à 186; 200 et 201.

Ajoutons qu'il paraît certain que c'est lui qu'a voulu désigner, sous le nom de Ponti, la princesse de Conti, fille du duc de Guise, dans l'Histoire des amours du grand Alcandre (Henri IV), publiés sous le voile de l'anonyme en 1652.

Le pillage de la cathédrale de Lisieux en 1562, protégé par Fervaques est un acte tellement odieux, surtout chez un catholique, que personne ne tentera de le justifier. De la part des protestans il était un fait de représailles contre leurs ennemis qui depuis 1534 n'avaient cessé de les persécuter, de les poursuivre par le fer, de les assassiner par le bûcher avec des circonstances atroces; mais Fervaques manquait essentiellement au parti mitoyen qu'il adopta. Toutefois sa conduite qui nous semble si répréhensible ne fut pas sans doute jugée telle de son tems puisqu'il fut honoré de l'amitié de Henri IV, de Crillon, de Matignon, de Bassompierre et de Sulli; puisque nos rois avaient pour lui la plus haute estime, et qu'il mourut comblé d'honneurs et de dignités. Les chanoines de Lisieux qui, comme on s'en doute bien, étaient tout-à-fait exclusifs et fort exigeans, n'ayant pu ni eux ni leurs adhérens le soumettre à leurs prétentions, le tracassèrent vivant et le calomnièrent après sa mort. On sait d'ailleurs avec quelle mauvaise foi on exécutait dans les édits du roi ce qui était favorable aux protestans. Voici en effet ce qu'on lit dans une lettre de Catherine de Médicis au comte de Matignon : « Je n'ai que plaintes et doléances des grands excès, meurtres et violences qui se font à ceux qu'on pense être de la religion prétendue réformée qui se retirent en leurs maisons ou qui, y étant déjà retirés, pensent y jouir de la pacification. Et même m'a été dit et confirmé que, ayant le comte de Mont-Gomeri licencié de ses soldats et fait départir ses petites troupes pour se retirer paisiblement chacun en sa maison, on leur a couru sus et taillés en pièces et cruellement arquebusé celui qu'il avait commis pour les conduire : qui sont façons de faire si étranges et qui mettent en tel soupçon et défiance ceux de la dite religion, que l'on ne peut les divertir de croire que l'on veut procéder envers eux de male foi » : (Hist. du maréchal de Matignon, par Caillière; p. 62). Des militaires surtout, naturellement francs et généreux, s'indignaient de cette mauvaise foi et de cette cruauté qui duraient depuis plus de 20 ans et forçaient souvent les protestans à reprendre les armes pour défendre leur vie contre leurs bourreaux. Aussi Fervaques, tout catholique qu'il était ainsi que la plupart de ceux qui embrassèrent le parti de Henri IV, traitait-il par fois sévèrement ceux qui, détruisant le bon effet qu'auraient eu les édits de pacification s'ils eussent été équitablement exécutés, remettaient sans cesse la guerre et la paix en question; et, tranquilles à l'abri de leurs aumusses, voyaient d'un œil sec des combats où les militaires seuls étaient exposés à verser leur sang et celui de leurs concitoyens. Tels sont évidemment les motifs qui inspirèrent à Fervaques les dures expressions dont il se servit, notamment le 11 juin 1562.

HEURTEVANT, dans une charte de Henri Ier, vers 1124. Orderic Vital écrit Hurtavent; d'autres Hurtavant parceque sans doute cette position était une sorte de poste avancé pour le château de Mont-Gomeri. Quoi qu'il en soit, ce mot ne doit pas être écrit Heurtevent parce que cette commune n'est pas plus heurtée par le vent que plusieurs localités voisines. Ce qui est plus certain que ces conjectures, c'est que le 20 mars 1617 un baron de Heurtevant fut décapité à Paris, à la Croix-du-Trahoir, pour avoir voulu recommencer la guerre civile. L'église de Heurtevant, dont la construction est du XIVe ou XVe siècle, est ornée de peintures à fresque qui paraissent avoir été exécutées dans le siècle suivant ainsi que diverses inscriptions gothiques, parmi lesquelles j'ai recueilli la suivante le 26 juillet 1818 :

> Grans diables cornés, envoyés de l'enfer,
> Tost par nostre grant maistre Lucifer,
> Pour mettre en ce papier mémore
> Les fames qui quaquettent en ce lieu,
> Pour leur empescher des cieux la glore
> Et l'association du grant dieu.

Une des poutres vers le chœur, ainsi que l'autel, sont évidemment de la même époque que le confessionnal qui porte la date de 1667.

LISORES.

LIVET (SAINT-MICHEL). Les *Lived* et *Livetum* d'Orderic Vital et des anciennes chartes ne sont pas nos Livet.

LOGES (SAINTE-MARGUERITE-DES). Ce nom de Loges est commun aussi à plusieurs communes de la Normandie. Cependant il y a lieu de croire que c'est de notre commune qu'il est question dans le Roman de Rou, v. 13679, puisqu'elle est plus voisine de Canon, dont il parle, que les autres Loges, à moins que Wace n'ait voulu parler des Loges-Saulces dans l'arrondissement et près de Falaise.

MÉNIL-BACLEI (LE). En 1073, il est question de cette commune sous le nom de *Maisnil Bachelarii* dans une donation faite par Guillaume Pantou à l'abbaye de Saint-Évroul, citée par Orderic Vital Liv. V.

MÉNIL-DURAND (LE). Dans le XVIe siècle, il possédait un tabellionnage qui fut depuis reporté à Livarot. Le baron de Ménil-Durand (Voir son article dans notre BIOGRAPHIE : Tom. II ; p. 272) habita souvent cette commune dont il était seigneur, et y composa plusieurs de ses ouvrages dans un château élégant qui, vendu comme bien d'émigré, fut démoli par l'acquéreur, sous le régime impérial. M. Gaston de Ménil-Durand, petit-fils du savant tacticien, y habite un nouveau château bâti sur sa terre de Balthasar par son père (Louis-César-Adolphe de Graindorge d'Orgeville, né le 12 décembre 1762, mort à Versailles le 21 juin 1844). Un frère de ce dernier, connu par un duel à outrance le 12 octobre 1785 avec Sainte-Mesme et Auguste Barras, frère du directeur, fut guillotiné à Paris le 24 juillet 1794 pour prétendue conspiration : il avait été un des rédacteurs les plus spirituels des Actes des Apôtres; 1789 à 1791 (Voir FAITS HISTORIQUES : Tom. I; p. 295). L'église de Ménil-Durand n'a de trace de sa très ancienne construction que la porte du chœur, au midi, laquelle est à plein ceintre et est ornée de zigzags saxons. Dufresne, curé de cette commune depuis 1767, fut en 1789 nommé député du clergé à l'Assemblée Constituante.

Par ordonnance du 19 juillet 1826 la commune de Pontalery a été réunie à Ménil-Durand.

MÉNIL-GERMAIN (LE).

MÉNIL-OURI (LA TRINITÉ DU). Une ordonnance du 19 décembre 1831 a réuni à cette commune, sous le nom cumulatif de Saint-Martin-du-Ménil-Ouri, la commune de Saint-Martin-des-Noyers ou Noyés. Nous avons, dans nos Recherches sur la Normandie, en 1843, publié une ballade relative au nom et à l'origine du Pont-au-Breton construit dans cette dernière commune sur la Vie qui en cet endroit la sépare de Ménil-Durand.

MONT-GOMERI (SAINTE-FOI DE). En latin *Mons Gomerici*. La famille des Mont-Gomeri est une des plus illustres de notre Normandie où elle remonte aux tems les plus reculés, et de l'Angleterre depuis l'époque de la conquête. Roger I de Mont-Gomeri était dès le XIe siècle un seigneur très puissant qui le devint plus encore par l'amitié que lui porta Guillaume-le-Bâtard à cause des services qu'il lui rendit par son habileté, sa bravoure et son dévoûment. Ayant épousé Mabile, fille de Guillaume Talvas, comte d'Alençon, Mont-Gomeri lui succéda et accrut ainsi ses possessions, ses forteresses, et son pouvoir; il fut, en 1070, le chef de cette maison qui conserva le comté d'Alençon jusqu'à Robert IV mort dans l'enfance en 1229, époque à laquelle faute d'héritiers, Philippe-Auguste réunit ce comté à la couronne. Roger II, qui était neveu du duc Guillaume et se distingua dans plusieurs batailles, ne fit pourtant point en 1066 à celle d'Hastings les prodiges de valeur que lui attribuent la plupart des chroniqueurs du tems et leurs échos dans les tems postérieurs : Guillaume, qui avait sans doute plus de vaillans capitaines que d'administrateurs habiles, chargea, pendant l'expédition d'outremer, Roger de Mont-Gomeri, du gouvernement si important de la Normandie. C'est ce que nous attestent Orderic Vital et Guillaume de Poitiers, bien plus dignes de foi que le poëte Wace. Il n'en eut pas moins part aux avantages de la conquête et fut en Angleterre le chef d'une branche illustre du nom de Mont-Gomeri (Orderic Vital : liv. IV).

Le comté de Mont-Gomeri passa dans diverses familles plus ou moins illustres. A la mort de Robert IV, comte d'Alençon, Émeric de Chatellerault, fils d'Alix d'Alençon sœur de Robert III, légataire de ce dernier, obtint Mont-Gomeri vers

1217. Blanche de Ponthieu, comtesse d'Aumale et de Mont-Gomeri, porta ces deux comtés dans la maison de Harcourt par son mariage avec Jean V, comte de Harcourt. Jacques I, leur fils puîné, mourut comte de Mont-Gomeri en 1405. Cette terre échut à Jeanne de Harcourt avec le comté de Tancarville : vers 1486 elle donna ces deux comtés à François d'Orléans, son cousin. En 1488, Jacques de Lorges acheta le comté de Mont-Gomeri, de François d'Orléans, marquis de Rothelin : il tenait d'autant plus à cette acquisition, qu'il prétendait descendre des Mont-Gomeri qui s'étaient établis en Angleterre en 1066.

Un sire de Mont-Gomeri fut tué à la bataille d'Azincourt, le 25 octobre 1415. On trouve, sous Louis XI, un Thomas de Mont-Gomeri.

Aucun des possesseurs de ce comté ne fut aussi distingué que Gabriel de Lorges, qui eut le malheur en 1559 de blesser dans un tournoi Henri II qui en mourut. Jacques de Mont-Gomeri, père de Gabriel, avait en 1521 blessé aussi, sans le vouloir, un autre monarque : c'était François Ier qui en fut quitte pour une balafre. Quant à Gabriel il figure brillamment dans nos guerres civiles-religieuses ; ayant été fait prisonnier à Domfront le 27 mai 1574, Catherine de Médicis qui ne lui pardonnait pas la mort de son royal époux, quoique pourtant Mont-Gomeri n'en fût que l'auteur involontaire, lui fit éprouver toutes les barbaries dont elle était capable : après avoir subi les tortures de la question extraordinaire, l'intrépide guerrier eut la tête tranchée sous les yeux même de la reine. Son château, qui était très fort, fut rasé complétement.

Le dernier Mont-Gomeri, qui mérite une mention expresse, est Jean qui mourut le 11 mars 1731, âgé de 85 ans, maréchal-de-camp depuis le 3 janvier 1696. Pinard cite ses principaux services guerriers dans le tome VI de sa Chronologie militaire. Au milieu du siècle dernier le comté de Mont-Gomeri appartenait à Louis-François marquis de Thiboutot, maréchal-de-camp, premier lieutenant-général de l'artillerie, lequel le tenait du chef de sa femme.

Les comtes de Mont-Gomeri avaient séance à l'échiquier. C'est à Sainte-Foi-de-Mont-Gomeri que naquit en 1697 le savant académicien Belley.

En 1054, ce château fut assiégé par Henri Ier, roi de France. Vaillamment défendu par Gilbert, frère de Guillaume de Mont-Gomeri, il fut détruit et mis en cendres ainsi que le bourg et l'église ou peut-être la chapelle. Un des quatre chanoines, ayant voulu sauver les reliques de saint Josse *(Judocius)* que Gilbert avait précédemment volées dans une église à laquelle elles appartenaient, ne put venir à bout de les conserver. On voit figurer parmi les Croisés, dont les écussons se trouvent à Versailles dans le Musée, un Philippe de Mont-Gomeri qui mourut à Antioche. Le château ne tarda pas à être rebâti, plus fort qu'auparavant, composé de sept grosses tours lorsqu'il fut rasé en 1574, ce château offre encore des ruines remarquables. A l'extrémité méridionale d'un plateau qui se termine en promontoire, sur la rive gauche de la Vie, au nord et à peu de distance de Vimoutier, s'élèvent en bourrelet circulaire des ruines de maçonnerie mêlées de broussailles : les fossés existent encore, en partie comblés par les démolitions. Le bourrelet, couvert de buissons et même d'arbres qui décorent un peu la difformité des murs écroulés, s'élève encore de 20 mètres au-dessus du fond des fossés, et présente un circuit de 230 pas. Assis sur un banc de marne, les débris dont nous parlons se composent de pierres, d'argiles, de chaux, d'humus, et de débrits divers. La largeur du bourrelet varie de 6 à 30 pas ; mais, comme il est revêtu d'arbres et d'arbrisseaux à la végétation vigoureuse, l'inégalité est peu apparente. On entre au-sud-sud-ouest de l'enceinte qui, ronde comme le bourrelet qui l'entoure, a 74 pas de traverse et présente une place unie aujourd'hui labourée. Là se présente à gauche en entrant un puits à peu près comblé.

On connaît le proverbe : « C'est le partage de Mont-Gomeri, tout d'un côté et rien de l'autre ». Il ne vient point, comme l'a cru Segrais (Mémoires Anecdotes, p. 42), et comme l'a répété La Mésangère (Dict. des Proverbes français), de ce que les comtes de Mont-Gomeri « sont allés au diable », tandis que les Matignons et les Beuvrons se comportaient en braves seigneurs. Le proverbe fait allusion au placement de l'église bâtie à un bout de la commune : ce qui fait que de la totalité du territoire une portion est à proximité de l'église, tandis que le reste en est plus éloigné. C'est bien, en effet, tout d'un côté, rien de l'autre.

MONT-GOMERI (SAINT-GERMAIN). Commune qui probablement dans les tems reculés ne fesait qu'un avec la précédente à laquelle elle est contigüe.

MOUTIERS-HUBERT. Les paysans prononcent Métieubert. *Monasterium Huberti* dans Orderic Vital (Liv. XIII); ailleurs *Monasteria Huberti ;* Wace (v. 16,633) écrit Mostiers-Hubert. C'était une ancienne et illustre baronnie qui appartenait aux Painel (*Paganellus*), possesseurs de belles terres en Basse-Normandie, telles que La Haie-Painel, et en Angleterre depuis la conquête, telles que Drax, etc. Il y a lieu de croire que ce Moutiers-Hubert, place très importante dans le XIIe siècle et probablement long-tems auparavant, était le principal siége de la famille Painel. Guillaume I Painel, vers la fin du XIe siècle, était seigneur de Moutiers-Hubert, tandis qu'un Rodulfe ou Raoul Painel, qui probablement était son frère, possédait de grands domaines en Angleterre. Guillaume paraît avoir eu pour fils, portant son nom, le fondateur, dans le milieu du XIIe siècle, de l'abbaye de Hambie et d'une cellule ou prieuré à Moutiers-Hubert; on retrouve long-tems en Angleterre plusieurs Painel. Hugon, fils de Guillaume II Painel, qui mourut vers 1150, reçut de Henri II, avant qu'il montât sur le trône anglais, Moutiers-Hubert avec toute la baronnie de son père tant en Normandie qu'en Angleterre, à l'exception de Bréhal. Les Moutiers-Hubert furent enlevés aux Painel par Philippe-Auguste. En 1136, Geoffroi Plantagenêt, comte d'Anjou, dans sa fameuse incursion en Normandie, mit le siége devant le château de Moutiers-Hubert qui, bien défendu par son seigneur Painel, résista une année entière. On voit encore les ruines de cette place forte. La seigneurie fut, en 1204, réunie au domaine par Philippe-Auguste, parce que le seigneur avait embrassé la cause de Jean-Sans-terre. M. Auguste Le Prévost nous apprend que ce seigneur « était probablement Raoul de So-meri (Sommery), fils d'Hawise, héritière de la branche aînée de la famille Painel ». La forêt, appelée Le Buisson-Painel, n'est séparée de Moutiers-Hubert que par la Touque.

SAINT-OUEN-LE-HOUX. Il tire probablement son surnom de quelque houx fort remarquable, arbre si chétif aux environs de Paris, et qui, dans la Normandie, le Maine et la Bretagne, est susceptible d'acquérir une très grande dimension. Nous retrouvons ce nom de houx (*Ilex aquifolium*), appelé *Hossum* par la basse-latinité, dans les mots La Houssaie, Le Housset, etc.

TONANCOURT. C'est ainsi que ce nom est écrit sur la carte de Cassini.

TORT-ISAMBERT (LE). Torp, dorp, dorft, dans les langues du Nord, signifient un village, comme les *villa* et *villare* dans la langue latine. Ainsi, le Tort-Isambert (car c'est ainsi qu'il doit être écrit) est le Village d'Isambert.

CANTON DE MÉSIDON.

MÉSIDON. *Mansio Odonis* : habitation ou maison d'Odon Stigand, fondateur de Sainte-

Barbe-en-Auge. Wace (v. 8952) a été, plus que nous, fidèle à l'étymologie quand il a écrit Mezodon ; il l'aurait été plus encore s'il eût mis un *s* à la place du *z* qui ne se trouve pas dans *Mansio*. C'est auprès de ce bourg, situé sur la Dive, que Stigand fonda dans le XIIe siècle le prieuré de chanoines réguliers que nous avons fait connaître dans ce volume, p. 152 à 159, et qui était situé sur le territoire d'Écajeul. Dans le moyen-âge la Dive était encore navigable jusqu'à ce bourg où dans le siècle dernier on a trouvé des organneaux pour l'attache des navires : elle l'était même plus haut avant que l'essartement des forêts eût diminué l'abondance des pluies et l'humidité du sol, qui entretenaient un volume d'eau plus considérable qu'aujourd'hui dans nos rivières et leurs affluens. Au mois de juin 1137, Étienne-de-Blois, compétiteur de Geoffroi Plantagenêt au trône Normano-Britannique, assiégea, prit et brûla Mésidon : c'est de Sainte-Barbe-en-Auge, où il s'était confortablement établi qu'Étienne dirigea cette opération, pendant un tems extraordinairement sec qui nuisit beaucoup à la défense des assiégés et favorisa les approches de la place. Demantelée et ruinée, elle n'a plus depuis joué aucun rôle dans nos guerres. Quant au bourg il se rétablit peu à peu et dès le commencement du XIIIe siècle il possédait des marchés et des foires que la richesse du pays rendait très fréquentés.

A la mort de Stigand la baronnie de Mésidon passa à Rabel de Tancarville auquel Odon Stigand avait donné en mariage sa fille Agnès. Cette seigneurie resta aux Tancarville jusqu'en 1347, où elle fut échangée par Jean II, comte de Tancarville, avec les moines de Grétain pour des domaines qu'ils possédaient en Angleterre.

Le peuple dit Méridon et, qui pis est, Merdon.

AUTIEUX-PAPION (LES). Cette dénomination comme celle des Autels-Saint-Basile, vient du mot latin *Altare*; le surnom de Papion était le nom d'un ancien seigneur du moyen-âge.

BIÉVILLE-SUR-DIVE, ou Biéville-en-Auge. Des vieux mots romans Bie, Bies, Biefs : fossés de desséchement, biez pour conduire l'eau au moulin. On dit encore en ce sens dans la Normandie un bieu. Le 7 avril 1840, Querville a été réuni à cette commune.

BISSIÈRES. Probablement pour Buissières : Buissons, Broussailles. Dans le pays on supprime habituellement l'*u* dans buisson, bruyère etc.

BREUIL-SUR-DIVE (LE). Ce mot est la traduction du *Broilum* des capitulaires de Charlemagne, où il signifie un bois-taillis : sens dans lequel il est employé par les Eaux-et-Forêts. Cette expression est romane, ainsi que Breil, Broil, Broillot, d'où nous avons fait broussailles, et tiré au figuré notre verbe brouiller et ses dérivés. Au surplus M. Hase dérive *Broilum* du grec classique periboliôn, dont les Grecs modernes ont fait brivoliôn, terme qui en Orient désigne un verger, un jardin cultivé devant la maison. L'église du Breuil est du XII° ou XIII° siècle. Le savant M. de Caumont y a remarqué « deux jolies portes de forme ogive, ornées de zigzags, de tores, et d'une bordure de tête-de-clous, qui s'ouvraient dans le chœur, l'une devant l'autre, au sud et au nord, immédiatement après les chapelles du transept ». Il ajoute : « L'église du Breuil était en forme de croix avec une tour carrée au centre du transept. Le corps de l'église est ancien. On y a ajouté au XV° siècle un porche en avant de la porte principale de la nef, qui s'ouvrait dans le mur méridional près de l'extrémité occidentale. Probablement au siècle dernier, deux petites chapelles symétriques ont été ajoutées près du sanctuaire au nord et au sud, de manière à former un second transept... »

CANON–AUX–VIGNES, appelé par le célèbre avocat Élie de Beaumont Canon-les-Bonnes-Gens, lorsqu'il y fonda une Rosière. Ce surnom de Vignes, que l'on retrouve dans plusieurs localités du pays, notamment dans Cêni-aux-Vignes, commune très voisine. rappèle une culture qui, avant l'édit de Charles IX qui la prohiba, était fort étendue dans toute la Normandie septentrionale où l'on n'en retrouve plus de trace qu'à Argences. Cette proscription faite par Charles IX est la moins déplorable dont on puisse l'accuser : nos vins normands, que l'auteur du Fabliau intitulé : la Bataille des Vins, cite en grand nombre, étaient détestables. Aussi dès le XII° siècle, Tortaire, dont j'ai imprimé la curieuse épitre dans le Tom. I, de mes Archives Normandes, dit-il en parlant de nos contrées :

Sed Bacchus minimé dominatur in hac regione.

(Mais Bacchus est bien loin de régner en ces lieux). A cette époque, sur quelques points fort étendus la vigne avait déjà disparu ; ce qui avait fait dire à Jonas, Abbé de Notre-Dame-du-Veu :

Hic terræ steriles, et vinea nulla superstes.

(Là le sol est ingrat, nulle vigne n'y reste). En 1204 Guillaume le Breton, qui accompagna Philippe-Auguste dans sa conquête de la Normandie, remarqua l'abondance des pommiers qui couvraient la Vallée-d'Auge, dans cette comparaison à propos de guerriers tombés dans une bataille :

Non tot in autumni rubet Algia tempore pomis,
Unde liquare solet siceram sibi Neustria gratam.

(Le Pays-d'Auge ne se rougit pas en automne d'autant de pommes, dont la Neustrie fait couler le cidre qu'elle chérit). Ce n'est point par ses anciens vignobles que Canon a obtenu quelque célébrité. Le défenseur des Calas, ayant acquis la terre de Canon, y bâtit, vers 1770, le beau château qui subsiste encore. Avocat distingué, intendant des finances du comte d'Artois qui depuis fut Charles X, il était lié avec les hommes les plus illustres de la littérature et du barreau : La Harpe, les deux La Cretelle, Target, l'abbé Le Monnier, l'abbé de Boulogne, de La Croix, De Sèze, l'abbé Bourlet de Vaux-Celles et quelques autres notabilités du tems. Cette brillante réunion, que j'ai vue dans mon enfance, passait à Canon quelques-uns des plus beaux jours du mois de septembre, et ne cessa de s'y rassembler pour la fête de la Rosière qu'en 1782, parceque Mme Élie de Beaumont mourut en janvier 1783.

A l'imitation du saint évêque Médard, fondateur dans le Ve siècle de la Rosière de Salenci, et à l'occasion de la grossesse de la comtesse d'Artois (qui le 6 auguste 1775 mit au monde le duc d'Angoulême), M. et Mme de Beaumont, d'accord avec les religieux de Sainte-Barbe-en-Auge, seigneurs de Mésidon, et avec Morin du Mesnil, père de Mme de Beaumont, seigneur de Vieux-Fumé, fondèrent une Rosière à Canon.

D'après l'acte de fondation du 10 février 1775 et le réglement, approuvés par lettres-patentes et enregistrés au parlement de Rouen, les trois communes de Canon, de Vieux-Fumé, et de Mésidon concouraient par vingt électeurs au choix d'une Bonne Fille, d'une Bonne Mère, d'un Bon Vieillard et d'un Jeune homme Bon Chef de famille. La première élection eut lieu au commencement de septembre 1775, et le premier couronnement le 24 du même mois. Les abbés Le Monnier, de Vaux-Celles, et de Boulogne qui depuis fut évêque, tous trois hommes de lettres prêchèrent à ces cérémonies qui attirèrent une grande affluence. Paul, élève de l'académie de peinture, fit le portrait des Bonnes Gens qui avaient obtenu et mérité la couronne; Du Vivier et Gatteaux composèrent chacun deux médailles d'argent pour ces vertueux et modestes personnages dont les noms sont encore en vénération dans le pays. Le comte d'Artois avait porté les deux Cordons Bleus dont on décorait les élus, pendant la cérémonie. Le Veillard était couronné d'épis de blé; la Mère de famille, d'immortelles; la Jeune fille, de roses;

et le Jeune homme d'épis et de glands. La peinture et la sculpture d'accord avec la poësie, concouraient à l'embellissement de cette solennité touchante, qui avait lieu au château et que l'on célébrait annuellement le 15 septembre (Voir l'Année Litt. de 1775, Tom. VIII, et de 1776, Tom. V; le Mercure de France de juin 1775, de décembre 1776 et de février 1778; et les Lettres de l'abbé Le Monnier sur les Fêtes des Bonnes-Gens : Paris, 1778; 1 vol. in-8°).

Cette fondation eut dix-sept imitateurs.

Des discours prononcés à Canon, quelques-uns furent imprimés, ainsi que les petits recueils de chansons de 1776, 1777, etc., chantées à la cérémonie. Parmi ces poësies, on remarque Les Bonnes-Gens par Bonnecarrère, quelques vaudevilles très jolis et de gracieux couplets. Nous nous bornerons à citer le suivant que La Harpe improvisa sur l'air de sa romance : *O ma tendre musette!*

> Chantons tous cette fête;
> C'est celle des bons cœurs.
> Au couple qui l'apprête
> Faites-en les honneurs.
> Aux lauriers qu'ils vous donnent
> Ils joignent leurs lauriers;
> Et le bien qu'ils couronnent
> Ils l'ont fait les premiers.

Parmi les inscriptions que j'ai lues autrefois

au château et dans les jardins de Canon, je rappèlerai celles qui suivent, parcequ'elles sont convenables et ingénieuses.

I. Sur la porte de l'église de la commune :

In terrâ pax hominibus bonæ voluntatis.

(Paix sur la terre aux hommes bienveillans)!

II. Sur un colombier où l'on a sculpté deux pigeons qui se becquètent, ce vers de La Fontaine:

Deux pigeons s'aimaient d'amour tendre.

III. Sur le logement des invalides préposés à la garde de la terre :

Ob patriam pugnando vulnera passi.

(Frappés du fer sanglant en servant la patrie).

IV. Sur le fronton du château, ces vers de Boileau parlant aussi de sa maison de campagne :

Le soleil en naissant la regarde d'abord,
Et le mont la défend des outrages du Nord.

V. Puis ces vers empruntés au même poète :

O rives du Laison ! ô champs aimés des cieux !
Que pour jamais, foulant vos prés délicieux,
Ne puis-je ici fixer ma course vagabonde,
Et, connu de vous seuls, oublier tout le monde !

VI. Dans le château, ces vers d'Horace :

Si quid petis, hic est,
Est Ulubris, animus tibi si non deficit æquus.

(Ce que tu cherches est ici, est à Ulubres, pourvu que ton esprit soit modéré).

VII. Et ces autres :

Et veterum libris, et somno, et inertibus horis,
Ducere sollicitæ jucunda oblivia vitæ.

(Parmi les livres des anciens, au sein du sommeil et du loisir, prolonge le doux oubli des agitations de la vie).

VIII. Et cette parodie d'un vers de l'Art Poëtique :

Qui ne sait se borner ne sut jamais *jouir.*

IX. Terminons par ce quatrain, composé par Élie De Beaumont, et qu'on lit au-dessous d'une tête de sa femme, modelée sur nature après sa mort :

De tout ce qui l'aimait elle a fait le bonheur.
La raison a dicté ses écrits pleins de charmes.
La Vertu, qui n'est plus, ne laisse à la douleur
    Qu'un long souvenir et des larmes.

Le château de Canon, qui appartient encore à la famille De Beaumont, fut long-tems habité par son fils Armand–Élie De Beaumont, qui avait épousé Éléonore Mercier du Pati, fille du célèbre président, auteur des Lettres sur l'Italie. Le petit-fils du défenseur des Calas est un homme encore plus distingué que ses illustres parens : membre de l'Institut, il est célèbre par ses belles découvertes en géologie. En 1796, j'avais revu le château de Canon et admiré de nouveau ses eaux limpides, ses élégantes fabriques, des statues, des groupes, des bustes, entre autres celui de l'avocat-académicien Target, père du préfet du Calvados mort à Caen en 1842. Cet avocat était intimement lié avec Élie De Beaumont et fut le tuteur de son fils. Le château et les jardins formaient un séjour enchanteur, et qui surtout l'avait été lorsque, pendant les vacances, y accourait, pour la champêtre et patriarchale solennité des Rosières, tout ce que la littérature, la philosophie et l'éloquence comptaient alors de notabilités les plus incontestables, principalement parmi les membres et les lauréats de l'Académie française.

Le docteur Serain, qu'Élie De Beaumont fixa à Canon pour y donner ses soins aux malades, et qui y mourut en 1821, avait, en 1780, découvert dans cette commune, sous un tumulus qu'il fit ouvrir, sept squelettes dont les têtes reposaient sur des cercles de cuivre rouge de 55 millimètres (2 pouces) de largeur, et de 5 millimètres (2 lignes) d'épaisseur. De ces squelettes, six regardaient l'Orient, un seul était tourné vers le Nord; près d'eux se trouvaient divers ossemens, des anneaux et du charbon. Il est à remarquer que les vingt squelettes trouvés en 1685 à Cocherel, près de la rivière d'Eure, avaient également la face tournée vers l'Orient, ainsi que plusieurs dont on a depuis fait la découverte. On sait que Cocherel fut, le 17 mars 1364, le théâtre d'une bataille où Du Guesclin battit les Anglais et les Navarrois. En 1135 il est question d'un Odon, seigneur de Canon.

CATILLON-EN-AUGE. *Castilio; castellio* dans une charte de Henri I, roi d'Angleterre, vers 1188. Ce nom provient de quelque château fortifié qui avait été construit en cette commune dans les tems de la féodalité. L'étymologie est la même que pour les nombreux Châtillon que nous connaissons en France. C'est à tort que quelques personnes s'obstinent à écrire Castillon : ce *s*, qui trompe sur la prononciation, avait été supprimé partout, même assez long-tems avant 1789.

CERQUEUX-SUR-VIE, réuni à Saint-Crépin-sur-Vie par ordonnance royale du 28 sept. 1815. Cerqueux vient de cercueil, parceque cette commune offrait sans doute autrefois beaucoup de ces sarcophages en pierre calcaire dont nous avons parlé page 360.

COUPSARTE. Autrefois on écrivait Courbessartre. Le *p* se prononce ; c'est par erreur que, dérogeant à l'orthographe de Cassini, plusieurs personnes écrivent Coupesarte. A cette commune se rattachent quelques souvenirs que nous n'avons pas la prétention de donner comme romantiques, mais qui peignent l'époque qu'ils retracent.

Sur les bords fertiles et charmans où la rivière de Vie roule lentement une onde si pure, après avoir traversé la ville de Vimoutier, célèbre par ses belles toiles crétonnes, et le bourg de Livarot, fameux par ses fromages; après avoir cotoyé la commune si variée et si pittoresque de Ménil-Durand, qui a donné son nom à un tacticien distingué; dans une vallée féconde en gras et frais pâturages que couronnent au nord les côteaux du Chêne et de Lessart; près d'un pont, témoin de fréquens accidens à l'époque des inondations, s'élève et s'annonce par un petit clocher carré une modeste église, le temple champêtre de Coupsarte, dont saint Cyr est le patron, et près duquel j'ai vu des ormes centenaires protéger de leurs rameaux les jeux et les causeries des garçons et des filles, à l'issue des vêpres de la belle saison.

Autour de l'église, aujourd'hui veuve de son culte, mais bien conservée, s'étend un petit cimetière où, dès ma plus tendre jeunesse, j'ai vu dans toute la primeur de mes émotions descendre sans cortège de deuil, transportée à la hâte par des Frères-de-Charité odieusement indifférens et presque moqueurs, une bonne, respectable et pauvre vieille qui avait fréquenté la cour de Louis XV, où son mari remplissait une charge honorable, qui avait été belle, riche et fêtée, qui avait perdu tous ces avantages, mais avait conservé dans sa misère une dignité modeste, et qui réservait, pour les personnes dignes de l'entendre, beaucoup d'instruction et de littérature agréable.

Dans ce même cimetière, quelques lustres auparavant, au milieu du règne de Louis XV, une jeune et belle fille, douée de cette beauté normande à la fois gracieuse et noble, avait été par le curé du lieu condamnée pour trois ans à faire tous les vendredis, à minuit, le tour de cet asile du repos éternel, après y avoir récité au pied de la croix trois *Pater* et trois *Ave*. A minuit! lorsque les croyances populaires peuplaient de fantômes les plus effrayans le voisinage des églises et la pelouse des tombeaux; à minuit! à cette heure sinistre et désolante où du fond des enfers s'échappent jusqu'au jour les démons persécuteurs; à minuit! vous dis-je, quand à la fin de l'automne on entend la Chasse Arthur traverser les airs et s'y disputer, au milieu des cris, des ricaneries et des hurlemens, les lambeaux des cadavres et les âmes des trépassés...; à minuit donc! au risque de rencontrer le scélérat, ami des ténèbres, ou ces loups-garoux de l'Avent qui courent les campagnes en jetant la terreur dans les villages, la pauvre jeune fille, pâle, transie, demi-morte, parcourait un long chemin pour se rendre au but de sa rigoureuse pénitence.

Quel crime épouvantable avait donc commis la bonne Claudine, cette excellente fille qui, du fruit d'un travail sans relâche, nourrissait son vieux père et ses petites sœurs, délaissées comme elle par une mère vertueuse qui, quatre ans auparavant, avait payé de sa vie la vie de deux jumelles?

Sans doute Claudine, cette fille si bonne, si douce, si simple, si dépourvue d'expérience, comme on l'était alors à quatorze ans au village, et malheureusement privée des conseils de sa mère, la pauvre Claudine avait eu le tort, que ne pardonnent pas tant de gens qui en ont de plus grands qu'elle, de croire aux promesses de son jeune voisin, son parent, son ami d'enfance, le compagnon de travail de son vieux père. Il avait abusé de la confiance de Claudine : il lui avait juré les promesses de l'hymen, et Claudine était devenue mère ; le séducteur avait trahi sa foi, l'amour, l'hyménée et l'honneur. Il s'était enrolé à Lisieux pour le régiment de la Couronne, laissant dans le deuil, les larmes, les souffrances et le désespoir, la pauvre fille déshonorée que les gens de bien plaignaient tout bas, mais que le mépris désignait tout haut d'un doigt réprobateur.

Dans son opprobre, Claudine, qui se sentait encore nécessaire à son vieux père et à ses jeunes sœurs, était parvenue à repousser loin d'elle la renaissante idée d'aller terminer dans les flots de la rivière, sous le pont du Chêne, une existence trop compromise pour n'être pas flétrie. Dans la victoire remportée sur cette résolution il y avait bien du courage... il y avait bien de l'honneur.

Claudine mit au monde, loin de l'assistance consolatrice d'un époux, le plus joli des enfans, un fils beau comme elle, et, comme elle aussi, destiné à la réprobation et au malheur, car il était bâtard et indigent. Innocente créature, puisses-tu ne pas connaître un jour des larmes aussi amères que celles qui coulèrent sur le berceau d'osier où ta pauvre mère balança ton enfance, protégea ton sommeil et veilla si attentive à épier l'instant où ton réveil lui donnait un si doux sourire!

Le vendredi, pendant qu'il dort paisiblement, Claudine continuait de suivre le chemin solitaire, parallèle à la rivière de Vie dont elle remontait le cours, à travers mille transes déchirantes, souvent sous la pluie ou la neige contre lesquelles un capot noir ne la défendait guères ; elle arrivait devant le château opulent et joyeux du seigneur de la paroisse, puis passait le long du presbytère où dormaient profondément le curé, son vicaire et ses deux domestiques.

Quoi qu'il eût imposé à Claudine une si rude et si longue pénitence, ce n'était pourtant pas un méchant homme que le curé de Coupsarte; mais il avait plus de zèle que de lumières, et plus de dévotion que de sensibilité. Il croyait être juste : il était dur. Charitable d'argent, il ne savait pas compatir au malheur, s'attrister de la douleur d'autrui, donner un conseil amical, et prononcer de cœur les douces paroles de la consolation affectueuse qui sympathise avec les peines de l'âme et parvient à les calmer.

Le curé avait vu dans la faiblesse de la pauvre Claudine un crime affreux, condamné à l'égal de l'homicide dans les Commandemens de Dieu comme de l'Église, et il s'était montré inexorable.

Un événement sinistre vint accroître les transes que Claudine éprouvait dans son voyage expiatoire. Une nuit que le ruisseau voisin de la chaumière, grossi par un déluge de pluie, couvrait la voie publique d'un torrent profond de trois pieds, un voyageur égaré, après avoir lutté long-tems contre les flots, y avait perdu la vie; comme on le trouva meurtri et sanglant, on ne douta pas qu'il n'eût été assassiné. On ne pouvait pas soupçonner la jeune fille : tout le monde l'aimait malgré sa faiblesse ; on n'accusait pas son père, le village entier l'eût réclamé. Après avoir épuisé les recherches, emprisonné vingt innocens qu'il fallut bien mettre enfin en liberté ; après avoir ruiné leur petite fortune, leur santé et leur réputation, on publia des monitoires pour forcer les personnes qui pouvaient connaître le coupable à le signaler à la justice. Nulle déclaration ne fut faite... Alors on fulmina dans l'église de Coupsarte les redoutables monitoires : le prêtre voua à l'exécration, à la damnation, non le coupable du crime, mais le coupable de la réticence ; il foula aux pieds, il éteignit sous sa chaussure la flamme d'un cierge béni, et les assistans furent bien certains que le diable ne tarderait pas à se saisir de la proie qui lui était dévolue.

On le raconte, et j'ai vu dans la cour du Rais (c'est ainsi qu'on appèle un herbage avec sa chaumière qui se trouve sur le bord méridional du chemin de Ménil-Durand à Saint-Julien-le-Foucon), j'ai vu, dis-je, sur la porte d'entrée de la chaumière, une planchette de sinistre mémoire : « Là, me dit-on, comme on le disait à tout le monde, le diable plaça un à un les ongles des pieds et des mains du malheureux qui n'avait pas voulu faire connaître un assassin ; ces ongles avaient été arrachés avec une excessive douleur, et les cris du patient avaient durant la nuit réveillé au loin les habitans qui trouvèrent le lendemain ces preuves de la vengeance de Dieu, de la cruauté du démon et du juste supplice d'un damné ».

Si mes narrateurs n'avaient pas vu les ongles, ils avaient, comme moi, vu la planchette où nul n'eût alors osé douter qu'ils avaient été bien certainement rangés avec cet ordre que Satan ne manque pas de mettre à tout ce qu'il fait.

Assurément ces récits glacent d'effroi les jeunes paysannes pendant les longues veillées d'hiver, et tous les assistans se promettent bien de ne pas cacher à la justice les crimes qui parviendront à leur connaissance.

Ces dispositions sont certainement fort louables, mais les monitoires avaient été plus effrayans que judicieux. Le voyageur n'avait pas été assassiné : il s'était blessé en disputant, au milieu des pierres et des branches d'arbres, sa vie aux flots qui avaient fini par l'engloutir. C'est ce que reconnut la justice.

C'était à la porte même de Claudine que ces événemens s'étaient passés : ils n'avaient pas peu contribué à redoubler la torture de ses craintes pendant les nocturnes pélerinages de sa longue pénitence.

Son père, qui avait gémi sur l'infortune de Claudine dont il connaissait la candeur et plaignait la crédulité, descendit au tombeau où sa douleur, accrue de celle de sa fille, le conduisit en quelques mois. Il fut placé près de sa femme, et les deux tombes étaient tous les vendredis baignées des larmes de Claudine, qui allait y recueillir de nouvelles douleurs et qui croyait parfois en entendre sortir des voix tantôt accusatrices, tantôt consolantes, selon que ses dispositions morales étaient ternies par la peine ou s'épanouissaient à l'espérance.

Enfin les trois mortelles années de transes qui navrent, de supplices qui déchirent, de terreurs qui glacent, parvinrent à leur terme.

Claudine se comporta toujours en honnête fille, en mère tendre, et, si elle n'eut pas le bonheur de rendre un père à son fils, du moins ce fils chéri ne cessa d'aimer son excellente mère : il la consola dans ses peines, la secourut de son travail, et, comme elle atteignait sa cinquantième année (car les infortunés ne deviennent pas centenaires), il lui ferma les yeux avant de se marier. Il fut toujours bon comme Claudine, mais il fut plus heureux qu'elle.

CRÈVECOEUR. Ce bourg important, que traverse la route royale de Paris à Cherbourg, était autrefois renommé par un grand commerce de poulardes grasses que de Saint-Pierre-sur-Dive on expédie maintenant à Paris. Dans le latin moderne : *Crepicordium*. Ce nom de Crèvecœur vient sans doute de la difficulté qu'autrefois on éprouvait à parcourir les chemins impraticables qui l'entouraient. Il est question de Crèvecœur dans ces vers (13,772) du Roman de Rou :

> De Crivecoer et de Driencort
> Et li sire de Bricucort
> Sucient li dus kel part k'il tort.

(De Crèvecœur et de Driencourt (peut-être Drucourt), et le sire de Brucourt, suivent le duc en quelque part qu'il tourne ses pas). Les seigneurs de Crèvecœur figurent donc en 1066 dans l'armée de Guillaume-le-Conquérant, qui donna en Angleterre à cette famille de belles terres : voir le *Monasticon Anglicanum*, tom. II; p. 111 et 796. Dès le règne de Henri I (1106 à 1135), cette famille, devenue anglaise, était divisée en deux branches. Voici ce qu'à ce sujet dit M. Auguste Le Prévost dans une de ses notes sur Wace : La branche « des barons de Redburn habitait le comté de Lincoln ; l'autre, établie dans le comté de Kent, eut pour chef Robert de Crèvecœur, fondateur, en 1119, du prieuré de Ledes ».

Le château de Crèvecœur, jadis assez important, était entouré de fossés alimentés par les eaux du ruisseau de Cantepie. En 1488, sa garnison anglaise se rendit aux troupes françaises commandées par Dunois. En 1591, il reçut prisonnier un des plus fanatiques ligueurs : ce fut Claude de Sainctes, évêque d'Évreux, auquel Henri IV fit grâce de la vie; il mourut dans ce château en février de 1592 (n. s.). Le parlement ligueur qui siégeait à Rouen eut l'audace, le 4 mars de la même année, d'affecter cinq cents écus pour les funérailles de ce prélat séditieux que le parlement royaliste (qui siégeait à Caen) avait eu l'indulgence de condamner à un simple emprisonnement pour complaire au bon et clément Henri IV, qui sauva ainsi la vie à l'un de ses plus cruels ennemis. Au mois de septembre 1603, lors de son voyage à Caen, Henri IV retira le commandement du château de cette ville au baron de Crèvecœur dont il était mécontent.

On conserve au notariat de Cambremer et aux Archives du Royaume une obscène constitution de fieffe, qui a été imprimée dans la Bibliothèque Historique vers 1820. Cet acte passé par le baron de Mont-Morenci, seigneur de Crèvecœur, fait, le 13 juillet 1606, la vente d'une maison dans le bourg au nommé Varin, sous diverses obligations ridicules, dont l'une, concernant la toilette que ce barbier devait faire aux femmes de chambre du château à l'époque de leur mariage, a pour objet de leur raser ce que nous ne saurions, comme le notaire, nommer en toutes lettres, et que le naïf La Fontaine fait présenter à

Un démon plus noir que malin.

dans celui de ses contes qui a pour titre : La Chose Impossible.

CROISSANVILLE. Cette commune, qui tire son nom d'une croix remarquable qui se trouvait dans un hameau indiqué encore par Cassini, est située sur le Laison : rivière que Wace appèle Lison (ce qui doit être son nom véritable), et que Cassini a eu tort de désigner d'abord sous celui de l'Oison, tandis que, plus bas, il est bien orthographié Laison. C'est en partie sur cette commune, celle de Valmerci et quelques autres du voisinage, que manœuvrèrent les armées qui en vinrent aux mains à la bataille du Val-ès-Dunes ou Val-des-Dunes, en 1047. Voir nos FAITS HISTORIQUES, Tom. I; p. 90.

ÉCAJEUL, autrefois Escajeul. En latin *Scajoleium, Escajolum*, et non pas *Escasolum* comme il est imprimé dans le *Gallia Christiana*, tom. XI, col. 858; plus tard *Escajoletum*. Nous avons dit dans ce volume, p. 152, que ce fut en cette commune que fut fondé le prieuré de Sainte-Barbe-en-Auge. La baronnie d'Écajeul appartient depuis long-tems à l'ancienne et illustre maison des Vauquelin de La Frênaie. Marie-Jacques, baron d'Écajeul, né le 16 oct. 1682, mourut le 1er octobre 1752, après avoir fait à peu près toutes les campagnes depuis 1702 jusqu'à Lawfelt en 1747; il avait la prétention de faire remonter ses aïeux à 1256. Par lettres-patentes du 22 auguste 1609, Henri IV donna pour précepteur au dauphin son fils (Louis XIII) Nicolas Vauquelin des Iveteaux, qui appartenait à la même famille. Un des derniers, mort au château de La Frênaie, près de Falaise, le 4 auguste 1824, a composé à Écajeul une partie de sa Nouvelle Histoire de Normandie, 1 vol. in-8° qu'il fit imprimer à Versailles en 1814, et qu'en 1816 il fit reparaître avec un nouveau titre seulement et quelques pages additionnelles à la fin.

Les supérieurs de Louis-Pierre Anquetil, historien estimé, l'envoyèrent vers 1740 au prieuré de Sainte-Barbe-en-Auge pour y étudier la théologie sous la direction du Père Le Courayer, auteur illustre. Il ne tarda pas à devenir maître, et maître distingué.

Par ordonnance du 4 décembre 1841, la commune de Soquence a été réunie à Écajeul.

ÉCAUDE (L). Cassini écrit Lécaude ou Lacaude : probablement La Caude.

FRIBOIS (SAINT-LOUP). On voit à l'extérieur de son église, du côté méridional, une porte à plein ceintre décorée de zigzags très jolis : tout ce mur est digne d'attention. Cet édifice, qui touche au bourg de Crèvecœur, est son église paroissiale. Le château et la chapelle de Fribois étaient au-dessus du bourg sur les bords de la Vie.

GRAND-CHAMP.

LIVAIE (NOTRE-DAME-DE).

MAGNI-LE-FREULE. Magni est dérivé du vieux verbe Maindre (habiter), dont le participe passé est Mani d'où sont venus Magni et Manoir. Freule, mot roman, signifie frêle, traduit par contraction du latin *fragilis*.

MÉNIL-MAUGER-EN-AUGE (LE). En 1233 *Mesnillum Maugeri;* appelé mal à propos Ménil-Mauges dans le *Gall. Chr., instr.* col. 304. En 1128 il est question d'un Serlon, seigneur de Ménil-Mauger. C'est dans cette commune, au hameau de Capoménil, que les paysans appèlent Cateménil, composé alors d'une dizaine de maisons, qu'en 1336 eut lieu le viol de Marguerite de Tibouville, femme de Jean de Carrouges qui y possédait un château avec donjon sur la rive gauche de la Vie. Ce château, qui s'appelait Carrouges avait été démoli et remplacé dans le siècle dernier par un bel édifice de bon goût. On écrivait alors Quarrouges, de *Quadrugiæ*, comme Ordéric Vital (Liv. XIII) orthographie le nom du bourg de Carrouges près d'Alençon, tandis que Guillaume de Jumiège écrit (Liv. VI) *Castrum Carrucæ* et une charte de 1138 *Carrogium*. Les deux Carrouges appartinrent successivement aux familles Blosset et Le Veneur qui ont donné des évêques à Lisieux.

A la cour de Pierre III, comte d'Alençon, vivaient en mauvaise intelligence Jean de Carrouges, chevalier, chambellan du comte, et Jacques Le Gris, simple écuyer, mais possesseur opulent de plusieurs fiefs, mais jouissant de l'intimité affectueuse du prince et la méritant par son esprit, son instruction et sa bravoure. Carrouges avait, en secondes noces, uni à son sort Marguerite de Tibouville, jeune et belle femme dont la belle-mère (Nicole de Carrouges) habitait Capoménil : prêt à partir pour une expédition en Écosse et en Angleterre, Jean confia sa femme à Nicole. Marguerite habitait avec sa belle-mère depuis environ trois semaines, lorsque celle-ci fut obligée de se rendre à Saint-Pierre-sur-Dive avec ses domestiques pour une affaire litigieuse qui y exigeait sa présence : c'était au mois de janvier 1386. Deux hommes, dont l'un fut pris pour Le Gris par la jeune femme restée presque seule, entrèrent le jeudi 18 janvier au château. Le prétendu Le Gris, secondé par Adam Louvel, son compagnon de voyage, exerça sur elle les brutalités d'un viol, après avoir inutilement employé la séduction, les caresses et les offres d'argent. Telle fut l'accusation portée par Marguerite. L'infortunée dissimula jusqu'au retour de son mari l'affront qu'elle avait reçu. Alors, comme dit Froissard, Liv. III, ch. 46, au moment où les deux époux étaient retirés dans leur chambre, Marguerite « vint devant son mari, se mit à genoux et lui conta moult piteusement l'aventure qui avenue lui était. Le chevalier ne le pouvait croire que elle fût ainsi ; toutefois tant lui dit la dame que il s'accorda, et lui dit : bien certes, dame ; mais que la chose soit ainsi (dès que la chose est ainsi) que vous le me contez, je le vous pardonne, mais l'écuyer en mourra par le conseil que j'en aurai de mes amis et des vôtres ; et, si je trouve en faux ce que vous me dites, jamais en ma compagnie vous ne serez ».Carrouges assembla sa famille, porta plainte au comte d'Alençon qui ne put concevoir que Le Gris (qui, le jour indiqué par la plaignante, s'était trouvé à Argentan qu'habitait alors passagèrement le comte d'Alençon, et avait même soupé avec ce prince, près duquel il était le lendemain au matin) eût pu se rendre d'Argentan à Capoménil et de Capoménil à Argentan en si peu d'heures. En effet, la distance à parcourir était au moins de vingt lieues pour l'aller et le retour ; les nuits de janvier, les mauvais chemins, surtout dans cette saison, ajoutaient à l'impossibilité de l'exécution d'un tel voyage. L'alibi parut très bien établi aux yeux de Pierre et de son conseil. Carrouges ne s'en tint pas à ce jugement : il porta l'affaire au parlement de Paris, qui, par son arrêt du 15 février 1386, déclara, après plusieurs mois de débats, qu'il échéait gage de bataille : c'était ce qu'on appelait le Jugement de Dieu, qui, dans l'absence de preuves, devait prononcer par la victoire de l'un des combattans. Cet arrêt pourrait être à bon droit taxé d'iniquité puisque, d'après l'ordonnance de Philippe-le-Bel, en 1308, il eût fallu que le crime eût été constant et qu'il y eût eu de violens soupçons contre l'accusé. Il est à remarquer que Louvel et une femme de chambre de Marguerite, qui devaient avoir été présens au viol, n'avaient rien confessé dans les atrocités de la question à laquelle on les avait appliqués.

Quoi qu'il en soit, le jour du duel judiciaire,

auquel Le Gris eût pu se soustraire par le bénéfice de *clergie*, c'est-à-dire d'instruction, fut fixé au 29 décembre dans un champ clos derrière le prieuré de Saint-Martin-des-Champs. Là, des barrières furent dressées pour circonscrire le terrein, et des échafauds élevés pour le roi et quelques personnes de marque. Toute la cour, le roi Charles VI, et une nombreuse affluence de spectateurs, tant de Paris que des provinces, environnaient le théâtre de ce duel judiciaire qui fut le dernier qu'ait vu la France. Le Gris avait cinquante ans ; tel était aussi à peu près l'âge de Carrouges ; d'ailleurs armes égales et semblable bravoure : ainsi le résultat était fort indécis, mais on attendait que Dieu prononcerait. La dame de Carrouges fut présente au combat entrepris pour venger son honneur outragé : couverte de vêtemens noirs, elle était sur un char de deuil. Son mari s'approcha d'elle et lui dit : — « Dame, sur votre information, je vais aventurer ma vie et combattre Jacques Le Gris ; vous savez si ma querelle est juste et loyale ». — « Mon seigneur, répondit Marguerite, il est ainsi, et vous combattez sûrement, car la querelle est bonne ». — « Au nom de Dieu, soit », dit le chevalier. A ces mots que nous a conservés Froissard, Carrouges embrassa sa femme, lui prit la main, fit le signe de croix et se disposa à combattre, quoiqu'il éprouvât un accès de la fièvre qui le tourmentait depuis plusieurs jours.

On se battit d'abord à cheval avec un égal avantage. Les deux champions ayant mis pied à terre, ils s'attaquèrent avec beaucoup de vivacité; Le Gris porta à son adversaire un coup violent qui lui blessa la cuisse : l'affaire semblait devoir être bientôt décidée à l'avantage de l'accusé, et l'on doit juger quelles étaient les transes de l'anxiété qu'éprouvait Marguerite qui, dans ce cas, eût été condamnée au feu, et dont le mari eût été pendu.

Après la blessure de Carrouges, le combat ne fut continué qu'avec un acharnement plus opiniâtre. L'infortuné Le Gris eut le malheur de faire une chûte, et son adversaire en profita pour se précipiter sur lui. Ce fut en vain que Carrouges voulut faire avouer à son ennemi qu'il était coupable : celui-ci persista à protester hautement qu'il était innocent; alors le vainqueur, usant de toute la rigueur de sa victoire et du droit qu'elle lui donnait sur l'accusé, lui enfonça son épée dans le cœur.

Telle fut la fin de ce duel à outrance dont l'issue ne permit à personne de douter que le vaincu ne fût coupable, puisqu'il avait succombé. Le corps de Le Gris fut remis au bourreau qui le pendit, suivant l'usage, à Mont-Faucon et l'abandonna à la voirie. Carrouges fut comblé de faveurs et d'argent : par arrêt du 9 février 1387, le parlement de Paris lui adjugea 6,000 livres tournois à prendre sur les biens de Le Gris qui furent confisqués.

Brantome assure qu'il a vu le combat judiciaire dont il s'agit ici, « représenté dans une vieille tapisserie tendue dans la chambre du roi à Blois... leurs armes étaient qu'ils étaient couverts tout le corps, et pour les offensives avaient des masses ni plus ni moins que celles que portent les cent gentilshommes qu'on nomme Becs de Corbin, et une fort courte épée en façon de grand'dague ».

L'opinion publique était bien fixée sur cet événement, lorsque, quelques années après, l'auteur du viol (un écuyer qui vraisemblablement avait quelque ressemblance avec le malheureux Le Gris) vint faire l'aveu de son crime. Carrouges était alors en Palestine d'où il ne revint pas ; sa femme, selon l'Anonyme de Saint-Denis (Histoire de Charles VI, Tom. I; p. 130), déterminée à faire pénitence de la témérité de son accusation, embrassa la vie monastique ; elle mourut dans les regrets et la douleur, inconsolable qu'elle dut être de la méprise funeste qui avait conduit à la mort un innocent.

Du moins cette méprise reconnue fit abolir le duel judiciaire qui venait de perdre justement son crédit. En Normandie, lorsqu'on réforma la coutume d'après les lettres de Henri III, datées de Blois le 22 mars 1577, le combat judiciaire, ainsi que les épreuves soit par le feu, soit par l'eau, furent définitivement abolis.

L'église de Ménil-Mauger, que l'on a citée comme remarquable, est très moderne : elle est seulement grande et bien bâtie.

MÉRI-CORBON. Ces deux communes, que séparent la Vie et la Dive, ont été réunies en une seule. A la suite de la descente des Anglais, au milieu du XIVe siècle, le duc de Lancastre passa, le 28 juin 1356, le pont de Corbon, qui était alors très fortifié et n'offrait, à travers les marais de cette partie de la Vallée-d'Auge, qu'un passage aussi difficile qu'important. Ce duc qui venait de descendre dans le Cotentin marchait vers Lisieux (voir FAITS HISTORIQUES, Tom. I; p. 124).

MONTEILLES ou MOUTEILLES. Le premier de ces noms, que je crois le plus exact, vient de *Monticelli*, petites montagnes, monticules : c'est la même étymologie que pour les Monceaux. Ceux qui tiennent pour Mouteilles le font dériver de *Mollis tellus* : terre meuble et fertile.

Le Mont-de-la-Vigne est situé dans la commune de Monteilles, sur la rive droite de la Vie et vis-à-vis de Ménil-Mauger ; vers 1460, ce fief était le patrimoine de Guillaume de Mannoury. Notre évêque Basin, qui paraît avoir eu à se plaindre de cette famille, nous donne (dans l'ouvrage attribué faussement à Amelgard) des détails curieux dont nous allons donner le précis sur la seule garantie de ce prélat. Les fils du chevalier Guillaume ne valaient pas mieux que lui : il en fit entrer deux, Robert et Jean, dans les Gens-d'Armes du Corps ; un troisième fut destiné par lui à l'état ecclésiastique : Basin se repentit beaucoup de lui avoir conféré les ordres. Robert et Jean eurent l'art de plaire à Louis XI par leur esprit enjoué et leurs bouffonneries. Le roi nomma Robert capitaine de Lisieux après la guerre du Bien Public terminée à l'avantage du monarque, dont le prélat blessa les intérêts. Robert de Mannoury voulut profiter de la faveur dont il jouissait à la cour, et de l'aversion du monarque à l'égard de Basin, pour tâcher de mettre la mitre épiscopale sur la tête de l'abbé Mannoury. Comme il voyageait avec le roi, ce Robert mourut à Niort vers l'été de 1469, après avoir vexé l'évêque autant qu'il l'avait pu, surtout pendant qu'il fut chargé de gérer le temporel deux fois confisqué du prélat : ces biens passèrent de la main de Robert sous celle de Jean, son frère, et d'autres commissaires. Le 2 mars 1470, Jean fut remplacé dans cette gestion par Richard de Tiéville, seigneur de Gonneville-sur-Dive, maître de l'hôtel du roi. La conspiration du cardinal de La Balue ayant été découverte, les Mannoury essayèrent de faire considérer Basin comme son complice. Le plus jeune des frères fut sur ces entrefaites tué à Lisieux, d'un coup de dague, dans une rixe de cabaret, par un particulier dont le fils était pourvu d'une sauvegarde du roi. Les Mannoury ayant voulu venger l'assassiné en massacrant ce fils, Guillaume fut l'objet de poursuites devant les tribunaux ; on retira à Jean l'administration des biens de l'évêché ; quant à l'abbé Mannoury, ayant perdu ses protecteurs, il fut interdit de ses fonctions ecclésiastiques, il fut excommunié, et, dans son désespoir, il alla chercher la fin de ses peines au fond d'un puits : c'est du moins ce qui semble résulter clairement d'un passage de l'Histoire latine des Évêques d'Utrecht, par Guillaume Héda, passage dont les auteurs du *Gallia Christiana* ont eu tort de faire l'application aux trois successeurs de Basin, tandis qu'il concerne sans nul doute le cadet d'Albret, Robert de Mannoury et Jean, son frère, tous trois ennemis du prélat lexovien.

Jean de Mannoury resta attaché à la personne

de Louis XI, et conserva le grade de capitaine-général des Francs-Archers du bailliage de Rouen.

PERCI-SUR-DIVE. Dans le moyen-âge : *Perceium*. Ce n'est pas de cette commune, mais de Perci-sur-Gièse, dans le département de la Manche, qu'étaient venus les Perci établis en Angleterre à la suite de la conquête. Adrien de Valois dérive Perci de *Patriciacum* : cette étymologie est fort hasardée.

PLAINVILLE-SUR-DIVE. Réuni à Mésidon. Autrefois Pléville. Si nous ne savions pas par l'histoire que la Dive, comme nos autres rivières de Normandie, était navigable fort avant dans terres, et que les pirates remontaient jusqu'à Saint-Pierre-sur-Dive, peut-être même plus haut, une carcasse assez considérable de navire trouvée à Plainville, il y a un demi-siècle, nous en donnerait la certitude (voir Tom. 1, article TOPOGRAPHIE, p. 11 et 12).

En septembre 1218, Théobald de Pléville, Peleeville, Pelevill, chevalier, fait don à l'Hôtel-Dieu de Saint-Pierre-sur-Dive de deux pièces de terre dans la campagne de La Marterie qui appartenait à la commune de Plainville. Jean de Vauloger, chevalier, avait vendu, par acte du 11 mars 1383, à Jean de Carrouges, si fameux par son duel judiciaire dont nous venons de parler à l'article Ménil-Mauger, la terre seigneuriale de Plainville que le 23 du même mois Pierre III, comte d'Alençon, clama et retint. Elle appartenait dans le XVI° siècle aux d'Assy : c'est à l'un deux que Henri IV écrivit d'Alençon, le 15 février 1576, la lettre honorable que nous avons rapportée Tom. I; p. 184, et qui avait pour objet de réclamer les services de ce seigneur et de ses amis. La terre de Plainville ne tarda pas à devenir, par un mariage avec Anne d'Assy, le partage de la famille Grant ou Le Grant, originaire d'Écosse, famille antique que La Chesnaye des Bois (XIII° volume de son Dictionnaire de la Noblesse) fait descendre d'Alpin, dans le III° siècle, ami de Fingal, tous deux chantés par Ossian. Le dernier, Jacques-Alexandre Grant, mort vers 1780, laissa cette terre à son neveu à la mode de Bretagne, Joseph-Louis Rosey; elle est aujourd'hui possédée par M. Prosper Bouquerel, son gendre.

QUÉTIÉVILLE. *Quieta villa* : village tranquille. Le 4 décembre 1831 on y a réuni Mirebel. Au commencement du XII° siècle il est question d'un Guillaume qui était seigneur de cette dernière commune.

SAINT-AUBIN-SUR-ALGOT. Dans les deux

chartes de Henri I, roi d'Angleterre, que l'on croit données en 1108 et 1124, cette commune est appelée Saint-Aubin-sur-Alegot.

SAINT-JULIEN-LE-FOUCON. Le surnom de ce bourg est le nom d'un ancien seigneur du moyen-âge, qui s'appelait *Fulco*. On remarque, dans l'île qu'y forme la Vie, et au sud de l'église, une motte ou bien un tumulus, qui pourrait bien être pourtant l'emplacement d'une ancienne fortification qui commandait, au passage de la rivière, l'antique chemin de Lisieux à Falaise par Saint-Pierre-sur-Dive et Jort. La nouvelle route de Lisieux à Falaise a coupé en deux ce tumulus, dans les débris duquel on a trouvé des traces d'ancienne forge et de vieux ferremens, ainsi que du blé carbonisé. Dans une charte de juillet 1250, Saint-Julien-le-Foucon est appelé *Sanctus Georgius de Sancto Juliano* : il s'y agit d'un accord entre Fulcon ou Foucon d'Aunou-sur-Orne, chevalier, seigneur de Saint-Julien, et les curés du lieu et du Ménil-Simon, communes dont l'abbaye du Bec avait le patronage. On voit dans cette charte qu'il existait à cette époque des essartemens *(essarta)* effectués à Ménil-Simon et sans nulle doute sur la côte où se trouve aussi placé Lessart, qui a tiré son nom de ces défrichemens. La terre seigneuriale de Saint-Julien-le-Foucon avait le titre de marquisat.

SAINT-LAURENT-DU-MONT. C'est d'un seigneur de cette commune, nommé Marin Onfroy, qui était aussi seigneur de Vairet, dans le XVIe siècle, que nous sont venus les noms de nos pommes de Marin-Onfroi et de Doux-Vairet. Suivant Moysant de Brieux, il en avait apporté les greffes de la Biscaye à laquelle nous devions déjà les pommes de Biscaït, que l'on croit introduites en Normandie par Charles-le-Mauvais, roi de Navarre, dans le XIVe siècle.

SAINTE-MARIE-AUX-ANGLAIS. A cette commune ont été réunies, par ordonnance du 14 décembre 1836, celles de Doumarais et de Saint-Maclou-en-Auge. Il paraît que la première de ces communes a été ainsi appelée parceque les Anglais y prolongèrent, plus long-tems que dans les environs, leur séjour dans le XVe siècle. Doumarais signifie le Marais du Ruisseau (dou, de *ductus,* dont nous avons fait douet). A propos de Doumarais, nous trouvons une inadvertance qui a échappé aux savans auteurs du *Gallia Christiana* (Tom. XI, col. 304, acte de 1609); ils ont imprimé ainsi les noms des communes suivantes: Brai en Linglois, Marmouillé le Doux, Marest... et le Mesnil-Mauges, pour Brai en Cinglais, Marmouillé, Le Doux-Marest, et le Ménil-Mauger.

SAINT-PAIR-DU-MONT. Comme Saint-Laurent-du-Mont, il tire sa dénomination de la montagne que franchissait l'antique voie romaine d'Étrées-en-Auge (*strata*) pour gagner Noviomagus, passage très escarpé que le redressement récent de la grande route a tourné en se dirigeant par Crèvecœur.

CANTON D'ORBEC.

ORBEC. Dans Orderic Vital, Liv. VIII, *Orbeccum*; Orbec, dans Wace, v. 13,666. Il y a lieu de croire que ce nom vient d'*ora* : bord, rive, et de *beccum* : bec, ruisseau. En effet, cette ville est bâtie sur la *rive* droite de l'Orbiquet qui n'est encore qu'un *ruisseau*; elle est fort ancienne, et fut jadis fortifiée, mais il ne subsiste plus de son vieux château que peu de ruines, telles que des souterreins sous la rue des Champs et celle de Geôle. Dès le Xe siècle, sa vicomté était importante, et ses barons figurent dans nos guerres du moyen-âge. Gauffrid ou Geoffroi, fils naturel de Richard I, duc de Normandie, eut pour fils Gislebert Crispin ou Crêpin qui fut comte d'Eu et de Brione et seigneur du Sap ; c'est de ce Gislebert que sortirent Baudouin, qui eut en partage Le Sap ainsi que Meules, et Richard qui posséda Orbec et Bienfaite dont Guillaume-le-Conquérant lui fit don et desquels il prit le nom. Cette concession fut, suivant M. Auguste Le Prévost, le « dédommagement pour sa part du patrimoine aliéné pendant la minorité » de ces seigneurs. Les services que Richard de Bienfaite rendit au roi Guillaume, notamment dans la révolte de 1073 suscitée par le comte de Hérefort et celui de Norfolk, le firent créer comte de Clare en Suffolk. Il mourut vers 1090, probablement au château de Tonbridge où il résidait ordinairement. A la date de 1092, Orderic Vital (Liv. VIII) parle d'un Landric, vicomte d'Orbec, qu'il place en enfer sur la foi d'un cauchemar de Gauchelin, prêtre de Bonneval-Saint-Aubin. A la fin du XIe siècle, Jean de Bienfaite, Guillaume et Jean d'Orbec figurent parmi les seigneurs qui accompagnèrent le duc Robert en Palestine. Les barons d'Orbec prirent part aux troubles qui agitèrent et ravagèrent la Normandie de 1119 à 1124. En 1153, Robert, comte de Mont-Fort-sur-Rîle, ayant fait prisonnier son oncle Valeran, comte de Meulan, le fit enfermer au château d'Orbec jusqu'à ce qu'il lui eût restitué le château de ce Mont-Fort dont il s'était injustement emparé (voir à ces dates nos FAITS HISTORIQUES). En 1154, Clémence de Bienfaite, qui épousa Robert de Mont-Fort-sur-Rîle, possédait les seigneuries d'Orbec et de Bienfaite. Vers 1200, un Hugon ou Hugues d'Orbec céda quelques droits à Guillaume-le-Maréchal et à Isabelle d'Orbec, sa femme, qui, en secondes noces, devint celle du comte de Pembrok. Vers 1216 peu de tems après la conquête de la Normandie par Philippe-Auguste, Isabelle traita avec ce monarque, s'engagea à lui remettre le château d'Orbec et plusieurs autres, ainsi qu'à maintenir dans le service de France ses deux fils Guillaume et Richard. En 1231, le comte de Pembrok et Isabelle, sa femme, ainsi que Jean d'Orbec, fils de Hugon dont nous avons parlé plus haut, confirmèrent aux religieux du Bec le don du patronage de la cure d'Orbec.

Les fiefs de la maison d'Orbec étaient connus sous le titre de baronnie lorsque Philippe-le-Bel, par lettres-patentes de 1301, accorda à « Étienne sire de Bienfaite, pour la récompense de ses services, que toutes les choses qu'il avait en sa baronnie d'Orbec fussent tenues par un franc-fief entier de Haubert », et en 1322 donna pour apanage à Robert d'Artois le comté de Beaumont-le-Roger, auquel il annexa la suzraineté sur Orbec, qualifié de baronnie appartenant à Étienne de Bienfaite.

Ces biens étant passés, par l'effet d'un mariage, dans les mains de Charles-le-Mauvais, le roi Jean lui céda en 1352, entre autres domaines, le comté de Beaumont-le-Roger, la vicomté de Pont-Audemer avec Orbec, etc., pour les tenir à titre de « pairie sous un échiquier, avec les mêmes prérogatives que celui de Normandie ».

En 1366, Guillaume de Gauville était châtelain d'Orbec.

La terre d'Orbec et d'autres domaines furent, en 1378, confisqués sur Charles-le-Mauvais : l'année suivante le connétable Du Guesclin s'en empara et en fit démolir les fortifications. Pour terminer leurs différens, Charles VI donna au fils de Charles-le-Mauvais le duché de Nemours en échange d'Orbec et de quelques autres fiefs. Parmi les places que le comte de Dunois enleva aux Anglais en 1448 on cite Orbec. David, baron d'Orbec et de Bienfaite, était fils de Marie de Bienfaite qui avait épousé Jean d'Orbec : Charles VIII lui accorda, en 1495, l'extinction d'une rente « due à son domaine et vicomté d'Orbec sur les cens de la baronnie d'Orbec ».

Louis d'Orbec, sieur de Bienfaite, bailli d'Évreux, est cité comme un des principaux chefs de la troupe protestante qui, en mai 1562, commit des dévastations dans la cathédrale de Lisieux : pillage déplorable, mais dont les chanoines, partie lésée, firent rédiger par des gens qui leur étaient dévoués le procès-verbal comme ils l'entendirent. Il fallait qu'en 1568 la ville d'Orbec eût presque autant d'importance que celle de Lisieux, puisque la première fut, par l'édit du 28 mars, imposée à 2,000 livres lorsque la dernière l'était à 3,000 et Bernai seulement à 1,000. La proportion est bien différente lors du Don Gratuit de 1758 : tandis que Lisieux est taxé à 9,400 livres, Orbec ne l'est qu'à 2,100.

Les assises de la vicomté d'Orbec, dans quelques circonstances d'épidémies et autres calamités, tinrent à Meules le 7 octobre 1546, à Chambrais Broglie le 27 septembre 1582, et à Lisieux en octobre 1590.

Par lettres-patentes d'avril 1777, le domaine d'Orbec, en même tems que celui de Falaise, fut accordé par échange à Monsieur comte de Provence (depuis Louis XVIII), avec les bois et les forêts qui en dépendaient.

Les chanoinesses régulières de Saint-Augustin (Hospitalières) furent fondées à Orbec par Claude Alexandre, veuve Le Portier de la Surière, qui demeurait à La Vêpière : l'acte notarié est du 5 janvier 1632. Les lettres-patentes du roi furent accordées sur la demande de Jeanne Alexandre, religieuse à Vernon, en auguste 1633.

et enregistrées au parlement de Rouen le 3 avril 1640. C'est dans l'église de ce couvent que fut inhumé, en 1633, Josias Bérault, célèbre commentateur de la Coutume de Normandie, né à L'Aigle, et qui fut un des principaux bienfaiteurs de la maison.

En avril 1682, les religieuses de la congrégation du couvent de Saint-Joseph d'Orbec, établies tant en cette ville qu'à Coquainvilliers, à Meules et à Cerqueux-la-Campagne, obtinrent du roi des lettres d'amortissement pour une acquisition qu'elles avaient faite le 18 juin 1681.

En 1130 ou 1131, Roger d'Orbec aumôna, pour la fondation de la léproserie de la Madelène d'Orbec (l'une des seize du diocèse de Lisieux), la dîme de ses bois ainsi que de ses moulins d'Orbec et de Bienfaite; cette maladrerie fut favorisée des dons de divers seigneurs et de Henri I, roi d'Angleterre. A la fin du XVIIe siècle, ses revenus et quelques autres des maladreries voisines furent réunis à l'hôpital d'Orbec.

Sous le titre d'Hôtel-Dieu-de-Saint-Remi, cet hospice, qui existait dès le 8 avril 1366, était presque complétement détruit en 1649 : il fut rétabli en 1654, grâces aux soins et aux libéralités de Paul Le Cesne, curé d'Orbec, et du conseiller d'état Gohory, qui légua, par son testament du 5 janvier 1656, les droits qu'il avait sur la marque des cuirs de cette ville, de Gacé, du Sap, de Montreuil-l'Argilé, et de Chambrais-Broglie. Marguerite Le Gendre, de Lisieux, s'était empressée de s'y rendre le 8 septembre 1654 et de prendre avec zèle l'administration de la maison dont elle fut et mérita bien d'être la première supérieure. D'après une déclaration du roi, de juin 1662, qui établissait des hôpitaux généraux, l'hospice d'Orbec fut érigé en hôpital général des Pauvres Renfermés par lettres-patentes d'octobre 1690. L'auteur (l'avocat Courtin) d'un savant mémoire imprimé en 1783 sous le titre d'Exposition des Faits, des Titres, etc., pour l'hôpital d'Orbec, remarque, p. 29, que « les bourgeois furent assez mal avisés pour délibérer, le 6 janvier 1639, qu'ils ne pouvaient faire bâtir ni doter un hôpital..., tandis que, 14 ans après, les mêmes bourgeois achetèrent une maison pour y établir une communauté de Capucins ».

Orbec fut favorisé de Casernes en 1712, d'une Conservation des Hypothèques en 1771, et d'un Grenier à Sel en 1787.

En 1789, cette ville avait un gouverneur, un bailliage royal composé de deux cent huit communes, dont cent huit ressortissaient à Orbec et quarante à Bernai, trois vicomtés royales, seize hautes-justices ressortissant par appel à Orbec. Les bailliages ayant été établis par Philippe-Auguste au commencement du XIIIe siècle, la vicomté d'Orbec dépendit du bailliage d'Évreux.

Comme les rois de France n'étaient pas seigneurs directs d'Orbec, il n'y jouissaient que de la justice, la suzeraineté. Aussi, en 1789, il n'y avait dans cette ville qu'un petit nombre de maisons qui relevassent directement du roi, tandis que les autres dépendaient soit de la baronnie d'Orbec et de Bienfaite qui appartenait alors à la maison illustre des Chaumont-Quitry, soit des fiefs séparés de cette baronnie par un ancien parage appartenant à la maison Du Merle (Exposition des Faits pour l'Hôpital d'Orbec).

Ce fut en 1646 que le couvent des Capucins fut fondé à Orbec, sur la demande que plusieurs bourgeois, acquéreurs d'une maison nommée l'Image-Saint-Martin, firent d'un établissement de ces religieux mendians au Chapitre général qui, cette année, était assemblé à Argentan ; il nomma pour premier Gardien le Père Paulin de Tinchebrai, qu'il ne faut pas confondre avec le révérend Père Esprit de Tinchebrai, si justement célèbre par un sermon facétieux où l'esprit séraphique resplendit de toute la magnificence de son éclat.

Les vicomtés dépendant de ce bailliage, l'un

des plus importans du royaume, étaient Le Sap, Folleville-la-Campagne, et Moyaux qui siégeait à l'Hôtellerie.

Les hautes-justices étaient celles 1° de l'évêché et comté de Lisieux ; 2° du doyenné, chapitre, dignités et prébendes de la cathédrale de Lisieux; 3° d'Auquainville ; 4° du Houllei (Saint-Martin); 5° de Frênes (Saint-Mard); 6° de Drucourt; 7° de Maneval; 8° de Lieurei; 9° de Gacé, qui allait par appel au bailliage d'Orbec, auquel une partie des cas royaux appartenait, et dont l'autre dépendait du bailliage de Breteuil; 10° Échenfrei : dans la commune du Hamel (Notre-Dame); 11° Fauguernon, qui tenait à Saint-Philbert-des-Champs ; 12° les petites prébendes de Lisieux; 13° Chambrais-Broglie, seulement pour le royal, le surplus allant à Rouen; 14° La Goulafrière qui allait par appel à Montreuil-l'Argilé ; 15° Saint-Philbert-des-Champs ; 16° Plânes, qui, pour les cas royaux allait à Bernai. Ces cinq dernières hautes-justices étaient mixtes.

Par l'effet de la révolution de 1789 Orbec perdit ses établissemens publics tant civils que religieux. Le tribunal civil qui, en vertu du décret du 4 février 1790, devait y siéger, fut définitivement placé à Lisieux où il fut installé le 13 novembre de la même année. Toutefois, la ville d'Orbec avait fait tous ses efforts pour conserver cet important établissement, notamment en adressant à l'Assemblée Constituante une Pétition (imprimée trois p. in-4°) qui fut rédigée par **Charles de Chaumont-Quitry**, envoyé à Paris comme député d'Orbec, et par Langueneur du Long-Champ. Le tribunal de commerce lui-même, accordé à Orbec par un décret du 14 juillet 1791, ne tarda pas à être transféré à Lisieux qui se trouva ainsi réunir les principaux établissemens du district.

La ville d'Orbec fesait un commerce assez considérable de frocs, appelés vulgairement *Tordouets*, parcequ'une grande partie de ces gros draps était fabriquée dans la commune de Tordouet. Cependant il semble que ce commerce y décroissait déjà avant la révolution, puisqu'il résulte des comptes-rendus des gardes jurés de cette fabrique à l'intendant d'Alençon, qu'il fut présenté en 1785 : vingt-deux mille trois cent seize pièces de froc, et seulement quinze mille trois cent dix-neuf en 1787.

BIENFAITE. Nous avons, à l'article Orbec ci-dessus, parlé des illustrations de cette commune qui, dans le moyen-âge, était en latin appelée *Benefacta*, comme on lit dans Orderic Vital (Liv. IV, V, VII et VIII). Dans ces derniers tems, la terre de Bienfaite appartenait à la famille

Chaumont-Quitri ou Guitri, qui descend de Balderic I ou Baudri de Guitri dans la Haute-Normandie. La terre de Guitri, passa dans le moyen-âge aux seigneurs de Chaumont en Vexin. « Vraisemblablement, dit M. Le Prevost dans ses notes sur Orderic Vital, une sœur de Roger de Guitri aura épousé Osmont de Chaumont, fils de Robert de Chaumont, dit l'Éloquent, mari (en 1119, selon le cartulaire de Saint-Père de Chartres) de la fille du roi Louis-le-Gros. Ce qu'il y a de certain, c'est qu'en 1180 Guillaume de Chaumont était seigneur de Guitri... ». Voici en outre ce qu'on lit dans le Tom. XL des Mélanges d'une grande Bibliothèque : « Le seigneur de Chaumont, qui se trouvait à la conquête de l'Angleterre, est reconnu par MM. de Chaumont-Quitri pour un des auteurs de leur maison dont plusieurs historiens font même remonter l'origine jusqu'aux comtes du Vexin qui appartenaient à nos rois de la première race ». Dans la salle des croisades, à Versailles, on voit l'écusson de Hugues de Chaumont, à la date de 1202. Plusieurs Chaumont-Quitri se distinguèrent par les armes sous les derniers Valois et sous les Bourbons, tels que Jean de Chaumont-Quitri, maréchal-de-camp en 1589, mort à soixante ans au commencement de 1592 ; Philippe de Chaumont, comte de Quitri, maréchal-de-camp en 1637, mort en juillet 1638; Gui.de Chaumont, marquis de Quitri, maréchal-de-camp en 1669, tué au passage du Rhin le 12 juin 1672 ; et Henri de Chaumont-Quitri, également maréchal-de-camp, mort en 1678.

Le château de Bienfaite est moderne : il ne subsiste pas de ruines de l'ancien, qui vraisemblablement était situé sur la rive gauche de l'Orbiquet qui servait à inonder ses fossés. On ignore ce que furent les murs que l'on voit sur le flanc du côteau de la rive droite dans lesquels on trouve encore de gros anneaux scellés rez terre. Il y a quelques années on signala comme tumulus ou tombel gaulois un monticule près du château de Bienfaite : ce pourrait bien être une de ces mottes seigneuriales sur lesquelles les vassaux venaient rendre leurs aveux.

CERNAI, dans le moyen-âge *Sarnaium* : époque à laquelle la seigneurie en appartenait à Ansgot, père du célèbre Herluin de Conteville. Il est question des Le Danois de Cernai dans nos fastes militaires. Charles-Joseph Le Danois, comte de Cernai, mourut en 1734 avec le grade de maréchal-de-camp; de François-Louis, connu sous le nom de chevalier de Cernai, lieutenant-général en 1743, et l'un des vainqueurs de Fontenoi en 1745 ; et de Francois-Marie, marquis de Cernai, lieutenant-général en 1749.

CERQUEUX-LA-CAMPAGNE. Ainsi surnommé pour le distinguer de Cerqueux-sur-Vie dont nous avons parlé page 397. Cerqueux a été réuni à Friardel.

CHAPELLE-IVON (LA) tire son surnom de quelque seigneur du moyen-âge qui s'appelait *Ivo* dont on a fait tantôt Ivon, tantôt Ives : mot latin dont la véritable traduction serait Ivon. On y a réuni la commune du Bénerei par ordonnance du 22 juin 1825.

CORDEBUGLE. Ce mot, quoi qu'on en dise, ne vient certainement pas de *cor bovis* : cœur de bœuf, ni de *cornububale* : corne de bœuf. Par ordonnance du 31 mars 1825, Courtonnel a été réuni à cette commune.

COURTONNE-LA-VILLE. Ce surnom de *ville* ne tire pas plus ici à conséquence que la finale des communes d'Ouville, Croissanville, Tiberville, etc. : il vient du latin *villa* qui ne signifie que métairie, village. Aussi les commune finissant en ville ne doivent pas élever la prétention d'avoir été jadis des Villes ou Cités.

COURTONNE (SAINT-PAUL). Le 20 octobre 1824 on y a réuni Livet (Notre-Dame).

CRESSONNIÈRE (LA). Comme cette commune est située dans une vallée humide, il y a lieu de croire qu'elle a emprunté son nom au cresson qu'elle produisait.

CROUPTE (LA). Ainsi que Crouptes près de Vimoutier, cette commune dérive son nom de l'anglo-saxon *Croft* : terrein clos et cultivé autour d'une ferme. C'est la même signification que celle de *Crota* dans les anciennes chartes.

FAMILLI. A cette commune a été réunie celle de La Halboudière, le 31 mars 1825.

FOLLETIÈRE - ABENON (LA). Commune aujourd'hui composée de La Folletière et d'Abenon, réunies par ordonnance du 22 juin 1825.

FRIARDEL. *Friardellum,* au milieu du XIe siècle, dans Orderic Vital : Liv. III. On y voyait avant la révolution un prieuré conventuel d'Augustins, sous l'invocation de saint Cyr. Nous en avons parlé dans ce volume, p. 160. La chapelle de la Madelène existait dès février 1231, époque à laquelle Louis IX lui concéda les droits de la foire qui se tenait dans cette commune en juillet. Cette chapelle et sa léproserie furent réunies à la fin du XVIIe siècle à l'hospice d'Orbec.

MAILLOC (SAINT-JULIEN). Autrefois on connaissait quatre communes de ce nom qui au reste varia pour deux d'entre elles pendant le moyen-âge. Toutes étaient contigües. C'étaient Saint-Pierre, Saint-Julien, Saint-Denis, et Saint-Martin : dénominations distinctes sous lesquelles on les trouve dans le pouillé du diocèse et sur la carte de Cassini. Saint-Denis de Mailloc a été supprimé : il avait porté le nom de Saint-Denis-du-Val-d'Orbec jusqu'en 1684.

MAILLOC (SAINT-MARTIN). On assure que ce fut en juin 1693 que cette commune quitta l'ancien nom de Saint-Martin-du-Val-d'Orbec qu'elle avait porté de tems immémorial.

MAILLOC (SAINT-PIERRE). Cette commune, dit-on aussi, avait jusqu'en 1571 gardé le nom de Saint-Pierre-du-Tertre qui peut-être lui avait été imposé par son seigneur Pierre du Tertre, secrétaire de Charles-le-Mauvais, lequel en 1378 y fut saisi dans son château et fit l'aveu des entreprises criminelles de son maître.

Mailloc était une des plus anciennes baronnies. Lors de la première croisade, il est question en 1099 de deux seigneurs portant le nom de Mailloc, (Jean, et Guillaume). Depuis cette époque on trouve plusieurs autres Mailloc. Le seigneur de Saint-Denis-de-Mailloc était tenu de faire quarante jours de garde, en cas de guerre, à la porte d'Orbec de la ville de Lisieux.

La baronnie de Mailloc fut en 1693 érigée en marquisat en faveur de Gabriel-Réné de Mailloc lequel était fils de René, et de Rénée de Créqui. Ce fut du chef de sa mère qu'il eut en 1702 le comté de Cléri par la mort de son oncle Alexandre de Créqui. Le premier marquis de Mailloc étant mort sans enfans le 11 octobre 1724, Claude-Lydie de Harcourt, sa veuve, obtint le marquisat de Mailloc qui (à sa mort, arrivée le 25 décembre 1750) passa à son frère Anne-Pierre duc de Harcourt, gouverneur-général de la Normandie, en 1764, maréchal de France en 1775, mort en 1783. Son fils, François-Réné né le 12 janvier 1726, gouverneur de la Normandie en 1783, membre de l'Académie Française, mourut à Staine en Angleterre le 22 juillet 1802, ne laissant pas d'enfant mâle. Son frère puîné, le duc de Beuvron, mourut en 1797. C'est la descendance de ce dernier qui continue le nom de Harcourt, l'un des plus illustres de la noblesse de Normandie.

MEULES. Dans le moyen-âge : *Molæ*. A l'article Orbec, nous avons parlé de Baudouin seigneur de Meules vers le milieu du XIe siècle, lequel était fils de Gislebert, comte de Brione. Mathilde sa fille épousa Guillaume d'Avranches, fils de Guimond, seigneur de La Haie-Painel. Quant à Baudouin de Meules, il est aussi connu dans l'histoire sous les noms de Baudoin du Sap, de Baudouin le Vicomte et de Baudouin d'Exéter, à cause de ses diverses possessions. Le duc Robert confia en 1090 la garde de l'importante place de Brione à Robert de Meules, fils de ce Baudouin.

lequel avait d'autant plus d'intérêt à la bien défendre qu'il était petit-fils de Gislebert, premier possesseur de cette forteresse. A la bataille de Brenmule, en 1119, le sire de Meules qui avait pris parti pour Robert II et Guillaume Clyton, son fils, combattit avec les Français contre son parent Roger d'Orbec. Un Guillaume de Meules fit en 1366 des dons à l'hôpital d'Orbec.

PRÉAUX. *Pratella,* petits prés, dans le moyen-âge.

TORDOUET. Cassini écrit Le Tordouet, composé de *Tor, Torp* : village, et de *Ductus ;* douet. Ce mot hybride, emprunté au saxon et au latin, signifie : le village des ruisseaux, et doit sa dénomination à plusieurs cours d'eau qui de là vont grossir l'Orbiquet. Cette commune a donné son nom aux gros draps à tissu croisé qu'on appèle frocs et dont on fesait commerce dès le XIVe siècle à Lisieux, à Fervaques, à Bernai, et à Orbec, pour les exporter en Basse-Normandie, en Bretagne et ailleurs.

VÉPIÈRE (LA). L'étymologie la plus simple paraît dériver ce nom du latin *Vespa* : guêpe, peut-être parceque voisine de la ville d'Orbec, La Vêpière produisait beaucoup de fruits qu'attaquent souvent les guêpes.

CANTON DE SAINT-PIERRE-SUR-DIVE.

SAINT-PIERRE-SUR-DIVE. L'origine de cette jolie ville est inconnue et doit être antérieure à la fondation, dès le commencement du XIe siècle, de l'abbaye dont nous avons parlé dans ce volume p. 93. Cette ville s'appelait depuis long-tems le bourg de Saint-Pierre-sur-Dive, avant l'établissement de l'abbaye qui lui dut son nom : Orderic Vital, Liv. IV, l'appèle Sainte-Marie-sur-Dive, en parlant du séjour qu'y fit Guillaume-le-Conquérant lors de la dédicace de son église le 1er mai 1067 : mais l'historien de Saint-Évroul, prenant la partie pour le tout, désigne le bourg par le nom que portait alors l'abbaye de femmes qui y fut remplacée par les Bénédictins.

Nous lisons dans Orderic Vital (Liv. XI; p. 193 de notre traduction) que Robert II, légitime duc de Normandie, et son injuste agresseur Henri I, usurpateur déjà du trône d'Angleterre, n'ayant pu parvenir à s'entendre dans la conférence de Cintheaux, au printems de 1106, la Normandie centrale surtout fut livrée à toutes les calamités de la guerre civile et fraternelle. Henri employait partout les moyens les plus odieux de la séduction, de l'or et de la terreur. Cependant il était resté à Robert quelques amis fidèles, quelques sujets dévoués. Un Abbé de Saint-Pierre-sur-Dive, qui s'appelait aussi Robert et avait été moine de Saint-Denis, conçut le projet d'assurer les droits du duc et de mettre fin à la guerre intestine en s'emparant de la personne de Henri. A cet effet, il se rendit au château de Falaise, et convint avec son prince et les seigneurs qui l'accompagnaient, de leur amener bientôt ce monarque. Ayant disposé l'entreprise, l'Abbé Robert se transporta à Caen, alla trouver le roi et lui dit avec les apparences de l'amitié : « Si vous voulez venir avec moi, je vous rends la place que je possède sur la Dive ». Le roi ayant accepté sa proposition avec empressement, l'Abbé ajouta : « Il n'est pas nécessaire de conduire avec vous une grande armée, de crainte que l'on n'entende le bruit de la multitude et qu'on ne mette des obstacles à notre entreprise ». Le roi, avec sept cents chevaliers seulement, courut toute la nuit et, dès l'aube du jour, se trouva devant Saint-Pierre-sur-Dive. Cependant Renauld de Varennes, et le jeune Robert d'Estouteville s'étaient d'avance établis dans la place avec cent quarante chevaliers; au lever de l'aurore, ils accueillirent avec des moqueries et des injures le roi qui s'approchait. Beaucoup d'autres chevaliers s'étaient joints à eux de Falaise et des environs. Henri, voyant le piège qu'on lui avait tendu, ordonna dans son courroux de livrer l'assaut à la garnison. Alors les chevaliers du roi firent une attaque vigoureuse, et, ayant employé le feu, incendièrent le château et le couvent. Renauld et Robert furent au nombre des prisonniers, tandis que beaucoup d'autres furent la proie des flammes dans la tour où ils s'étaient réfugiés. Quant à ceux de leurs partisans qui n'étaient pas encore entrés dans la place, ils rebroussèrent chemin et regagnèrent Falaise au plus vite. Alors on se saisit de l'Abbé Robert, et l'ayant, comme un sac, jeté en travers sur un cheval, on le conduisit devant Henri qui lui adressa ces paroles foudroyantes : « Perfide, quittez mes terres! si je ne respectais l'ordre sacré dont vous portez l'habit, je vous ferais à l'instant même déchirer par morceaux ».

Citons ici une « Histoire des miracles faits par l'entremise de la Sainte-Vierge pendant la première restauration de l'église de l'abbaye de Saint-Pierre-sur-Dive, tirée d'un ancien manuscrit d'Aimon, Abbé de ce lieu, traduit du latin par D. Bernard Planchette ». Caen, 1671 ; in-16.

C'était au milieu du XIIe siècle. Pendant que le travail de cette restauration avançait lentement, tout à coup, suivant le bon abbé Aimon, une population nombreuse d'hommes, de femmes et d'enfans des environs arriva pleine de zèle pour aider au pieux travail : là se trouvaient même des personnages de distinction, tous disposés à mettre la main à l'œuvre. Tous, dit le traducteur Planchette, « traînaient des chariots chargés de vin, d'huile, de chaux, de pierres, de pièces de bois et de tout ce qui peut servir, soit à la nourriture des hommes, soit à la construction du sanctuaire du Christ. On comptait quelquefois jusqu'à mille personnes attelées à un seul charriot : tant ce charriot est difficile à mouvoir ; tant sont pesans les fardeaux qui le surchargent. Néanmoins on n'entend aucun murmure et, si on ne la voyait, on ne devinerait jamais la présence d'une si grande multitude. Si l'on s'arrête en route, alors commence la confession des crimes ; alors s'élève vers Dieu la prière du pécheur qui demande miséricorde ; alors les prêtres font entendre la parole de paix : les haines s'assoupissent, la discorde s'enfuit, les fautes sont effacées, et l'union des cœurs recommence... On eût dit un véritable camp ; on eût dit l'armée céleste rangée en bataille : car cette nuit et les nuits suivantes se passèrent à prier Dieu et à chanter des cantiques. Chaque charriot était éclairé par des cierges ou des lampes, et sur les voitures où gisaient les malades on apportait les reliques des saints ». C'est par ce concours gratuit qui avait eu lieu ailleurs, qu'on peut expliquer l'élévation de tant de vastes églises, à une époque où il était si difficile de recueillir assez d'argent pour faire les frais de leur construction. L'Égypte aussi avait vu l'effet de la réunion de populations nombreuses, pour la création de ses immenses pyramides destinées à la sépulture de ses rois.

Pour réparer les désastres de l'abbaye, Henri I, devenu paisible possesseur de la Normandie, fit deux ans après, vers 1108, plusieurs donations qu'on trouve spécifiées dans une charte que le *Gallia Christiana* a recueillie (T. XI instr. col. 154). Une autre charte qu'on trouve à la suite de la première, et qui paraît être de 1124 ou à peu près, ajouta de nouvelles donations. A ce moyen le couvent put réparer ses ruines.

En 1058, lors de l'invasion momentanée que fit Henri I, roi de France, ce monarque, avant de se présenter à Varaville, passa par Saint-Pierre-sur-Dive, et coucha à l'abbaye, tandis que le duc Guillaume qui l'observait était encore à Falaise. A ce sujet Wace dit (v. 10,285) :

> A Saint-Pierre vindrent sor Dive,
> La vile fu par tot garnie,
> E li reis jut en l'Abéie.
> Li dus out sa gent à Faleise.

Lorsqu'en 1137 Geoffroi Plantagenêt rentra

en Normandie, et ravagea Mésidon, l'abbaye de Saint-Pierre, qui craignait d'être aussi mise à feu et à sang, se racheta au prix de cent dix marcs d'argent (quatre mille cent dix francs).

Pendant les guerres dont ensuite la Normandie fut affligée, la ville de Saint-Pierre-sur-Dive fut souvent dévastée.

Lorsqu'il se rendit de Lisieux à Falaise et à Argentan, Jean-sans-Terre passa par Saint-Pierre et séjourna à l'abbaye du 22 au 24 avril 1215.

En 1562, le couvent fut pillé par les Calvinistes, mais la ville dont les habitans étaient favorables aux nouvelles opinions religieuses, fut épargnée. Durant les guerres funestes de la Ligue elle resta fidèle à Henri IV et sut se faire respecter grâce aux fortifications que Thomas Dunot y avait fait élever pour la mettre à l'abri d'un coup de main. Il subsistait quelques débris de ces travaux et ce ne fut qu'au milieu du siècle dernier, vers 1755, que deux des dernières portes furent démolies. Vers 1588, Saint-Pierre-sur-Dive fut enlevé par une troupe de ligueurs qui, assemblés à Lisieux et voulant se joindre à ceux de Falaise, se mirent en campagne, ayant le capitaine d'Aigneaux à leur tête (Mém. de J. A. Dunot. p. 20). Attaqué par des forces supérieures Thomas Dunot fut fait prisonnier, et eut le malheur d'essuyer toutes sortes d'outrages de la part de ces forcenés qui l'avaient surpris et qui avaient dévasté sa maison : il fut garotté, tiré au blanc, et enfin conduit à Falaise attaché et trainé à la queue d'un cheval.

Henri IV passa par Saint-Pierre, pendant la guerre qu'il fut obligé de faire aux Ligueurs.

Même après le massacre de la Saint-Barthélemi, il était resté à Saint-Pierre et aux environs un grand nombre de protestans, dont quelques-uns furent des hommes distingués, tels que le savant ministre Étienne Morin, son fils l'académicien Henri Morin etc. Ils avaient à Harmonville dans la maison de Jean de Bernières-de-Vaux un temple dont, en vertu de l'édit de Nantes, on n'avait pu s'empêcher de leur laisser l'usage pendant quelque tems, mais que sous le règne tyrannique de Louis XIV on leur contesta avec perfidie, et qu'enfin le syndic du clergé du diocèse de Seès, le grand-archidiacre Charles du Frische, fit à force de calomnieuses instances démolir jusqu'aux fondemens, en vertu d'un arrêt du conseil-d'état, daté de Versailles le 3 juillet 1684, par conséquent antérieur de quatorze mois à la révocation cruelle, de l'édit donné à Nantes, par le sage Henri IV.

A l'époque où Henri I concéda à l'abbaye les chartes dont nous avons parlé, il lui accorda plusieurs des droits de haute et basse justice : c'est ce qu'on ne voit pas clairement dans les actes rapportés par le *Gallia Christiana*. M. l'abbé Hervieu, qui nous garde rancune de la réfutation que nous fîmes (il y a quelques années et depuis, en 1843, dans nos Recherches sur la Normandie) de ses assertions aussi inconvenantes que mal fondées sur l'Inquisition Française, nous a encore attaqué, dans le journal de Falaise du 12 juillet 1844 ; et nous cite une charte en français qui, quoi qu'il en dise, « n'est pas des premières années du XIIe siècle » ; tandis que c'étaient les chartes latines de Henri I qui devaient lui servir d'autorité.

Assurément, et nous l'avons dit (Recherches, p. 243), Saint-Pierre-sur-Dive possédait une haute justice, démembrée de l'ancienne justice qui était la propriété des ducs de Normandie. Composée de cette ville et de douze autres communes, elle ressortissait nûment au parlement de Rouen et appartenait aux bénédictins de l'abbaye. Il existait en outre en cette ville une juridiction royale qui s'étendait sur soixante-cinq communes dont deux étaient des bourgs, savoir : Mésidon et Saint-Julien-le-Foucon. Autrefois le vicomte de Falaise venait tous les quinze jours tenir ses plaids à Saint-Pierre-sur-Dive ; mais comme cette justice ambulatoire était bien loin de suffire aux besoins des justiciables, le roi y établit, vers le milieu du XVII⁰ siècle, une vicomté royale qui était formée des soixante-cinq communes précitées, et dont, après la suppression en 1749 des vicomtés de la province, le bailliage de Falaise sollicita vainement la réunion en 1750 et en 1784.

Quoi qu'il en soit, comme la possession du droit de haute-justice fesait la règle pour le nombre des officiers qu'on y put instituer, le 3 février 1748, l'Abbé de Saint-Pierre-sur-Dive fut empêché par le lieutenant, le procureur-fiscal et l'avocat du siége de sa haute-justice, d'y créer un office d'avocat-fiscal par la raison que jusqu'alors il n'y en avait pas existé (Dict. de Droit Normand, T. II, p. 457).

La haute-justice de l'abbaye était composée d'un bailli, d'un lieutenant, d'un procureur-fiscal et d'un greffier. Les officiers de la vicomté étaient un vicomte, son lieutenant-général, un procureur du roi, un avocat du roi, et un greffier.

L'hôpital avait été fondé en 1215 : la délibération des habitans est du 30 avril; le consentement de l'Abbé (Simon I) est du mois de juillet suivant. La léproserie, qui devait être d'un siècle plus ancienne, avait été établie dans la commune de Mitois, et, lors de l'extinction de la lèpre, les biens de cet établissement durent être réunis à l'hôpital de Saint-Pierre-sur-Dive.

L'église de l'abbaye, devenue l'église de la ville, est un bel et grand édifice, dont la façade est remarquable. Elle fut bâtie en partie dans le XIIe siècle, en partie dans le siècle suivant. L'église primitive consacrée à la Vierge Marie, fut dédiée le 1er mai 1067 en présence de Guillaume-le-Conquérant. Il est fâcheux qu'en 1844 on ait, en exhaussant le pavé d'une des chapelles (au midi), enfoui les bases des colonnes. Quant au tombeau de Lesceline, c'est d'après des renseignemens erronnés que nous avions dit qu'il avait été détruit. Les restes précieux de cette illustre fondatrice furent respectés et son épitaphe conservée, grâce au bon esprit des habitans et à la sagesse de leurs administrateurs, gens modérés et judicieux parmi lesquels figurait honorablement l'abbé Vandon, curé constitutionnel de la ville : tout aussi « fidèle à ses principes religieux et politiques » que l'abbé Jarry que nous avons cité dans notre livre VI; p. 276 parmi les illustrations littéraires du territoire lexovien.

La chapelle ou église de l'hôpital que Silvestre, évêque de Seès, avait consacrée le 29 novembre 1214 fut démolie en 1842. On y voyait de jolies sculptures du XIIIe siècle, dont M. Le Grand, maire de la ville, a conservé avec raison comme avec soin quelques fragmens curieux.

Le commerce de Saint-Pierre-sur-Dive remonte à des époques fort reculées : il possédait des tanneries au commencement du XIIe siècle. La foire de la Madelène date de la même époque : il en est question en 1152. Dès 1622 la foire du 1er mai avait pour objet la vente des bestiaux, venant la plupart de la Basse-Normandie, du Maine et de la Bretagne, pour peupler les paturages de la Vallée-d'Auge.

AMMEVILLE. Partie de la commune d'Abeville lui a été réunie le 18 mai 1833.

BERVILLE-EN-AUGE. *Bervilla* dans les anciennes chartes.

BOISSÉ – SOUS – QUÉVERUE. *Buxetum*; *Buxeium* dans une charte de Henri I, vers 1124. Cette commune est située sous l'antique forêt de Quéverue, à l'ouest de la rivière de Viette. On voit dans ces bois des traces d'anciennes positions militaires d'où l'on pouvait facilement surveiller le pays. La forge de la Trigale qu'on trouve dans ce quartier tire son nom de Tricalle (*tres calles*) jonction de trois chemins. En roman Trigalle a par extention signifié un cabaret.

BRÈTEVILLE–SUR–DIVE. *Brevis Villa; Bertevilla* dans une charte de Henri I vers 1108.

CAREL. Il semblerait que l'on devrait écrire Quarelles ou du moins Carelles, si, comme il y a lieu de le croire, ce nom vient du *Quadrellæ* du XIe siècle. Quoi qu'il en soit, Ansquetil de Carel était seigneur de Lignères la Quarel et de Vilaines la Quarel aux environs d'Alençon, communes qui prirent de lui leur surnom, comme il était d'usage alors. Richard de Carel obtint la main d'une sœur des enfans de Tancrède de Hauteville et contribua avec eux à la brillante conquête du royaume des Deux-Siciles, où il reçut pour sa part la principauté de Capoue.

Par ordonnance du 13 février 1845 cette commune a été réunie à Saint-Pierre-sur-Dive.

DONVILLE-SUR-DIVE. Dans une charte de 1108 *Donvilla*; Dumovil dans une bulle de 1210.

ÉCOTS-EN-AUGE, Escots, Escotz, et Écos. Le mécanicien Jacques Mellion était de cette commune; il fut l'objet d'un article dans le Moniteur du 20 pluviose an X. Ce simple paysan avait en 1783 fabriqué une horloge en bois, très curieuse. Il habitait alors Saint-Martin-de-Frênei.

FRÊNEI. *Fraxinetum.* Il existe deux Frênei contigus : celui dont il s'agit ici est sous le vocable de saint Martin; il est appelé *Fresneium*, vers 1108, dans une charte de Henri I, en faveur de l'abbaye de Saint-Pierre-sur-Dive.

FRÊNEI (NOTRE-DAME).

GARNETOT. Il existe, parmi les seigneurs

normands qui en septembre 1096 partirent pour la Croisade à la suite de Robert II duc de Normandie, un sire de Garnetot, cité par Masseville: Tom I; p. 250; mais il est douteux qu'il appartienne à notre arrondissement. On trouve dans l'arrondissement de Valognes un château de Garnetot, lequel est réclamé par M. de Gerville qui donne à ce sujet quelques détails importans. Toutefois il serait possible qu'il y eût entre les deux Garnetot quelque communauté d'origine, comme entre les Tournebu, les Perci, etc. Quoi qu'il en soit le nom de cette commune semble être composé de *Varnerius* : Garnier, et du celtique *Toft* ou *Tot* : terrein bâti. Un des anciens auteurs qui s'est occupé de notre province dérive Garnetot de *Munita Tofta* : terrein fortifié parcequ'il tire Garn de *Wheren* qui en allemand veut dire fortifier.

GRENTEMÉNIL. On dit généralement, par corruption, Grand-Ménil. Vers 1124 Grenteménil dans une charte de Henri I. Orderic Vital écrit *Grentonis Mansio*, et *Grente Maisnilium*; autrefois Grentemaisnil. Wace orthographie Grentemesnil. Les seigneurs de Grenteménil figurent avec éclat dans notre histoire de Normandie: leur château était situé à Norei-sur-Dive (Cassini a tort de désigner ici la Dive sous le nom de Filaine), qu'Orderic Vital appèle *Nuceretum*, c'est-à-dire lieu planté de noyers. Le plus ancien Grenteménil que nous connaissions est Robert I qui, pendant la minorité de Guillaume-le-Bâtard, fut mortellement blessé (juin 1050) en bataille rangée dans un lieu que M. Auguste Le Prévost croit, avec beaucoup de vraisemblance, faire partie des bois de Plânes, près de Bernai. Nous trouvons ensuite Hugon qui fut vicomte de Lecyester, gouverneur de Winchester, et qui mourut moine le 22 février 1093; puis son fils Ivon qui, accouru devant le château de Courci qu'assiégeait Robert II en janvier 1092, y fut fait prisonnier et subit une rude captivité. Quelques années auparavant, en 1088, le second fils de Hugon, Guillaume de Grenteménil, épousa Mathilde, dite Courte-Louve, cinquième fille de Robert Guiscard et de Sichelgaite, et passa dans le royaume de Naples conquis par les Normands, où il s'y forma un bel établissement. En 1096 au mois de septembre, Orderic Vital fait mention d'Ivon et d'Alberic, fils de Hugon de Grenteménil, lesquels accompagnent le duc Robert de Normandie à la Croisade, avec un nombre considérable de seigneurs normands. A la célèbre bataille de Tinchebrai, le 27 septembre 1106, Robert de Grenteménil, qui avait trahi Robert II, combattit pour les intérêts de l'usurpateur Henri I.

HIÉVILLE-SUR-DIVE. C'était dans cette commune, au hameau d'Harmonville, qu'existait le temple de protestans que le gouvernement fit injustement démolir en 1684.

LIEURI.

MITOIS. Cassini écrit Mithoys.

MONT-PINÇON. *Mons Pincionis*, dans une charte de 1074 et dans le livre V d'Orderic Vital qui parle de Radulfe de Mont-Pinçon, dapifer de Guillaume-le-Conquérant. Ce Radulfe, mort en février, fut inhumé dans le cloître de l'abbaye de Saint-Évroul, et laissa pour fils Hugon, enterré aussi dans la même abbaye, et Radulfe II qui mourut dans le voyage de Jérusalem. Hugon, fils de Radulfe, épousa Mathilde de Grenteménil. Comme il avait pris parti contre Robert II de Bélême, comte d'Alençon, vers 1099, il fut attaqué par la garnison de Vignats. Opposé ensuite au roi d'Angleterre Henri I, il fut réduit à se soumettre à ce prince. Un Guillaume de Mont-Pinçon, l'un des fils de Hugon, défendit vigoureusement, vers 1136, le château de Montreuil-au-Houlme et repoussa Geoffroi Plantagenêt, comte d'Anjou, qui, malgré deux assauts, ne put emporter la place. Après la conquête, Philippe-Auguste donna la terre de Mont-Pinçon à Guérin de Glapion, grand-sénéchal de Normandie, qui avait abandonné le parti de Jean-sans-Terre.

MONT-VIETTE. Mont sur la petite rivière de Viette, qui, au Ménil-Mauger, se jète dans la Vie. La Viette donne aussi son nom à Viette (Sainte-Marguerite). Le 23 décembre 1832 la commune de La Gravelle a été réunie à Mont-Viette.

OUVILLE-LA-BIEN-TOURNÉE. Cette commune est située sur le bord de la Dive; on peut penser que son nom dérive du roman *Oue* : oie.

Dans un rapport à la Société de la Conservation des Monumens Historiques de France, M. de Caumont s'exprime ainsi en parlant de l'église : « Le chœur, plus ancien que la nef, est vraisemblablement de la première moitié du XIIIe siècle, et d'une grande élégance ; les fenêtres en lancettes ont des archivoltes garnies de zigzags : moulures que l'on retrouve sur une porte latérale au sud ; le bandeau de cette porte est couvert d'étoiles et porte au centre un écusson sans armoiries ; une charmante garniture de feuilles entablées supporte la corniche ; on voit sortir de ces feuillages des têtes d'hommes et d'animaux, sculptées avec beaucoup de délicatesse ». Quant au titre de Bien-Tournée donné à cette commune, il ne regarde que l'église et semble une ironie : car elle est tournée du sud au nord au lieu de l'être de l'est à l'ouest comme les anciennes églises construites dès les premiers tems du christianisme. Dans le Pouillé manuscrit du diocèse, je lis ce qui suit : « Le nom de Bien-Tournée y conduit une quantité de femmes enceintes, tous les ans, qui s'y rendent en dévotion, et de fort loin, pour obtenir, par l'intercession de Notre-Dame-la-Bien-Tournée, un heureux accouchement » pour lequel l'enfant se présente *tourné* naturellement, et non comme les Agrippa de Rome (*Ægrè partus*).

SAINT-GEORGES-EN-AUGE. Par ordonnance du 19 décembre 1831, la commune du Tilleul lui a été réunie.

THIÉVILLE. Son église paraît avoir été construite à la fin du XIII° siècle. Voici ce qu'en dit M. de Caumont dans le même rapport : « La jolie porte occidentale et la rosace de cette église sont les seuls caractères qui nous permettent de lui supposer cette date. Les murs latéraux sont encore garnis de contreforts qui pourraient être de l'époque que j'indique. La porte dont je parle est garnie de tores et d'une guirlande de feuilles de chêne réunies par leurs extrémités et formant une guirlande simple, mais du meilleur goût. La rosace est entourée d'un chapelet de fleurons crucifères d'un beau relief ». Dans le fond de la cour du château on voit une tourelle qui fait partie d'un ancien couvent de Templiers. Ce château appartient à M. Aumont-Thiéville, député du Calvados, qui conserve avec soin dans son chartrier une collection précieuse d'anciens titres. Il y a lieu de croire que le mot Thiéville est une expression hybride, moitié grecque, moitié latine, qui rappèlerait les Villedieu de l'ordre de Malte: formé de *Theos*, Dieu; et *Villa*, village.

TOTES, autrefois Tostes.

VAUDELOGES. Dans le XIe siècle *Galdref-Logiæ*. Orderic Vital (Liv. V) écrit *Gualdreslogiæ*.

Une ordonnance du 18 mai 1832 y a réuni la commune de Réveillon.

VIETTE (SAINTE-MARGUERITE). comme Mont-Viette, tire son nom de la Viette.

VIEUX-PONT-EN-AUGE. *Vetus Pons* vers 1108 dans une charte de Henri I en faveur de l'abbaye de Saint-Pierre-sur-Dive. Vez-Pont dans Wace; ailleurs, Vipount. Le nom de Nigel de Vieux-Pont qui a tenu de Lesceline plusieurs terres en fief entre la Dive et la Vie, figure dans des chartes de Henri I vers 1108 et 1124. En 1078 il est question d'un Robert de Vieux-Pont que Guillaume-le-Conquérant envoya au secours de Jean de La Flèche, seigneur angevin qui tenait pour le parti normand contre Foulques-le-Réchin. Ce fut sans doute un autre Robert de Vieux-Pont qui fut une des victimes du soulèvement qui eut lieu en 1085 dans le Maine où il avait un commandement. Parmi les croisés dont les écussons figurent au Musée de Versailles, on remarque, entre autres Normands, un Robert de Vieux-Pont en 1096. Le patronage de cette commune fut donné par ce Robert à l'abbaye de Saint-Pierre-sur-Dive, ainsi qu'on le voit par la charte de Henri I (vers 1124) en faveur de ce monastère où il y a lieu de croire que Robert prit le froc monacal. Sous Jean-sans-Terre il est encore question d'un Robert de Vieux-Pont qui lui survécut en Angleterre.

La baronnie de Vieux-Pont était depuis longtems dans la famille des Dunot-Saint-Maclou. Gabriel-Jacques Dunot-de-Saint-Maclou, baron de Vieux-Pont, y naquit le 2 février 1699, mourut et fut inhumé au Détroit près du Pont-d'Ouilli le 22 janvier 1746; il avait passé quelques années à Marie-Galante où il était major-général des milices de l'Ile. L'un de ses fils, Jean-Alexandre Dunot-de-Saint-Maclou, baron de Vieux-Pont, patron honoraire de Câtillon, né le 11 mars 1733 à Marie-Galante a écrit contre les prétentions des moines de Saint-Pierre-sur-Dive un Mémoire généalogique de sa famille.

M. de Caumont a remarqué que l'église de Vieux-Pont est « le seul des édifices de la Normandie qui présente des chaînes de briques comme les églises de la Basse-OEuvre et quelques autres » qu'il a citées dans son Cours d'Antiquités.

LIVRE IX.

APPENDICES.

I. RECTIFICATION

DE QUELQUES ERREURS DE HUBERT ET DE MONGEZ,

DANS LE MÉMOIRE SUR NOVIOMAGUS.

(Page 66 de notre T. I).

Hubert, dont l'erreur a été répétée par Mongez, s'est trompé en plaçant aux Tourettes le siége des principales ruines de l'ancien Lisieux (*Noviomagus* ou *Neomagus Lexoviorum*). La ferme des Tourettes, qui précède le Champ-Loquet, et la Couture (*Cultura*) aux Enfans etc, ne fut pas fouillée par lui. C'est dans les champs labourés que nous venons de nommer qu'il fit rechercher principalement les matériaux dont il avait besoin. C'est là aussi et surtout dans le Champ-Loquet qu'il fit ses plus importantes découvertes, pour lesquelles on doit au surplus lui conserver beaucoup de reconnaissance. Il est toutefois fâcheux qu'il fût étranger à la connaissance de l'archéologie et de la lithologie, et qu'il ait mis une singulière légèreté dans ses dénominations locales.

Le plan des ruines donné en 1770 par Hubert est fort inexact : nous l'avons rectifié sur les lieux mêmes avec beaucoup de soin, et nous y avons fait quelques additions d'après nos propres découvertes. (Voir T. I, p. 64).

Le faubourg Saint-Désir ne tire pas son nom de l'abbaye de dames qui y fut fondée au milieu du XIe siècle : c'est l'abbaye qui, au contraire, a tiré son nom du faubourg où elle fut transférée. La Charte de translation porte qu'elle sera placée *dans la partie de la ville de Lisieux appelée Saint-Désir*.

L'emplacement occupé par les ruines ne s'appèle pas les *Tourettes*. Le terrein que couvrait Noviomagus est à l'ouest de la ville actuelle, à un kilomètre de distance, sur le territoire qui se trouve entre les fermes de Bourguignoles et des Belles-Croix. Ces deux fermes sont indiquées sur la carte de Cassini. La première seule l'est par D'Anville, dans sa carte du diocèse de Lisieux, où il l'appèle mal-à-propos Bourguenoles. Les Tourettes sont plus rapprochées de Lisieux, et n'offrent presque pas d'antiquités constatées. Les ruines trouvées par Hubert existent principalement dans le Champ-Loquet, dans la Couture-aux-Enfans, dans la Pièce-Picot, et quelques autres champs labourés ou petites pâtures voisines à l'est, au nord et au sud sur un plateau qui s'abaisse vers deux ruisseaux dans ces deux derniers points. Au surplus, c'est dans le Champ-Loquet qu'existent ces ruines importantes, et c'est là aussi que l'on découvre le plus de fragmens curieux de vases antiques, de marbres, de porphyres, de granit poli, le plus de médailles etc.

La petite ferme des Tourettes recélait en 1770, entre autres ruines apparentes, l'entrée d'un souterrein qui touchait au ruisseau connu sous le nom de Ruisseau des Tourettes ou Douet-Merderet. C'est là que le 18 mai 1818 j'ai découvert un théâtre romain bien conservé, presqu'entièrement recouvert de gazon et d'arbres ; mais dont la partie qui touche au ruisseau du nord offre des pans assez considérables de constructions romaines, composées d'assises alternatives de cailloux liés par un bon ciment et de larges briques

Assurément la découverte de plusieurs morceaux de marbre, plus ou moins considérables, annoncent la magnificence du principal édifice qui avait existé au centre du Champ-Loquet, toujours mal à propos confondu avec la ferme des Tourettes. Cet édifice occupait l'espace et les environs d'une cavité arrondie qui se trouve vers le milieu du champ dont nous venons de parler. Ayant fait de nouvelles recherches en 1818, j'ai constaté l'existence de beaux fragmens, 1° de marbres, tant statuaire de Carrare que jaune de Sienne ou Pagliocco, Cipollin grec à couches micacées, brèche, griotte, etc.; 2° de porphyres, soit rouge grec, soit vert serpentin ou ophite, provenant de l'Egypte ou au moins de la Grèce. Cette dernière substance est assez abondante dans le Champ-Loquet où j'ai vu le premier cette belle poterie antique à couvert rouge, offrant les formes les plus élégantes, et présentant sur ses bords le relief circulaire d'un filet étrusque, d'une branche d'olivier ou de myrte, ou quelques arabesques d'un beau travail. Ces fragmens sont parfaitement analogues, quoiqu'un peu plus bruns que ceux dont j'ai fait la découverte en 1816 dans les ruines d'Alise-Sainte-Reine (Côte-d'Or).

J'avais trouvé précédemment dans le voisinage du champ-Loquet sur la ferme de Fénèbre, (peut-être *Campus Funebris* des anciens Lexoviens) deux têtes d'amphores très bien conservées, des dépôts d'écailles d'huîtres qui sembleraient constater l'existence en ce lieu de quelque égout qui aboutissait au ruisseau du nord. Une jolie petite main gauche de Diane ou d'Apollon, en marbre blanc, tenant un fragment d'arc, a été trouvée dans le Champ-Loquet où j'ai recueilli un morceau précieux de marbre blanc très bien doré, qui avait fait partie d'une draperie de statue; et même quelques parcelles d'une peinture à fresque fort altérée à la vérité, mais facile à reconnaître.

Mougez a eu tort de répéter d'après Hubert qu'il ne « reste aucune tradition que la ville de Lisieux ait éprouvé aucune révolution et qu'elle ait fait aucune perte ». C'est une erreur. Geoffroi Plantagenêt, comte d'Anjou, et Guillaume, duc de Poitiers, assiégèrent la ville actuelle de Lisieux au mois de septembre 1136. Les Bretons, chargés de la défense de la ville, la livrèrent aux flammes. Il y a lieu de présumer que les archives de la ville et plusieurs monumens périrent alors. D'autres archives furent en outre emportées par les Anglais, lorsqu'ils furent chassés de la Normandie en 1449.

Lisieux, disent encore Hubert et Mongez, ayant « 5 à 600 toises (1,000 à 1,200 mètres) de longueur sur 400 (800 mètres) de largeur, pouvait rassembler dans son sein 3,000 hommes propres à porter les armes ». Cette assertion est fort hasardée : la ville actuelle, qui ne possède que de 12 à 15,000 habitans, a bien aussi 500 à 600 toises de longueur sur 400 de largeur, et pourtant ne fournirait pas 3,000 combattans. Au surplus, les 3.000 hommes fournis à la confédération gauloise l'an 52 avant l'ère vulgaire, furent sans doute levés dans tout le territoire, et non simplement dans la capitale des Lexoviens.

Hubert parle de constructions de cailloux revêtues de briques. Je présume qu'il s'est trompé : je n'ai trouvé aucuns débris de construction sur le sol de Néomagus, qui fût revêtu de briques. Ces constructions sont composées de couches alternatives de briques, et de cailloux liés par un bon ciment à chaux et à sable. Les briques ont 32 centimètres 54 millimètres de longueur sur 27 centimètres de largeur (14 pouces sur 10).

Il est très-fâcheux que le savant académicien, qui a tant de titres à l'estime publique et à la reconnaissance des amis des sciences, n'ait pas visité les ruines de l'ancien Néomagus, et surtout présidé aux fouilles faites si légèrement par Hubert, qui, quoique rempli de zèle, manquait de connaissances et probablement du tems nécessaire pour bien reconnaître et constater ses découvertes. Tout ce qui fut découvert, fragmens de statues en bronze et en marbre, médailles d'or et autres objets curieux, fut tellement négligé, qu'on n'en a pu rien retrouver ni à Lisieux, ni à la succession de Hubert.

II. DE LA CONDUITE DE LE HENNUYER.

en 1572.

Lisieux figure honorablement parmi les Cités où le sang des protestans ne fut pas versé.

Les registres municipaux, bien conservés encore aujourd'hui, attestent la sollicitude des magistrats civils et du commandant militaire, d'abord pour prévenir les troubles et trois jours après pour empêcher le massacre.

Personne n'avait songé à ravir l'honneur d'avoir sauvé leurs concitoyens dissidens, ni au capitaine Gui du Long-Champ de Fumichon, ni aux conseillers municipaux de Lisieux qu'on appelait Ménagers. Et pour la ville c'était assurément une gloire plus grande que de devoir cet acte mémorable d'humanité à un étranger qui avait peu résidé dans ses murs. Aussi l'auteur des *Recherches* (M. Bordeaux) et celui du compte qui en fut rendu en décembre 1842 dans *le Normand* (journal de Lisieux) nous paraissent s'être tout-à-fait trompés en prétendant que « revendiquer en faveur de Le Hennuyer le salut des protestans, c'est rendre à la ville la plus belle page de ses annales ». C'est au contraire la lui ravir : certes, cette belle page ne sera pas effacée ; mais l'honneur si bien mérité, si incontestable, d'avoir été courageusement humains, ne sera pas enlevé sans preuves et sans raisons aux magistrats et au capitaine lexoviens, pour être livré à l'usurpation évidente d'un homme aussi étranger à notre ville qu'il le fut à l'humanité ; mais, ce qui doit prévaloir sur toute autre considération, la vérité « qui, selon Griffet, seule constitue l'essence de l'histoire », dont elle est l'âme comme dit Mabillon, la vérité triomphera ainsi que les hommes d'équité, d'honneur et de courage, qui furent fidèles à leur devoir et comprirent bien les véritables intérêts de leur religion.

Il me semble que l'auteur des *Recherches* a manqué à sa sagesse habituelle, quand il a cru, emporté par son zèle pour l'évêque qu'il défend, devoir flétrir la mémoire des véritables sauveurs des protestans lexoviens, par ces paroles : « On cherchait à réunir les victimes sous le même poignard ». Où est la preuve d'une si cruelle inculpation? Le crime ne se présume pas ainsi, surtout quand les faits viennent démentir l'imputation.

Les auteurs qui avaient eu occasion de parler de l'évêque Le Hennuyer, ne l'avaient peint que comme un homme violent et même « méchant jusque au bout ». Tout-à-coup, plus de soixante ans après l'événement, un moine que nous apprécirons plus bas (le jacobin breton Antoine Mallet), pour enfler les deux volumes qu'il consacre à l'histoire de ses confrères jacobins, y introduit en fraude, « en prenant l'occasion au poil, dit-il, et comme une de ces divinités qui s'élèvent au-dessus de la terre », ce divin Le Hennuyer dont il estropie le nom, et altère la biographie; il s'évertue à se cotiser avec son voisin Hémeré (*Mercure* d'avril 1744 et de juin 1746) pour mentir à la postérité. Hémeré, chroniqueur sans jugement, s'avise, pour grossir la liste des célébrités de son *endroit*, de faire naître à Saint-Quentin, Guyencourt et Le Hennuyer, nés pourtant le premier à Amiens, le second dans le diocèse de Laon; et fait entrer ce dernier dans l'ordre des dominicains ou jacobins auxquels il n'appartint jamais. Après ces bévues, et pour rendre plus illustre leur personnage, pendant qu'ils étaient en train, les deux écrivains qui n'en font réellement qu'un, interprètent, par l'effet d'un grossier anachronisme, la résistance de l'évêque-comte au roi, et représentent ainsi le prélat violent qui s'était opposé brutalement, séditieusement même, en 1562 et en 1564 à la tolérance du protestantisme, comme revenant, huit ans après, par résipiscence, à la mansuétude et comme s'opposant au massacre des protestans qu'il avait toujours persécutés, et contre lesquels il n'avait pas craint de violer les lois en s'opposant à la construction d'un prêche que l'édit du 17 janvier 1562 leur accordait pour le libre exercice de leur religion.

Tandis que les historiens du XVIe siècle et les plus instruits des deux siècles suivans se gardaient bien d'attribuer à l'évêque Le Hennuyer une démarche généreuse à laquelle il était étranger et dont il n'était pas capable;

tandis que, ni dans la bibliothèque de Le Long, ni dans l'immense collection de Secousse, ni dans aucun des mémoires et des brochures du tems que je viens de consulter de nouveau, on ne trouve la moindre trace de la fiction de ce Mallet que dans le *Mercure* de 1746 (juin : Tom. III, page 69), le chanoine Prévost représente avec tant de raison comme « un auteur tout occupé d'un merveilleux outré, vrai romancier qui se plaît dans les prodiges; » tandis que les normands Mézerai et Daniel, qui se sont justement placés et maintenus au premier rang de nos historiens, avaient méprisé la fable de Mallet (qui, suivant le chanoine Prévost, en a *controuvé* tant d'autres) : cette fable invraisemblable avait été admise comme un fait vrai par des compilateurs irréfléchis tels que Maimbourg qui cite à l'appui de ses allégations le *Gallia Christiana* de Claude Robert qui ne dit pas un mot en faveur de Le Hennuyer (*Mercure de* 1742).

Ainsi parurent, pour exalter cet évêque, Mallet et Hémeré écrivant en même tems à Paris dans un cabinet de la Sorbonne leur absurde élucubration, l'une en mauvais français, l'autre en mauvais latin : témoignage unique (il ne faut pas s'y méprendre) que reproduisit onze ans après, dans les mêmes termes latins qu'Hémeré avait employés, l'informe *Gallia Christiana* de 1656 ; puis Maimbourg expédiant dans le vin, où cette fois ne se trouvait pas la vérité, ses histoires inexactes dans lesquelles, ainsi que l'a dit Griffet, « il ne se donne pas la peine d'examiner les faits » ; puis, en 1673, Moréri ébauchant son dictionnaire dont la seule bonne édition est celle de 1759. Tous ces écrivains sont postérieurs au siècle de la Saint-Barthélemi ; tous sont étrangers à Lisieux et même à la Normandie ; tous, ainsi que leurs imitateurs, se sont successivement et servilement copiés, et par conséquent ne sauraient corroborer en aucune manière l'assertion soit de Mallet traduisant Hémeré, soit plutôt d'Hémeré traduisant Mallet ;

> Car il n'importe guère
> Que *Mallet* soit devant, ou *Mallet* soit derrière.

Qu'est-ce donc d'ailleurs que l'assertion sans preuve et sans probabilité de Mallet et d'Hémeré ?

Mallet? son indigeste compilation d'inepties et de bévues, péniblement élaborée avec la plus burlesque emphase, fut couverte de mépris dès son apparition par l'auteur des deux Apologies de l'Université. Ce judicieux Mallet dit que, pour défendre ses héros qu'il érige en divinités, « il ne veut pas garder le silence quand on refricasse si souvent ces histoires à notre vitupère, et qu'on grince des dents contre nous, malgré le succès de ses confrères (les Dominicains) contre les hérétiques qui ne manquèrent pas de punition tout le tems qu'on nous laissa l'exercice de l'inquisition ». Je le crois bien : et j'ai beaucoup moins de foi dans la sincérité de ses faits historiques que dans les honnêtes et clémentes dispositions qu'il manifeste.

Héméré? Claude Prévost traite de « feseur d'historiettes ridicules et de romancier qui se plaît dans les prodiges » cet écrivain que je crois avoir eu raison de qualifier de chroniqueur sans critique et sans réputation.

Quant à l'abbé Archon et au dominicain Texte, le savant et judicieux abbé Le Beuf dit positivement (*Merc.* de déc. 1748) : « il ne faut pas se fier à Archon » accusé en outre par l'abbé de Camps « de citer avec tant d'infidélité qu'on croit lui rendre justice en disant qu'il n'a lu ni les auteurs, ni les pièces d'où il prétend avoir tiré ce qu'il avance ».

Le Beuf nous présente Texte comme écrivant avec une grande légèreté et même d'une manière déplacée, et comme se bornant à donner, pour preuve de ce qu'il avance, la citation marginale que Mallet fait d'Héméré et de son ouvrage : citation mensongère, puisqu'il n'y en a pas la moindre trace « ni dans le corps, ni à la marge », ainsi que nous l'avons vérifié nous même.

Voilà bien appréciés les écrivains sur lesquels l'auteur des *Recherches* s'est appuyé. Nous croyons avoir prouvé qu'ils ne méritent pas la confiance dont il les honore et qu'ils ne sauraient balancer les témoignages que nous allons citer, et qui, soit pesés, soit comptés, nous semblent militer victorieusement en notre faveur.

Je persiste à croire que c'est avec un véritable succès qu'on opposera au récit sans preuve et sans vraisemblance dont nous venons de parler :

APPENDICES. 469

1° L'épitaphe si détaillée de 1578, en 34 vers alexandrins, placée dans la cathédrale de Lisieux ;

2° L'ouvrage de De Mouchy et Chenu sur les évêques de France ;

3° Le *Gallia Christiana* de Robert en 1625, qu'il ne faut pas confondre avec celui de 1656 ;

4° L'histoire latine du collége de Navarre par le judicieux De Launoy, ecclésiastique normand, qui la fit imprimer en 1677; et qui, consacrant un article spécial à Le Hennuyer, ne dit pas un mot de la conduite tenue en 1572 par cet évêque, qu'il connaissait bien et qu'il n'a eu garde de présenter comme généreux et courageux ;

5° et 6° Les illustres normands Mezerai et Daniel publiant leur *Histoire de France*, le premier en 1651, le second en 1713 ;

7° et 8° Les abbés lexoviens (ayant eu communication tout à leur aise des archives de l'évêché et du chapitre) Fréard, mort en 1741, et Jean Le Prévost, mort en 1742 ;

9° Le chanoine parisien Claude Prévost (qu'on a eu tort de confondre avec le précédent), dans sa polémique de 1744 à 1746 donnée par le *Mercure de France* ;

10° L'abbé Le Beuf, l'un des érudits les plus judicieux et les plus infatigables de l'Académie des Inscriptions : en 1748 ;

11° Noël Des Hays, curé de Campigni, dans le diocèse de Lisieux, ayant fait les plus consciencieuses recherches dans les archives du chapitre et de l'évêché pour son *Histoire* de nos évêques : en 1754 ;

12° Les savans bénédictins, réformant en 1759 avec discernement les inexactitudes (*fréquentes lapsus*, comme ils disent dans leur préface) du *Gallia Christiana* de 1656 et d'ailleurs écrivant d'après les documens de notre chanoine Fréard qui n'avait assurément pas manqué de consulter à Lisieux qu'il habitait les ecclésiastiques instruits et les dépôts publics ;

13° En 1759 aussi, les auteurs du *Moréri* en dix volumes, corrigeant et complétant les ébauches du travail de leur prédécesseur de 1673 ;

14° Moi-même,

Après ces noms fameux si j'ose me citer,

fesant de scrupuleuses explorations en 1814 à Lisieux, et publiant en 1817 une dissertation écrite avec conviction, sans intérêt, sans passion, sans autre objet que la recherche de la vérité et l'honneur de ma ville natale : composition honorablement accueillie dans le *Mercure de France*, et la *Biographie Universelle*, en 1817, et reproduite dans le premier volume des *Archives Normandes* en 1824 ; composition, dis-je, que je ne me permets de rappeler ici que parce que personne, jusque à ce jour, n'avait tenté de me répondre ;

15º et 16º Le suffrage imposant de Millin dans le *Magasin Encyclopédique* en 1817, et de M. du Rozoir dans la *Revue Encyclopédique* en 1829 ;

17º La lettre de l'abbé de La Rue à M. Dingremont en 1822, laquelle porte : « L'esprit de tolérantisme de Jean Le Hennuyer, tant vanté dans le dernier siècle, est une fable » ;

18º M. Formeville, qui a fait paraître en 1840 un bon travail sur les Huguenots de Lisieux ;

19º Enfin, M. Floquet, en 1841, qui regarde (*Hist. du Parl. de Norm.*) la tradition sur l'évêque Lexovien comme « un fait que rien n'établit ».

Tous ces auteurs impartiaux, désintéressés dans la question, et même disposés à célébrer la mansuétude de Le Hennuyer, en 1572, pour peu que sa démarche eût été prouvée, tous n'ont nullement hésité, après le plus mûr examen, à repousser du domaine de l'histoire la belle action qui eût tant honoré ce prélat phénomène, et qu'on aurait d'autant plus favorablement accueillie, qu'elle eût été plus extraordinaire : action qu'il eût été indigné de se voir attribuer.

Je prends pour juges de cette discussion l'auteur des *Recherches* et le public éclairé : il me semble que l'on doit ainsi réduire à sa plus simple et loyale expression la question relative à l'acte d'humanité et de dévoûment attribué à l'évêque Le Hennuyer :

I. Était-il disposé à la tolérance ?

II. Se trouvait-il à Lisieux le 27 auguste 1572, jour où l'on décida du sort des protestans de cette ville ?

III. A-t-il parlé et agi en faveur de ces proscrits ?

IV. Y a-t-il eu à Lisieux véritablement tradition orale

chez les personnes éclairées sur l'action héroïque attribuée à Le Hennuyer ?

Examinons successivement chacune de ces questions.

Première Question. La conduite de Le Hennuyer en 1562 et en 1564 contre les protestans ; le texte même de son épitaphe, et les expressions de l'historien De Launoy ; les vifs reproches que les réformés lui adressèrent après 1572 ; ses liaisons avec les Guise, le cardinal de Bourbon et surtout le cardinal de Lorraine (oncle du duc de Guise) auquel Le Hennuyer ne devait ses évêchés et ses emplois de Confesseur et de Premier Aumônier du roi, qu'en sa qualité d'homme dévoué et dont on était bien sûr; ses fonctions de Directeur de la conscience (qu'il ne dirigea ni vers les bonnes mœurs, ni vers la clémence) de Diane de Poitiers, de Catherine de Médicis, de Henri II, et de Charles IX, tous persécuteurs acharnés, tous ennemis mortels des religionnaires ; la défense qu'il aurait dû faire et qu'il ne fit pas, mais que furent forcés de prononcer les officiers municipaux, de jouer à la porte des églises le Mystère de sainte Barbe qui entretenait le fanatisme et exaltait les séditieux : défense, que, vu son obstination, on fut obligé, le 29 auguste, de réitérer à l'abbé Gautier, « de jouer pour l'année présente et en ces troubles » : tant on redoutait l'effet de ces représentations incendiaires ; sa charge de Premier Aumônier, et à la cour son influence qui ne déclina pas après la Saint-Barthélemi ; son opposition obstinée à l'érection dans ou près de Lisieux d'un prêche que, aux termes des édits, les réformés avaient le droit d'établir ; toujours cette violence factieuse qui attaquait les lois où s'opposait à leur effet ; la déclamation furibonde qu'il desserra le 10 juin 1564, dans le préambule du procès-verbal destiné à constater l'état des reliques de la cathédrale, philippique ampoulée dans laquelle il a la barbarie de dire (en fesant allusion à la peine que les Romains infligeaient aux parricides) que, pour le supplice de ses adversaires « ce ne serait pas assez d'un seul sac, pour les y renfermer avec un seul singe et un seul serpent » : tous ces faits incontestables démontrent avec la plus lumineuse évidence que Le Hennuyer ne pouvait pas être disposé à une tolérance contre laquelle d'ailleurs s'élevaient sans cesse et sans mesure le pape, la cour de Rome et les cardinaux français.

DEUXIÈME QUESTION. Le Hennuyer n'était pas à Lisieux lorsqu'on y apprit le massacre de la Saint-Barthélemi, et que les autorités civiles et militaires prirent de sages mesures pour prévenir les troubles et le carnage : précautions que l'auteur auquel nous répondons ne doit pas condamner, parcequ'elles sont complètement justifiées et par les ordres transmis de Rouen par Carrouges le 28 auguste, et par le succès qui les couronna à Lisieux. Si les proscrits furent ainsi sauvés, et qu'il ne soit nullement question, je ne dis pas de l'invitation, de l'insistance et de la vigueur de résistance de l'évêque, mais même de son simple concours, mais même de sa présence, il faut bien attribuer exclusivement leur salut au capitaine Fumichon et aux conseillers municipaux, ainsi qu'il résulte des procès-verbaux de leurs opérations, conservés à la mairie de Lisieux.

Puisque l'historien d'Auxerre, le savant abbé Le Beuf, dit positivement (*Merc.* de déc. 1748) qu'Amyot se trouvait en 1572 dans son diocèse qu'avec la permission du roi il ne quitta pas de 1571 à 1573, il était nécessaire que Le Hennuyer fût à la cour, ou qu'au moins il ne s'en absentât guère, dans les grandes circonstances qui précédèrent et accompagnèrent les vastes hécatombes de la Saint-Barthélemi. Son apparition à Orbec le 14 septembre, que je suppose exacte et correctement datée, ne prouve nullement qu'il se soit opposé au massacre des protestans, ni même qu'il soit venu de Paris ailleurs qu'à Orbec. J'ajouterai qu'on ne voit pas pourquoi Le Hennuyer qui se rendit à l'hôtel-de-ville pour une simple clé le 8 novembre 1572, ne s'y serait pas présenté le 27 auguste précédent, lorsqu'il s'agissait de *sauver* ses brebis égarées (*oves evagatas*, comme dit Héméré).

TROISIÈME QUESTION. Assurément Le Hennuyer n'a ni parlé ni agi en faveur des protestans. Le discours et le certificat d'opposition qu'un seul écrivain (Mallet) lui a prêtés sans preuve et que sans examen on a vantés depuis, eussent été trop remarquables pour n'être pas conservés dans les archives de la ville, de l'évêché ainsi que du chapitre, et pour n'avoir pas été cités par nos bons historiens. Qu'on nous présente authentiques ces actes importans, car c'est à ceux qui articulent un fait qu'est imposée la charge de le prouver : tant qu'ils ne le font pas, nous avons le droit de nier, et c'est même un devoir pour l'historien judicieux. La démarche prétendue du commandant de la place est d'ailleurs démentie sans réplique : 1° parcequ'il ne s'appelait pas Livarot, comme le dit un apologiste de Le Hennuyer (*Merc.* d'oct. 1742), mais Gui du Longchamp de Fumichon ; 2° surtout parceque la conduite de ce dernier à l'hôtel-de-ville offre la preuve irréfragable que ce commandant ne demanda pas la tête des protestans, mais s'occupa efficacement, de concert avec les Ménagers, de mettre les proscrits à l'abri du danger sans hésitation et sans retard. Nous ne croyons pas devoir d'autre réponse à une grossière brutalité d'un sieur Guillemette ou Guilmeth qui a bravement assuré qu'en 1572 le commandant de Lisieux s'appelait Livarot, que de le renvoyer aux registres municipaux où il verra qu'il n'y eut de capitaine commandant à Lisieux, portant le nom de Livarot, qu'en 1653 (voir ci-dessus, p. 308), c'est-à-dire quatre-vingts ans après la Saint-Barthélemi ; qu'il s'appelait César d'Oraison, marquis de Livarot et d'Ouilli, et non pas d'Arces, baron de Livarot.

Quatrième Question. Une tradition vague, qui sans nul doute provenait de la lecture de Mallet ou d'Hémeré, tradition aussi évidemment fausse que celle qui rapporte que le maréchal de Fervaques fesait par simple passetems mourir de faim ou de soif de pauvres moines, et avait péri dévoré par les plus vils insectes dont le corps humain ait à subir les outrages ; cette tradition sur Le Hennuyer, démentie par les vraisemblances et par les registres municipaux, peut-elle suppléer au défaut d'actes authentiques, à l'absence de documens officiels dans les archives civiles ou religieuses, au silence des historiens contemporains ? Peut-elle détruire ce qu'ont affirmé nos écrivains les plus judicieux ? Non, certainement ; ou bien il faudra ajouter foi à tous les récits populaires, aux traditions absurdes des revenans ou des sorciers, aux mensonges évidens que l'erreur, l'ignorance, la fraude, et l'amour du merveilleux ont toujours et partout accrédités auprès des gens crédules,

Gens d'esprit faible et de robuste foi.

Quel caractère d'authenticité ont donc les deux réponses si vagues, si dépourvues de preuves, si absolument insignifiantes, adressées aux rédacteurs du *Mercure*, datées l'une de Lisieux, l'autre de Saint-Quentin ? Elles proviennent, plus de 170 ans après l'événement, d'individus inconnus, dont le plus hardi prétend qu'Hémeré *peut avoir eu connaissance* du fait sur lequel auraient dû, ce qu'ils se sont bien gardés de faire, prononcer quelques personnes notables de l'hôtel-de-ville et surtout de l'évêché, où l'on comptait plusieurs hommes éclairés et distingués. Ces personnages, en puisant dans les sources que Fréard, Le Prévost et Des Hays avaient judicieusement explorées, ou n'ont pas répondu à une question qu'il n'auront pas jugée sérieuse, ou bien ont adressé des réponses qu'on n'a pas osé montrer.

Pour compléter ce que nous regardons comme une démonstration sans réplique, nous ajouterons quelques réflexions succintes.

A défaut des preuves qu'il devrait donner en faveur de LE HENNUYER, l'auteur des *Recherches* n'a réellement recours qu'à des suppositions et à des inductions comme avait fait Matthieu Texte. C'est en effet ce que nous remarquons, pages 68, 69, 70, 74, 77, 151, 153; etc., où l'on dit que le récit *n'a pu* venir que de Lisieux, que Hémeré *n'a pu* se jouer de ses compatriotes, qu'il *ne pouvait* rien changer au récit, que le fait a été constamment *regardé comme certain*, qu'on *a pu* vérifier les sources, etc. Toutes ces prétendues probabilités ne prouvent rien, tant qu'on peut leur en opposer de plus vraisemblables, et surtout quand on est en droit d'exiger 1° la représentation des prétendus actes écrits de 1572; 2° la preuve que le héros, divinisé par Mallet, était présent à Lisieux le 27 auguste ; 3° la preuve que les registres municipaux, pièces authentiques, ont commis un faux de réticence. 4° la déposition de deux témoins qui aient vu les choses de plus près que d'un cabinet de la Sorbonne, et plus tôt que soixante ans après l'événement.

Assurément, l'édit du 17 janvier 1562, dû à la haute sagesse de ce chancelier De L'Hospital qui figurera toujours au premier rang des plus grands ministres qu'ait eus la France, cet édit eût été véritablement un acte de pacification, si les catholiques de ce tems eussent voulu se soumettre aux lois; si, comme l'a dit l'abbé Anquetil, on n'eût pas « avancé hardiment ces maximes abominables qu'il ne faut pas garder la foi aux hérétiques, et que c'est une action juste, pieuse, utile pour le salut, de les massacrer » ; si, moins de deux mois seulement après l'édit, Guise n'eût pas à Vassi fait attaquer sans provocation et égorger sans pitié les protestans des deux sexes et de tout âge qui exerçaient tranquillement et légalement leur culte.

Peut-on supposer que, après avoir donné tant de retentissement à sa funeste et haineuse opposition, notre évêque n'eût pas fait éclater (et il en eut le tems, puisque il ne mourut qu'en 1578) l'acte de sa générosité ? Comment n'eût-on pas conservé cet acte qui eût contenu l'expression de sa résistance de 1572, à Lisieux où on avait gardé son opposition si connue de 1562, qui fut officieusement communiquée par un chanoine de cette ville lors des discussions du siècle dernier (*Merc.* d'oct. 1742)? Est-il vraisemblable que, dès le commencement du XVIII° siècle, époque à laquelle les idées, sinon de tolérance, du moins d'adoucissement dans les persécutions, malgré toutefois quelques recrudescences de cruauté, triomphaient du fanatisme des époques antérieures, le clergé lexovien eût mis, s'il avait cru, même probable, le dévoûment de son évêque, une sorte d'empressement à faire fondre la table d'airain sur laquelle était inscrite la longue épitaphe de celui qui n'avait pas craint *de se montrer contre les réformés* ?

(Pour plus de détails, on peut consulter ce que nous avons dit de la conduite des Catholiques contre les Protestans, dans nos Recherches sur la Normandie : 1843, p. 68, et 70 à 78).

Je regrette que l'auteur des *Recherches* ait sceindé ce que j'ai dit des dispositions du clergé de 1572. J'ai dit, et je ne crains pas de le répéter : le clergé catholique, et à sa tête il faut placer le pape Grégoire VII et la cour de Rome, n'ont pas fait preuve de clémence et d'humanité envers les protestans. Mon adversaire assurément n'était pas lui-même dans son droit, quand il a imprimé (p. 101) que je n'avais pas le droit d'écrire que « autant par inclination que par crainte tous les ecclésiastiques dûrent prendre une part active à une mesure d'extermination qu'ils avaient le tort de regarder comme sainte et comme autorisée par la bible ». Il cite l'abbé de Bercastel qui prétend sans en donner la moindre preuve que « le clergé de France fit épargner les hérétiques partout où il lui fut possible ». Qu'on nous dise donc où et quand le clergé de cette époque fut indulgent à l'égard de ces dissidens? Est-ce que l'inquisition établie en France dès le commencement du XIIIe siècle par saint Dominique, et qui fut si atroce alors en Languedoc; est-ce que les poursuites continuelles du clergé contre les hérétiques qu'il livrait si volontiers au bras séculier, c'est-à-dire aux tortures et aux bûchers; est-ce que la ligue; est-ce que les circonstances épouvantables qui suivirent la révocation de l'édit de Nantes, n'attestent pas une continuelle et fâcheuse disposition fort opposée à l'indulgence qu'il a plu à Bercastel de vanter si gratuitement? Est-ce que, même après que l'inquisition française ne put plus fonctionner, ni les dragons-convertisseurs égorger, est-ce qu'en 1763 le prince maréchal de Beauvau n'éprouva pas de grandes difficultés à faire mettre en liberté quatorze protestantes retenues depuis leur enfance dans les cachots d'Aigues-Mortes, où elles languissaient, sans air et sans lumière, dans l'infection et les larmes? Est-ce qu'en 1787 un simple édit d'état civil pour le mariage des protestans ne trouva pas encore de l'opposition chez quelques membres du clergé?

Il ne faut pas craindre de le proclamer tout haut : ce n'est que depuis les écrits des philosophes du XVIIIe siècle, et depuis les lois sages de la révolution de 1789, que nos ecclésiastiques, abjurant des doctrines surannées pour se soumettre au concordat de 1802, sont devenus plus chrétiens, c'est-à-dire plus humains, plus charitables, plus tolérans. A ce propos nous dirons que l'auteur des *Recherches*, qui nous cite avec raison un trait de tolérance de l'évêque de Mont-Pellier (Villeneuve), eût pu remarquer que ce prélat avait profité dans Voltaire, car la belle réponse qu'il rappèle est ce beau vers de Mérope :

> Il suffit qu'il soit homme et qu'il soit malheureux.

Au surplus nous nous plaisons à dire que dans ces derniers tems un grand nombre d'ecclésiastiques n'ont pas montré moins d'humanité que de lumières et d'esprit, et que les Las Cas, les Vincent de Paul, les Fénelon, et les Quéverus sont aussi chers aux vrais philosophes qu'aux vrais chrétiens.

Voici au surplus la réponse que d'avance a faite pour moi un historien catholique et pieux, l'abbé Anquetil : « La nouvelle du massacre fut reçue à Rome avec les transports de la joie la plus vive. On tira le canon ; on alluma des feux comme pour l'événement le plus avantageux, il y eut une messe solennelle d'actions de grâce, à laquelle le pape Grégoire XIII assista avec l'éclat que cette cour donne aux cérémonies qu'elle veut rendre célèbres ; le cardinal de Lorraine récompensa largement le courrier et l'interrogea en homme instruit d'avance ».

De telles dispositions, de telles actions, que les chefs n'ont pas dissimulées, peuvent elles laisser croire que les subordonnés, vivant au milieu de l'irritation des partis, aient témoigné plus d'humanité que leurs supérieurs ? Et lorsqu'on ne voit que des magistrats et des militaires, bien plus dépendans toutefois que les ecclésiastiques, refuser de concourir au massacre, peut-on croire que le confesseur du roi et de la reine-mère, ordonnateurs des assassinats, ait voulu, ait pu, ait osé s'y opposer, et qu'il l'eût fait impunément ?

> Par toutes ces raisons je persiste en ma thèse,

et je crois pouvoir dire comme Dacier : « Mes remarques subsistent »..

PIÈCES JUSTIFICATIVES
De la Notice sur Le Hennuyer.

(*Registre des Délibérations et Ordonnances faites et arrêtées en l'Hôtel Commun de la ville de Lisieux, par devant le vicomte. Du 29 juin 1567 au 18 mai 1573*).

Il paraît que les officiers de l'hôtel s'assemblaient rarement en 1572, puisqu'il n'y a de séances en juin que les 9 et 16, en juillet que le 20 : auguste commence à la séance du 24.

Dimanche 24 *août* 1572 (jour de la Saint-Barthelemi).

Ce jour, il y eut deux séances; dans la deuxième on lit ce qui suit :
« A esté defendu à Jean Boudot et Guillaume-Pierre, pour eux et
« aultres, qu'ils ont dict avoir entrepris à jouer le Mistère de madame
« sainte Barbe, de dire en leurs jeux ni autrement aucune chose qui
« puisse provoquer quelques personnes que ce soit à discours séditieux.

Ce mystère, composé en 1480, est divisé en cinq journées. Les acteurs sont au nombre de 98. Cette pieuse farce, dont le sujet est la vie de sainte Barbe, d'après les plus stupides légendaires, est *ornée* de supplices affreux, de gestes ridicules, de folies, de superstitions, de niaiseries et d'atrocités de tout genre.

Mardi 27 *août*, *etc.*

« Après avoir ouy plusieurs marchands estant de retour du marché
« de Neufbourg ; et ouy M^e. Magnien, advocat, estant party dimanche
« dernier de la ville de Paris, sur les séditions y étant advenues, a esté
« délibéré que les pont-levis des portes seront levés et les grilles abat-
« tues, etc . à la diligence des quarteniers, qui refuseront les clefs des
« portes dont ils auront la garde, jusqu'à ce qu'autrement en ait été
« ordonné, pour estre les dites portes closes à 8 heures du soir et ou-
« vertes à 5 heures du matin.

« A esté nommé, pour quartenier de la porte de la Chaussée, le sieur
« Formentin, qui a accepté

« A esté délibéré qu'il sera mis à la porte de Paris jusqu'à dix ou
« douze personnes, à l'endroit de la bresche qui est derrière la maison
« du doyen.

« A esté délibéré qu'il sera fait besogner en grande diligence à la ré-
« paration de la bresche estant aux murailles de la ville, à l'endroit
« tombé l'hiver dernier, etc ».

Jeudi 29 *août*.

Présens, M. de Fumichon, capitaine et gouverneur de Lisieux, etc.
« Après avoir vu les lettres missives de Mgr de Carouges écrites à
« Rouen le 25 de ce mois, avec l'ordonnance par luy faicte ledict jour,
« publiée à son de trompe et cri public le 26 de ce mois, et eu égard à
« ce qui survient par chascun jour, a esté délibéré que les quarteniers,
« chascun en son quartier, feront diligente visitation aux portes, etc.

« A esté délibéré qu'aux dépens de la ville seront mis douze hom-
« mes pour garder la nuit à la bresche des murailles qui sont tombées
« durant l'hiver dernier, et sera faict marché de ces salaires par le sieur

« de Fumichon, présence du sieur Desboys, procureur, et de l'un des
« quarteniers de la ville, et qu'il sera baillé descharge pour ledict sa-
« laire sur le receveur des deniers et de l'octroy de la ville.
» A esté délibéré qu'il sera faict défense à M. Gautier, prêtre, et au-
« tres ayant entrepris à jouer le Mystère de madame sainte Barbe, de
« ne jouer pour l'année présente et en ces troubles.
« Après avoir faict veoir par le procureur des habitans, à maçons et
« charpentiers, les ruines de la tour Lambert, etc., etc. »

Du dict jour et an (jeudi 29 auguste).

« A esté fait lecture des lettres missives envoyées par Mgr de Ca-
« rouges, du 28e. jour de ce mois et an : Délibéré suivant icelles qu'il
« sera faict la garde en cette ville, ainsy qu'il était accoutumé aux
« derniers troubles, et charge au sieur Desboys en advertir les quar-
« teniers pour mander les caporaux et faire faire la dicte garde ».

Du 1er septembre.

Présens, M. de Fumichon, capitaine, etc.
« A esté délibéré que Robert de La Couyère ne sera constitué pri-
« sonnier, eu égard à sa qualité de chirurgien, en baillant assurance de
« personnes demeurant en ceste ville, parce que défenses lui sont
« faictes de sortir de ceste ville sans la permission du dict sieur ca-
« pitaine.
« Semblable délibération a esté faicte pour les fils du dict de La
Couyère, et a déclaré Jehan Lambert (sieur de Formentin, officier de
« la ville,) qu'il respondait desdicts de La Couyère, etc., etc ».
Le reste de la séance est consacré à diverses mesures, afin d'exciter
l'activité et le zèle des habitans pour la garde et le guet. On y parle
des barres de fer de la tour Boisselet, des esseaux de la Barre, de la
visite des remparts, de la brèche derrière le doyenné.

Du 5 septembre.

« Après avoir ouy Guillaume Maudnit, quartenier de la porte d'Or-
« bec, pour le défaut faict par les caporaux des escouades de la porte
« de Paris et de la porte de Caen, ayant du tout desfailly à la garde ceste
« nuict dernière... Le sieur de Fumichon estant de présent absent.
« Pour la réparation faicte par Simon Fresnel et ses gens, de la
« bresche de la chaussée des fossés de la ville derrière la Barre, la-
« quelle chaussée a esté rompue par les inondations dernières, a esté
« délibéré que la dicte réparation sera payée audict Fresnel, suivant le
« marché avec lui faict par nous, dans le prix de 29 livres 10 sous.

Du 14 septembre.

« A esté délibéré, etc.; payé la somme de 150 livres pour employer
« aux réparations des murailles et des ponts de la ville, ce qui a esté
« chargé aux ménagers faire en prompte diligence ».

Du 16 septembre.

« Après avoir mis en délibération par les conseillers, officiers et ha-
« bitans de la ville, l'émotion et troubles qui peuvent advenir par la
« mort de l'amiral, et afin de donner moyen à noble homme Messire

« Gui Du Long Champ, chevalier de l'ordre du Roi, sieur de Fumichon,
« capitaine et gouverneur du dict Lysieux, de se tenir en la dicte ville,
« pour maintenir toutes choses en l'obéissance du Roy et conserver
« ladicte ville de tous troubles ; en quoy lui seront requis faire et sup-
« porter plusieurs frais et despenses, tant pour son logis que pour plu-
« sieurs hommes qu'il luy est requis avoir en sa suite pour la seureté
« dudict seigneur, et conservation de ladicte ville, et autres frays.
« A esté délibéré que, pour aider à iceluy sieur de Fumichon à sup-
« porter lesdicts frays et despenses, luy sera payé par le receveur de
« ladicte ville la somme de 25 livres par chascun mois, d'aultant que
« la nécessité en requerra, et que lesdicts habitans vouldront, sans ti-
« rer en conséquence, ni estre obligation à l'advenir : auquel rece-
« veur est mandé en faire le payement ; et en rapportant ceste présente
« quittance d'iceluy sieur de Fumichon, la somme qu'il en aura payée
« lui sera allouée en ses comptes ».

Les séances des 2 et 19 octobre, des 5, 8, 14, 16, 20 et 23 novembre n'offrent rien d'important. On lit dans le procès-verbal de celle du 27 novembre : « A esté délibéré que, suivant les lettres missives de Mgr.
« de Carouges, et pour esviter à tous troubles et séditions, ceulx de la
« nouvelle opinion ne seront receus à la garde des portes, et qu'à leurs
« despens y seront employés des Catholiques ».

A MM. les Lieutenant, Advocat et Procureur du Roy de la ville de Lisieux.

« Messieurs, j'ay reçu ce matin une depesche du Roy par laquelle
« sa Majesté me mande que, depuis la blessure de M. l'admiral, il estoyt
« survenu entre MM. de Guise et les amys de mondict sieur l'admiral,
« tel desbat qu'il y avoyt eu beaucoup de tués de ceulx de son party,
« et mesme luy; ce que doutant qu'estant sceu, ne pust servyr de
« prétexte à plusyeurs de se courre sus et amener altercation. Ce à
« quoy il désire qu'il soyt remédié. A ceste cause, me commande
« faire publyer incontinent, par toute l'estendue de ma charge, que
« un chacun ayt à se contenir, et observer ses édicts de pacification et
« ports d'armes, sur peine de la vie ; vous envoyant, pour cet effect,
« une ordonnance que ne ferez faulte faire incontinent publyer en
« l'estendue de votre jurisdiction, et tenez la main que tout y soit
« maintenu selon l'intention de Sa Majesté ; n'étant, ce qui s'est passé
« qu'à cause des querelles particulières d'entre ces deux maysons, et
« resgardez diligemment de vous enquérir de ce qui se passe et se peut
« esmouvoir autour de vous. De quoy ne faillirez m'advertir. Après
« m'estre recommandé à votre bonne grâce, je supplye le Créateur
« vous donner, Messieurs, santé, longue et heureuse vie.

« A Rouen, ce 25 aoust 1572.   « *Vostre bien bon ami*,   CAROUGES.

« Resgardez diligemment à la conservation de vostre ville, sans tou-
« tefoys qu'il soyt besoin, si aultre chose ne survient, de faire garde
« aux portes ni sur les murailles ».

De par le sieur de Carouges, chevalier de l'ordre du Roi, Capitaine de cinquante hommes d'armes de son ordonnance, Conseiller du-dict Seigneur en son Conseil privé, et l'un de ses Lieutenans-généraux au gouvernement de Normandie, en l'absence de M. le duc de Bouillon.

« Suivant le commandement du Roy à nous faict par lettres du 24 de

« ce mois, est commandé à toutes personnes de quelque qualité qu'ils
« soient, de ne s'offenser ni molester aucunement; ains d'observer les
« édicts tant de pacification que du port des armes, sur peine de la vie.
« Faict à Rouen, le vingt-cinquième jour d'aoust 1572. CARROUGES. »

Le sergent de ville Hagays certifie avoir publié à son de trompe par les carrefours de la ville, le 27 août, d'après les ordres du bailli vicomtal de Lisieux, l'ordonnance ci-dessus ; et le 28, d'après les ordres de M. de Fumichon.

A MM. les Lieutenant, Advocat et Procureur du Roy de la ville de Lysieux.

« Ne faillez, incontinent cette lettre receue, de faire faire garde aux
« portes de la ville de Lysieux, afin de maintenir vostre ville en plus
« grande seureté, et ainsy qu'on avoyt accoutumé faire par ci-devant,
« y tenant diligemment la main. De quoy m'assurant que n'y ferez
« faulte, sera cause que ne la vous feray plus longue. Sinon supplye
« le Créateur, Messieurs, vous avoyr en sa garde. Escript à Rouen, ce
« 28 aoust 1572. » « *Vostre bon amy*, CAROUGES ».

A M. de Fumichon, Chevalier de l'ordre du Roy, et Capitaine de la ville de Lysieux, à Lysieux.

« Monsieur de Fumichon , je vous ay ce matin amplement escript
« ce que vous auriez à faire pour la conservation de la ville de Lysieux.
« Ayant du depuis receu une aultre despesche de Sa Majesté par la-
« quelle elle me mande me saisir de touts les plus principaux et si-
« gnalés Huguenots qui sont en l'estendue de ma charge, tant de ceulx
« qui peuvent porter armes, ayder d'argent et assister de conseil , et
« iceulx faire mettre prisonniers. A ceste cause, je vous prye vous sai-
« syr de ceux que cognoistrez audict Lysieux et ès environs de ceste
« qualité, et iceulx faire mettre en lieu de seureté, et dont il n'évoque
« faulte, estant chose qui demande prompte exécution, et afin que
« la force en demeure au Roy, vous assemblerez le plus de vos amys
« que pourrez pour vous y secourir. N'estant la présente à aultre fin,
« je supplye le Créateur, après m'être recommandé à vostre bonne
« grace, vous avoyr, Monsieur de Fumichon , en sa saincte garde.
« Escript à Rouen, ce vingt-huitième d'aoust 1572.

« *Vostre bien bon amy*, » CAROUGES.

« Incontinent que lesdicts Huguenots seront appréhendés, vous fe-
« rez mettre tous leurs biens par inventaire par les Lieutenant, Advo-
« cat et Procureur du Roy dudict Lysieux ».

« Par le sieur Capitaine et Gouverneur pour le Roy nostre sire à Ly-
« sieux, il est faict commandement à touts les manans et habitans de
« ladicte ville de ne receler et retirer en leurs maisons aucu-
« nes personnes Huguenots de quelle qualité ou condition qu'ils
« soyent, ni mesme de retenir leurs armes et biens ; auxquels Hugue-
« nots est commandé eulx présenter à nous dedans ce jour, sur peine
« de la vie, et si en pareil cas avons faict commandement auxdicts ma-
« nans, en tant qu'ils seroyent ceulx qui recepvront et retireront en
« maysons lesdictes personnes de la religion, nous les annoncer, deux
« heures après la publication de la présente, sur peine de souffrir par

« elles punition. Sera donné telle taxe que arbitrons tant pour le re-
« cellement de leurs biens que armes, laquelle taxe nous avons mo-
« derée jusques à six escus. Faict à Lysieux, le dernier jour d'aoust
1572. DULONGCHAMP.

De par le Roi.

« Sa Majesté, désirant faire savoyr et cognoistre à tous seigneurs,
« gentilshommes et aultres ses subjects, la cause et occasion de la
« mort de l'admiral et aultres ses adhérens et complices, dernièrement
« advenue en ceste ville de Paris, le dimanche 24e de ce mois d'aoust,
« d'aultant que ledict faict leur pourroyt estre descript aultrement
« qu'il n'est ;
« Sa dicte Majesté déclare que ce qui est ainsy advenu a esté par
« son exprès commandement et non pour cause aucune de religion,...
« conformément à ses édicts de pacification qu'il a toujours entendu
« comme encore entend observer, garder et entretenir. Ainsy, pour
« obvier et prévenir l'exécution d'une malheureuse et détestable
« conspiration faicte per l'admiral, chef et auteur d'icelle, et ses adhé-
« rens et complices, en la personne dudict seigneur Roy, la Royne sa
« mère, messeigneurs ses frères, le Roy de Navarre et aultres princes
« et seigneurs estant près d'eulx.
« Pourquoy sa dicte Majesté fait savoir par ceste présente déclara-
« tion, à touts gentilshommes et aultres quelconques de la religion
« prétendue réformée, qu'Elle veut et entend qu'en toute seureté et
« liberté ils puyssent vivre et demeurer avec leurs femmes, enfans et
« famille en leurs maisons, sous la protection dudict seigneur Roy,
« tout ainsy qu'ils ont par cy-devant faict et pourront faire, suivant
« le bénéfice desdicts édicts de pacification ; commandant et ad-
« vouant très-expressément à tous gouverneurs et lieutenants généraux
« en chascun de ses pays et provinces, et à touts aultres ses justiciers
« et officiers qu'il appartiendra, de n'attenter, permettre ni souffrir
« estre attenté ni entrepris, en quelque sorte et manière que ce soyt,
« aux personnes et biens de ladicte religion, leurs femmes, enfans et
« familles, sur peine de la vie contre les délinquants et coulpables.
« Et mesmes pour esviter aux troubles, scandales et desfyances qui
« se pourront intervenir à cause des presches et assemblées qui se
« pourroyent faire tant ès maisons desdicts gentilhommes et aultres,
« selon que ainsy qu'il est permis par les sus dicts édicts de pacifica-
« tion, sa dicte Majesté faict très expresses prohibitions et défenses
« à tous ses dicts gentilshommes que aultres estant de ladicte religion,
« de ne faire assemblée pour quelque occasion que ce soyt, jusqu'à ce
« que expressément, après avoyr pourveu à la tranquillité de son royau-
« me, en soyt ordonné ; et ce sur peine de désobéissance. Faict à Paris,
« ce vingt-huitième jour d'aoust 1572. « CHARLES.
« Collation de la présente déclaration a été faicte à l'original, par
« moi secrétaire de Mgr. de Carouges, Gouverneur et Lieutenant-géné-
« ral en Normandie, le deuxième jour de septembre 1572. » CAROUGES.

Collation faite, MICHEL.

ÉPITAPHE DE LE HENNUYER.

Ci-devant gist le corps inhumé de celui
Que Lisieux doit plorer à bon droict aujourd'hui :
C'est cil du bon seigneur Jehan Le Hennuyer
Qu'à vos bonnes priers je vous prie n'oublier;

Evesque de ce lieu, pasteur très-vénérable,
Envers Dieu et chacun boutif et amiable,
Lequel des lettres fut tellement amateur
Qu'en son tems ne fut vu un plus savant docteur.
Par son savoir exquis et très-humbles moyens
Aumonier fut en France à quatre rois chrétiens
Et conseiller; aussi de Henri confesseur
Pour sa prudente vie : en cela je suis seur.
Aux mondaines affaires il ne s'est empesché,
Toujours a résidé dessus son évesché,
Et comme un vrai pasteur il n'a laissé entrer
Le loup en son troupeau, faute de se montrer ;
Prioit Dieu pour la France et ses loyaux suppôts,
Pour le bien du pays et du public repos ;
Gardant entre le peuple son humble dignité,
Usant de la douceur et non de gravité,
Toutes ambitions il avait déponillé.
Il étoit de vertus, non de soie habillé.
Evesque dix-sept ans fut de cette contrée,
En est parti au tems qu'il y fit son entrée,
Car le douzième jour de mars il décéda
Et jamais nullement la mort n'appréhenda.
Au jour du mercredi du soir avant minuit
En l'an mil et cinq cent et soixante et dix-huit,
Ayant son vieillard front couvert de poil chenu,
Aux années quatre-vingt de son âge venu.
Pour tant nous prierons Dieu que ce bon trespassé
Avecque les sauvés *quiescat in pace*,
Et nous fasse la grâce par sa sainte merci
Comme lui pouvoir vivre et mourir tout ainsi.

Il n'y a pas là de disposition favorable aux protestans, contre lesquels, d'ailleurs, à l'occasion de l'édit de tolérance de 1562, il s'était montré d'une manière très-violente.

On voit, par cette épitaphe, qu'il n'est nullement question du prétendu dévoûment de Le Hennuyer pour sauver les protestans à l'époque de la Saint-Barthélemi, dévoûment si étonnant qu'on l'a, dans le siècle suivant, appelé héroïque et qu'il eût bien mérité une mention expresse.

III. ÉPITAPHES.

La plupart des tombeaux et des épitaphes des évêques de Lisieux et des Abbés du territoire lexovien ont successivement disparu de siècle en siècle jusqu'à ce que, pendant la révolution, dans le grand cataclysme de 1793, et même dans les réparations depuis 1802, ce qui restait de ces monumens respectables reçut les plus déplorables atteintes. Ainsi furent brisés entre autres le tombeau (en marbre blanc) de Pierre Cauchon, celui de Le Hennuyer, qui étaient dans la chapelle de la Vierge ainsi que ceux du maréchal de Fervaques et de Condorcet qui furent ainsi détruits. Quoique nous ayons recueilli un certain nombre de dessins et d'inscriptions, nous nous bornerons aux sept épitaphes, dont nous allons donner le texte et la traduction, afin de faire connaître la forme du style lapidaire dans le moyen-âge, et parceque plusieurs sont fort singulières. Au surplus nous avons eu soin de les indiquer à l'article des personnages qu'elles concernent : celle de Le Hennuyer se trouve parmi les pièces justificatives de notre dissertation spéciale sur ce prélat.

I. *De l'Évêque* HUGON, *mort en* 1077.

Hic jacet Hugo Lexoviensis, clarus honore
Pontificatûs, nobilis æquâ sanguine patrum,
Præditus idem stemmate morum, non sine bino
Munere sensûs, religione glorificandus.
Transitus ejus rege Philippo, tum Gulielmus
Rex erat Anglus; luce sequenti Phœbus inivit
Signa Leonis; det Deus isti gaudia cœli.

Traduction « Ci-gît Hugon, évêque de Lisieux, illustre par la gloire de son pontificat, et non moins noble par le sang de ses pères. Il fut doué de l'éclat des mœurs; il reçut le double don de l'esprit et du sentiment; sa piété le fit glorifier. A sa mort Philippe régnait en France et Guillaume en Angleterre. Le lendemain le soleil entra dans le signe du Lion. Que dieu lui accorde les joies du ciel »!

Ces vers, composés alternativement d'un dactyle et d'un spondée, sont connus sous la qualification d'adonaïques. On en trouve des exemples dans Ausone. *Le Gallia Christiana* écrit *Éque* ainsi que l'avait fait Orderic Vital. Au surplus ce ne sont pas là les seules fautes que l'on trouve dans cette pièce comme dans tous les vers de ces époques barbares.

II. D'AINARD, *premier Abbé de Saint-Pierre-sur-Dive, mort le 14 janvier* 1078.

Hic jacet Ainardus redolens ut pistica nardus
Virtutum multis floribus et meritis;
A quo fundatus locus est hic, ædificatus
Ingenti studio, nec modico pretio.
Vir fuit hic magnus, probitate suavis ut agnus,
Vitâ conspicuus, dogmate præcipuus,
Sobrius et castus, prudens, simplex et honestus,
Pollens consilio, clarus in officio.
Mentis huic gravitas erat, et maturior œtas,

APPENDICES. 485

Canaque cæsaries, sed tenuis facies;
Quem nonas decimas Februo promente calendas
Abstulit ultima sors, et rapuit cita mors.
Pro quo, qui transis, supplex orare memor sis,
Ut sit ei saties alma Dei facies.

Traduction. « Ci-gît Ainard dont les vertus par leur éclat et leurs mérites nombreux exalaient l'odeur du nard le plus pur. Il fonda cette abbaye qu'il bâtit avec un grand soin comme à grands frais. Cet homme distingué eut dans ses mœurs la douceur de l'agneau; honorable dans sa vie, illustre par la science, sobre, chaste, prudent, simple, honnête, prépondérant dans le conseil, il était remarquable dans l'accomplissement de ses devoirs. Son esprit était plein de gravité; il était dans la maturité de l'âge; sa chevelure était blanche, sa figure n'offrait que de petits traits. Le destin qui termine tout l'enleva et la rapide mort le ravit le jour où février nous offre sa dix-neuvième calende.
Passant! n'oublie pas de supplier dans tes prières pour qu'il jouisse pleinement de la présence protectrice de Dieu ».

Durand, premier Abbé de Troarn, en 1059, mort le 11 février 1088, est l'auteur de cette épitaphe en vers élégiaques léonins, c'est-à-dire rimés.

L'auteur dut se trouver complétement heureux d'avoir pu rapprocher les mots *Ainardus* et *Nardus*, pour exalter les mérites de son confrère dont les vertus, je n'en doute pas, flairaient comme baume ou nard : car à cette époque, en dépit de ce qu'on en dit, il se mêlait bien quelque orgueil à l'humilité et quelque afféterie à ce qu'on appèle la naïveté des vieux âges. Aussi voyons-nous les moines de Jumiège ajouter un *m* à leur *Gemeticum* pour en faire *Gemmeticum* et donner à ce mot l'air de venir de *Gemma*, pierre précieuse.

La sotte vanité tient à l'espèce humaine.

III. D'ANSFRID, *premier Abbé de Préaux,* mort le 17 mars 1078.

Ecce sub hâc tumbâ tegitur sine fine columba
Abbas Ansfridus, vir probus atque pius.
Pervigil implebat quod lex divina jubebat,
Ejus consilium quæ fuit et studium.
Debilibus, dubiis, cœcis, claudis, peregrinis,
Tectum, pes, oculus. consilium, baculus.
Triginta Phœbus, cum decidit iste, diebus
Torruerat Pisces; cui deus est requies.

Traduction. « Voici sous cette tombe à jamais couvert l'Abbé Ansfrid, cette colombe qui futur. homme honnête et pieux. Il accomplissait avec vigilance ce que lui ordonnait la loi divine qui fut sa règle et ton étude. Il fut le refuge des faibles, le pied des boiteux, l'œil des aveugles, le conseil des incertains, le bâton des pélerins. Il mourut lorsque depuis trente jours Phébus brûlait les Poissons. Il a trouvé le repos en Dieu ».

Orderic Vital, qui rapporte cette épitaphe en vers léonins, nous semble avoir par inadvertance transposé les mots *Dubiis* et *Claudis* dans le cinquième vers qui, ainsi que le sixième, portent le nom de Vers Rapportés, parcequ'en effet *tectum* se rapporte à *debilibus*, *pes* à *claudis*, *oculus* à *cœcis*, *consilium* à *dubiis*, et *baculus* à *peregrinis*. Nous ne croyons pas qu'il existe d'exemples de Vers Rapportés avant cette époque qui fut celle de l'afféterie, des recherches puériles, et des grands efforts pour tourmenter la langue dans la poésie, la pierre dans l'architecture, et les hommes dans leurs droits.

IV. De ROBERT NOÉ, *Abbé de Bernai*, 1128 (*Fragment*).

> ... *Robertus Noe abbas sic coopertus*
> *Hic jacet* enseveli. *Deus! Ad tua gaudia cœli*
> *Ducas, et sit ei lux æternæ requiei.*
> *Anno milleno centeno octavoque viceno*
> *Cunctorum festo sanctorum, pressus honesto*
> *Funere.* . . . .

Traduction. « Ainsi recouvert, ci-gît *enseveli* l'Abbé Robert Noé. Dieu, conduis-le à tes célestes joies et qu'il y trouve la lumière d'un éternel repos. L'an mil cent vingt-huit, à la fête de Tous les Saints, il reçut les honneurs funéraires... »

Comme ces vers sont léonins, le besoin de la rime a déterminé l'auteur à recourir au mot français *enseveli*. Probablement c'est la première fois qu'on ait employé un mélange de deux langues dans une pièce de poësie. A la vérité on lisait ces Vers Entrelardés (ou macaroniques) dans le réfectoire des jacobins de Beaune :

> *Fratres, benè veneritis*
> Bien las aux pieds comme aux genoux :
> *Sititis et esuritis,*
> C'est la manière d'entre nous etc.

Mais cette inscription est postérieure à l'épitaphe de Robert Noé. On trouve de ce mélange des exemples dans le XVe siècle, témoins le sermon de Menot dans le Carême de Tours, p. 100 ; le XLVIIIe Vau-de-Vire de de notre édition d'Olivier Basselin etc., etc.

V. De BRANDA DE CASTIGLIONE, mort en 1443.

Quisquis ades, subsiste gradum, paulùmque sepulchro
Flecte aciem, et saxo conscriptum perlege carmen.
Optima pars quondam claro qui sanguine felix
Enitui et mirá vixi pietate verendus,
Marmoreo hoc condor tumulo, nec flebile lethum
Est mihi, perpetuo manet inclyta fama decore,
Fataque præclaris numquam morientia rebus.
Mille ego per casus, per mille pericula victor,
Fortunam evici; quin me virtutis amore
Flagrantem et sparsas spirantem pectore leges
Evexi summa ad fastigia. Floruit Hunnus
Præsule me; me pontificem Placentia vidit,
Donec Vesprimius comes et majora secutus
Tempora purpureo cinxi redimita galero.
Struxi acies, ditavi aras delubra locavi
Immenso redimita auro; majora parabam,
Ni me inter cursus atque hæc molimina rerum,
Omnipotens genitor terreni e carcere sæcli
Traxisset, celsáque poli regione locasset.

Traduction. « Qui que tu sois, arrête-toi ici, tourne un peu les yeux vers ce tombeau, et lis ces vers écrits sur sa pierre. Membre distingué d'une illustre famille, ayant uni le bonheur à l'éclat, ayant vécu respecté pour mon admirable piété, je suis enfermé sous ce sépulcre de marbre, où je ne regrette pas la mort, puisque mon nom reste brillant d'une éternelle splendeur, et qu'il n'y a point de mort pour une destinée que recommandent les belles actions. Triomphant de mille accidens et de mille périls, j'ai vaincu la fortune, et, brûlant de l'amour des vertus et du zèle pour rassembler les lois, je me suis élevé au faîte de la grandeur. Pendant ma nonciature, la Bohême reprit de l'éclat; évêque, je gouvernai Plaisance jusqu'à ce que, nommé comte de Vesprimi et me livrant aux grandes choses, je ceignis mon front du chapeau rouge. J'ai formé des armées, enrichi des autels, et revêtu d'un or immense les temples embellis. Je préparais de plus hautes entreprises; mais, au milieu de ma course et de mes desseins, le tout-puissant créateur m'enleva de la prison du siècle mondain pour me placer dans les sublimes régions des cieux ».

Cette épitaphe en fort beaux vers fut gravée sur le tombeau du prélat à Castiglione dans une église que ses ancêtres avaient fait bâtir.

VI. De THOMAS BASIN, mort en 1491.

Rotomago natus, a stirpe Basin nominatus
Thomas, ecclesiæ qui pridem Lexoviensi
Præsul statutus ac de post sorte minante
Omnia quæ versat, præclaro Cæsariensi
   Præfectus titulo, cogor ab hoc tumulo.
Sarcophagum cernens, et me piá mente recensens,
Cæli sine morá pro me Dominum, precor, ora.

Obiit anno a nativ. Domini 1491 die 3 dec.

Traduction. « Né à Rouen, appelé Thomas Basin du nom de ma famille, je fus nommé évêque de Lisieux ; puis, menacé par le sort qui gouverne toutes choses, et, devenu illustre titulaire de l'archevêché de Césarée, j'en fus précipité dans le tombeau. A l'aspect de ce sarcophage, et me considérant dans toute la piété de l'âme, ne tarde pas, je t'en supplie, lecteur, à prier dieu pour moi ».

« Il mourut le 3 décembre de l'an 1491 de la Nativité du Seigneur ».

Les vers que nous venons de citer et dont la plupart sont Léonins, ne pèchent pas moins contre la quantité que contre l'élégance. Le cinquième vers qui est Pentamètre est une incorrection dans cette pièce composée d'Hexamètres. L'auteur de cette pièce ou n'a pas bien connu la patrie de Basin, ou s'est servi du mot *Rotomago* pour exprimer le diocèse de Rouen, dans lequel se trouvait en effet Caudebec, cité natale de notre évêque.

On lisait cette épitaphe dans l'église Saint-Jean-Baptiste à Utrecht, où fut inhumé Basin.

VII. *De* JEAN I INGIER, *Prieur de Sainte-Barbe-en-Auge.* 1494.

Mole sub hâc lapidis somnum capit ille Joannes
Ingier, expectans judicis ora sui.
Æmulus hic pacis, venerandæ forma senectæ,
Mutuo solvit humo; spiritus orat opem
Sollicitus, qui, dum vitales carperet auras,
Nomine, re pariter, vixit in orbe Prior.
Nummis emta suis vicina Baronia quondam
De Mesidone, solet hos habitare lares.
Ænea quem rursùs structura, canunt que cathedræ,
Hospita testudo, magnaque gesta domi.

Traduction. « Sous cette construction de pierres Jean Ingier se livre au sommeil, en attendant les regards de son juge. Ami de la paix, parvenu à une vieillesse vénérable, il s'acquitte envers la terre. Son âme inquiète implore l'assistance de prières pour celui qui, tant qu'il respira le souffle de la vie, fut de nom comme d'effet supérieur en ce monde. Jadis achetée de son or dans ce voisinage, la baronnie de Mésidon fournit une habitation à ses pénates. Ses louanges sont chantées par cette table d'airain, par la chaire, par cette voûte hospitalière et par les grandes choses qu'il fit pour ce couvent ».

On remarque dans ces vers un de ces jeux de mots si communs dans les poésies du moyen-âge : *Prior* qui signifie à la fois le premier et le Prieur.

IV. ARRÊTÉ

Du Conseil-Général de la commune de la ville de Lisieux, *Qui supprime, comme attentatoire à l'autorité des Lois, un Libelle imprimé, ayant pour titre :* Lettre Pastorale de M. l'Évêque de Lisieux, au Clergé et aux Fidèles de son diocèse, etc.; *ordonne qu'il sera dénoncé au Comité des Recherches, et que l'arrêté pris sur icelui sera imprimé, lu, publié et affiché aux lieux accoutumés de cette Ville, etc.*

L'an mil sept cent quatre-vingt-dix, le onzième jour de novembre après midi, à Lisieux, en la Maison Commune, où étaient etc.

Le Conseil-Général assemblé, M. le Maire a dit :

« Messieurs, on m'a remis un Libelle imprimé, ayant pour titre : *Lettre Pastorale de M. l'Évêque de Lisieux, au Clergé et aux Fidèles de son diocèse*, suivi d'une prétendue *Déclaration de M. l'Évêque de Soissons*, adressée à MM. les Administrateurs du Directoire du Département de l'Aîne.

Je connais peu M. Féron, ci-devant Evêque de Lisieux. Tout le monde sait que, souvent absent de son Diocèse, il avait en quelque façon abandonné le soin de son troupeau à des ministres secondaires. Mais les actes de charité chrétienne, qui ont si avantageusement distingué ce Prélat, pendant le peu de tems qu'il a passé dans cette ville, me portent à croire qu'il n'est pas l'auteur de cette pomme de discorde qu'on a si méchamment jetée parmi nous. M. Féron, a prêté en mes mains le serment d'être fidèle à la Nation, à la Loi et au Roi ; il a juré de défendre la constitution. Ce serment est consigné sur les Registres de la Municipalité. Après un pareil acte, Messieurs, est-il possible de croire que M. Féron se soit permis de traiter de doctrine nouvelle, de profanes nouveautés, une constitution qu'il a lui-même juré de défendre ?...

Mais, Messieurs, inutilement Louis XVI aurait fait tant pour nous, si à notre tour nous n'employons tout pour faire exécuter les Décrets qu'il a sanctionnés.

Je suis Chrétien et je suis Français.

Je jure à la face du ciel et de la terre, que je suis prêt de verser jusqu'à la dernière goutte de mon sang, pour la religion dans laquelle j'ai le bonheur d'être né ; et comme je ne vois dans la constitution civile du Clergé, sanctionnée par le Roi, rien qui soit contraire à cette sainte religion, je jure que je sacrifirai ma vie, s'il le faut, pour la faire exécuter. Dans cet esprit, je propose que le Conseil Général, après lecture du libelle fanatique que j'ai déposé sur le bureau, déclare supprimé l'imprimé commençant par ces mots : *Lettre Pastorale de M. l'Évêque de Lisieux etc.*, finissant par ceux-ci : *je prie M. le Curé de vouloir bien m'accuser la réception de cette lettre, à Lisieux où je serai avant le 15 Novembre* ; ainsi que la *Déclaration de M. l'Évêque de Soissons*, adressée à MM. les Administrateurs du Directoire du département de l'Aîne ; qu'au surplus il soit ordonné que l'arrêté à intervenir sera lu, publié et affiché aux lieux ordinaires de cette Ville ; qu'il en sera envoyé des exemplaires à l'Assemblée Nationale, à tous les Directoires de Départemens et de Districts du Royaume, aux Municipalités de ce District, et autres Municipalités ayant fait partie du ci-devant Evêché de Lisieux, et que le libelle dont est question sera dénoncé et envoyé au Comité des Recherches (de l'Assemblée Nationale) : ce que M. le Maire a signé au Registre de la présente, lecture faite, *signé* : LE ROY, homme de loi, Maire ».

Par le Substitut du Procureur de la Commune, a été dit etc.

Sur quoi, le Conseil-Général délibérant, oui le Substitut du Procureur de la Commune en ses conclusions, a arrêté à l'unanimité que le libelle déposé sur le Bureau par M. le Maire, sera dénoncé au Comité des Recherches, pour être par lui pris contre les auteurs et adhérens tel parti qu'il appartiendra ; a ordonné que le dit libelle sera annexé à notre Registre et demeure supprimé, comme attentatoire à l'autorité des Lois ; que copie collationnée en sera envoyée au dit Comité ; au surplus, a arrêté que le présent sera imprimé jusqu'à concurrence

APPENDICES. 491

de deux mille exemplaires; qu'il sera publié et affiché aux lieux accoutumés de cette Ville; qu'il en sera envoyé des exemplaires dans les Directoires des Départemens et des Districts du Royaume, dans les Municipalités ayant fait partie du ci-devant Evêché de Lisieux, et dans celles du District de la dite Ville : ce qui a été signé, lecture faite, au Registre. Signés : Le Roy, homme de Loi, Maire, Regnoult, Duchesne, Bloche, Henneval, F. Lerebours, Toutain, Herfort, Verneuil, Lelasseur, Jouen, Buhot, Hauzey, Préaux, Cosnard, Lengray, Lecoge, Corbière, Robillard, Bellière, Mesnil, Delaunay, Hébert, Guéret, et Le Bourlier, avec et sans paraphes.

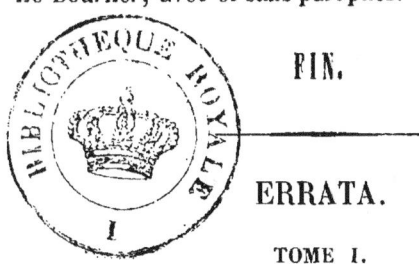

FIN.

ERRATA.

TOME I.

P. 32 : lig. 25. raies,   *lisez* : *rais*.
   95   25. *pilo*,   *pilos*.
  107   25. deuxième,   *dernière*.
  117   7. 1223,   1231.
  148   21. Castres,   *Castorie*.
  151   4. Alinéa à reporter à la p. 149, avant 1543.
  164   27. à un an,   *à treize ans*.
  170   3. *Même année*, 1563.
  196   24. *Même année*, 1592 : février.
  209   6. 1653   1650.
  302   14. 24 février,   24 février 1796.
  365   22. *Moisiascense*, *Mossiacense*.
  370   5. Richard,   *Richard* en 1014.
  378   2. 1122,   1102.
  464   17. M. Bourgeois,   M. Bordeaux.

TOME II.

Page	Ligne	Erreur	Correction
5	27.	regulis saint,	regalis sancti.
26	14.	de gloire de [puissances,	de gloire, de [puissance.
35	18.	22 décembre,	25 décembre.
44	5.	1708,	1087.
59	27.	fragit,	fregit.
64	26.	in numeris,	innumeris.
70	12.	50,	51.
	13.	49,	50.
151	16.	furent mises,	avaient en 1184 [été mises.
205	23.	publiques,	publiques, la-[vait les lessives.
229	26.	en 1075	le 16 fév. 1075.
288	17.	351	341.
384	3.	se présente,	on voit.
390	19.	Veu,	Vœu.
454	9.	Lecyester,	Leycester.
463	19.	couvert,	couverte.
475	38.	sceindé,	scindé.
477	10.	Las Cas,	Las Casas.
	11.	Queverus,	Cheverus.

TABLE.

Liv. IV.	Monastères	pages	1
» V.	Établissemens publics		167
» VI.	Biographies		219
» VII.	Administration		287
» VIII.	Villes et Communes		309
» IX.	Appendices		461
	Errata		491

www.ingramcontent.com/pod-product-compliance
Lightning Source LLC
Chambersburg PA
CBHW060223230426
43664CB00011B/1527